Jürgen Thorwald:

Das Jahrhundert der Detektive

Weg und Abenteuer der Kriminalistik

Band I: Das Zeichen des Kain

Droemer Knaur

Das Jahrhundert der Detektive

»Die moderne Kriminalistik ist ein Kind des mit dem neunzehnten Jahrhundert heraufziehenden Zeitalters der Gesellschafts- und Naturwissenschaften. Dieses Jahrhundert gab dem uralten Kampf der menschlichen Gesellschaft gegen das störende und zerstörende, in jeder Gesellschaftsform lebende, mit jeder neuen Form neu wachsende oder sich wandelnde kriminelle Element ein neues Gesicht.
Im Laufe von hundert Jahren lieferten die Natur- und Geisteswissenschaften den Schöpfern der Kriminalistik die meisten Methoden, deren sich heute die nationale und internationale Bekämpfung des Verbrechertums aller Grade und Formen bedient. Für mich bildet die Geschichte dieser hundert Jahre eines der bewegtesten Dramen, das die menschliche Gesellschaft kennt. Wie jedes Pionierzeitalter ist auch dieses beherrscht von großen und einzigartigen Gestalten, von Träumern und Realisten, von Stürmern und Drängern, von gefeierten und geschmähten, tragischen und glückhaften Gestalten. Es ist die Epoche des Fingerabdrucks, der kriminalistischen Fotografie und des Bemühens um die Auswertung der Spuren eines Verbrechens vom Abdruck eines Schuhs bis zu einigen winzigen Staubkörnern in der Rocktasche eines Täters. Es ist die Epoche, in der die Giftkunde zu einer Waffe gegen das Verbrechen wurde und die Wissenschaft von den Schußwaffen und ihren Geschossen entstanden ist. Es ist die Epoche der Entschleierung vieler Geheimnisse der Toten durch die forensische Medizin, der Deutung kaum sichtbarer Blutflecken an einem Tatort, des Mühens um die Entlarvung von Fälschungen und der Entwicklung nationaler und internationaler Systeme, Methoden und Organisationen zur Ermittlung von Verbrechen und zur Fahndung nach ihren Tätern. Die Epoche ist erfüllt vom weltweiten Echo ihrer großen Verbrechen, der unvergänglichen Causes célèbres, an denen die neue Welt der Kriminalistik wuchs, ihre Waffen erprobte und in der ewigen Auseinandersetzung mit ihren kriminellen Kontrahenten neue Waffen suchte und schuf.
Ich kenne nur wenige Epochen, die ihr an Vielgestalt und Farbenreichtum der Szenerie wie an Dramatik der über Höhen und Tiefen führenden Ereignisse vergleichbar wären. Ich nenne sie ›Das Jahrhundert der Detektive‹.«

William Hewitt
1954

Inhaltsverzeichnis

1 Das unauslöschliche Siegel oder *Abenteuer der Identifizierung*

1

Als Alphonse Bertillon, Hilfsarbeiter im Ersten Bureau der Polizeipräfektur von Paris, im Jahre 1879 die Ruhmesbühne der Geschichte betrat und den Anstoß für die Entwicklung der modernen Kriminalistik gab, war er sechsundzwanzig und die französische Kriminalpolizei rund siebzig Jahre alt.

Die Sûreté, wie sich die französische Kriminalpolizei nannte, genoß in jenen Tagen den Ruf, die älteste und traditionsreichste der Welt und die Wiege der Kriminalpolizei überhaupt zu sein. Die siebzig Jahre ihrer Geschichte reichten zurück bis in die Tage Napoleons. Wenn es vorher schon eine französische Polizeimacht gegeben hatte, so hatte diese mehr der Bespitzelung und Verhaftung von politischen Gegnern der jeweiligen französischen Könige gedient als der Aufklärung krimineller Verbrechen. Auch während der zweiten Hälfte der Napoleonischen Ära war der Chef der für die Bekämpfung von Verbrechen geschaffenen ›Ersten Abteilung‹ der Pariser Polizeipräfektur, Henri, lediglich Herr über achtundzwanzig Friedensrichter und einige Inspektoren gewesen. Die Pariser Straßen bildeten ein dankbares Operationsgebiet für Schwärme von Räubern und Dieben. Erst im Jahre 1810, als sich unter den Auswirkungen der Napoleonischen Kriege alle sozialen Bande lösten und die Welle des Verbrechens ganz Paris zu überschwemmen drohte, hatte die Geburtsstunde der Sûreté geschlagen und mit ihr die Schicksalsstunde für einen Mann, dessen Schatten im Guten wie im Bösen jetzt, siebzig Jahre später, noch über der Sûreté spürbar war: für ihren Gründer Eugène François Vidocq. Vidocqs Leben bis zu seinem fünfunddreißigsten Jahr war eine tumultuarische Folge von abenteuerlichen Ereignissen gewesen: Sohn eines Bäckers aus Arras, Schausteller, Soldat, Seemann, Marionettenspieler, Strafgefangener (weil er einen Offizier verprügelte, der eine seiner Freundinnen verführt hatte) und Ausbrecher. Einmal entkam er in der gestohlenen Uniform eines Gendarmen, ein anderes Mal stürzte er sich von der schwindelnden Höhe eines Gefängnisturmes in den vorbeirauschenden Fluß. Jedesmal wieder gefaßt, war er zuletzt zur Zwangsarbeit im Bagno verurteilt und in Ketten geschmiedet worden. Jahrelang hatte er im Kerker Seite an Seite mit den furchtbarsten Verbrechern jener Tage gelebt, unter anderem mit Angehörigen der berüchtigten französischen Mördersippe Cornu, die ihre Kinder bereits zum Mord erzog und – zur Gewöhnung – mit den Köpfen der Toten spielen ließ. 1799 war ihm die dritte und diesmal scheinbar endgültige Flucht geglückt. Zehn Jahre lang lebte er als Kleiderhändler in Paris. Aber zehn Jahre lang hatten auch ehemalige Mithäftlinge ihn mit Verrat bedroht, bis er, von Haß und Abscheu gegen die ehemaligen Genossen erfüllt, den entscheidenden Schritt seines Lebens tat, sich in die Polizeipräfektur von Paris begab und dort das Angebot machte, er wolle der Polizei seine in so vielen Jahren erworbene Kenntnis der Verbrecherwelt zur Verfügung stellen, sofern man ihm den Kerker ersparte.

Jetzt, sieben Jahrzehnte später, empfanden manche Repräsentanten der Sûreté eine gewisse Peinlichkeit, wenn von Vidocq und der Geburtsstunde der Sûreté die Rede war. Denn schließlich widersprach Vidocqs Lebensgeschichte bis zum Jahre 1810 allen Vorstellungen der siebziger Jahre von Herkunft und Lebenswandel eines Polizeibeamten, geschweige denn eines Chefs der Kriminalpolizei. Man hatte vergessen, in welch schwieriger Situation sich Henri und der im Jahre 1810 amtierende Pariser Polizeipräfekt, Baron Pasquier, befanden, als sie den einzigartigen Entschluß gefaßt hatten, Vidocq mit der zentralen Bekämpfung des Verbrechens in Paris zu beauftragen. Um seine Rolle vor der Unterwelt zu tarnen, wurde er zum Schein verhaftet. Seine nachfolgende Entlassung vollzog sich unter dem täuschenden Mantel eines neuerlichen erfolgreichen Ausbruchs. In der Nähe der Polizeipräfektur, in einem düsteren Gebäude an der Petite Rue Sainte Anne, bezog Vidocq eine Art Hauptquartier. Seine Mitarbeiter wählte er selbst nach dem Grundsatz aus, daß das ›Verbrechen nur durch Verbrecher bekämpft werden könne‹. Er beschäftigte zunächst vier, später zwölf dann zwanzig ehemalige Häftlinge, die er aus einem Geheimfonds bezahlte und einer eisernen Zucht unterwarf. In einem einzigen Jahr verhaftete er mit nur zwölf Leuten 812 Mörder, Diebe, Einbrecher, Räuber und Betrüger und räumte Verbrecherquartiere aus, in die sich niemals zuvor ein Inspektor gewagt hatte.

Nach kurzer Zeit erhielt seine Organisation den Namen Sûreté (Sicherheit) und entwickelte sich im Laufe von zwanzig Jahren allen Anfeindungen zum Trotz zur Urzelle der französischen Kriminalpolizei. Tausenderlei Verkleidungen, geheime Aufenthalte in den Verbrechervierteln, Scheinverhaftungen, Einschleusung seiner Leute in die Gefängnisse und ihre vorgetäuschte Flucht oder gar ihr fingierter Tod, nachdem sie ihre Aufgabe erfüllt hatten – all das hatte Vidocq einen niemals abreißenden Strom von Informationen gesichert.

Intimste Kenntnis der Verbrecherwelt, ihrer Mitglieder, Gewohnheiten und Methoden; Geduld und Einfühlungskraft bei der Beobachtung; persönlicher Einsatz, um nie die Fühlung mit dem ›Gesicht des Verbrechens‹ zu verlieren; ein einmaliges fotografisches Gedächtnis und ein Archiv, in dem er Aufzeichnungen über die ihm bekannten Verbrecher, ihr Aussehen und ihre Arbeitsmethoden zusammentrug, bildeten die Grundpfeiler seiner Arbeit. Als seine Rolle als Chef der Sûreté nicht länger zu tarnen war, erschien Vidocq regelmäßig in den Gefängnissen, um mit den Gesichtern der Kriminellen vertraut zu bleiben.

1833 erst war Vidocq zurückgetreten, weil ein neuer Polizeipräfekt, Henri Gisquet, nicht länger hinnehmen wollte, daß die gesamte Kriminalpolizei von Paris aus ehemaligen Häftlingen bestand. Als Inhaber eines privaten Detektivbüros (wahrscheinlich des ersten der Welt), wohlhabender Geschäftsmann, Schriftsteller und Lieferant von Ideen für die Romane des großen französischen Dichters Balzac, hatte er noch einen behaglichen Lebensabend verbracht, bevor er im Jahre 1857 starb.

Bürgerliche Sûreté-Chefs hatten Vidocqs Nachfolge angetreten. Ihre Namen waren Allard, Canler, Claude oder jetzt, im Jahre 1879, Gustave Macé. Die Sûreté hatte vier politische Umschwünge in Frankreich überdauert, von Napoleon zum Bourbonenkönig, vom Bourbonenkönig zur Juli-Monarchie Louis Philippes von Orléans, von der Juli-Monarchie zum Kaiserreich Napoleons III. und von Napoleon III. zur ›Dritten Republik‹. Von Vidocqs einstigem düsteren Haus in der Petite Rue Sainte Anne war sie in einen kaum weniger düsteren Bau am Quai d'Horloge und schließlich in das Gebäude der Präfektur am Quai d'Orfèvres übergesiedelt. Aus den achtundzwanzig Untergebenen Vidocqs waren mehrere hundert Inspektoren geworden. Seine Beamten mit krimineller Vergangenheit hatten mehr oder weniger ehrenwerten Bürgern Platz gemacht, aber weder Allard noch Canler, weder Claude noch Macé hatten in Wahrheit jemals aufgehört, weiter nach den Prinzipien zu handeln, die Vidocq aufgestellt hatte, und eine große, ja sogar ständig wachsende Zahl von Vorbestraften als Spitzel und Mitarbeiter zu beschäftigen und zu bezahlen. Kriminelle, die aus Paris ausgewiesen waren und heimlich zurückkehrten, standen bei ihrer erneuten Festnahme vor der Wahl, entweder für die Sûreté zu arbeiten oder in den Gefängnissen zu verschwinden. Niemals auch hatte die Sûreté aufgehört, Agents provocateurs (›moutons‹ genannt) in die Gefängnisse einzuschleusen, um das Vertrauen von Mithäftlingen zu erschleichen und Informationen zu gewinnen. In

regelmäßigen Abständen standen die Inspektoren selbst in den Gefängnishöfen und ließen Häftlinge und Neuzugänge im Kreise um sich herummarschieren, um nach dem Beispiel Vidocqs das eigene ›fotografische Gedächtnis‹ zu schulen und sich die Verbrechergesichter einzuprägen. Die ›Parade‹ war die verbreitetste Methode geblieben, Häftlinge, die schon einmal bestraft waren, wiederzuerkennen oder zufällig ins Gefängnis Gelangte, die wegen anderer Verbrechen gesucht wurden, zu identifizieren.
Aus Vidocqs Archiv war ein riesiger bürokratischer Apparat geworden, Berge von Papier lagen aufgestapelt in hohen, unfreundlichen, staubigen, mit Gas beleuchteten Sälen der Präfektur. Hier war über jeden bekannten Kriminellen eine Karte angelegt, auf der sein Name, seine Vergehen, seine Strafen vermerkt waren und sein Aussehen beschrieben wurde – insgesamt nahezu fünf Millionen Stück. Und immer neue kamen hinzu, denn alle Hotels, alle Gasthäuser, alle ankommenden Fremden standen unter Kontrolle. Seit in einem Brüsseler Gefängnis in den vierziger Jahren erstmals die kurz zuvor erfundene Fotografie dazu benutzt worden war, das Gesicht von Verbrechern im Bild festzuhalten, hatte man diese neue Methode zur Registrierung und Identifizierung von Verbrechern auch in Paris aufgegriffen. Rund achtzigtausend Aufnahmen lagen in der Präfektur aufgehäuft. Aber sosehr sich ausländische Besucher darüber wunderten, wie schnell zuweilen Verbrecher, die aus ihrer Heimat nach Paris geflohen waren, dort gefaßt wurden, und sosehr solches Erstaunen der Pariser Polizei einen legendären Ruf verschaffte – in Wahrheit befand sich die Sûreté im Jahre 1879 in einer tiefen und zehrenden Krise.

2

Es gehört zu den großen Geheimnissen der Geschichte, nach welchen Regeln und Maßstäben sie ihre Pioniere und Helden auswählt. Als sie Alphonse Bertillon dazu erkor, inmitten dieser nach außen hin noch verborgenen Krise ein neues Zeitalter der Kriminalistik heraufzuführen, hatte sie dem äußeren Anschein nach einen mehr als sonderbaren Griff getan. Alphonse Bertillon war ein junger Mann mit blassem, magerem, traurig-kaltem Gesicht, langsamen Bewegungen und ausdrucksloser Stimme. Er litt an Verdauungsbeschwerden, Nasenbluten und furchtbaren Migräneanfällen und war so kontaktarm und verschlossen, daß er geradezu abstoßend wirkte. Seine Verschlossenheit paarte sich mit Mißtrauen, Sarkasmus, cholerischem Groll, bohrender Pedanterie und jeglichem Mangel an ästhetischem Empfinden. Er war so amusisch, daß er während seiner Militärzeit die einzelnen Töne abzählen mußte, um das Trompetensignal zum Wecken vom Signal zum Appell zu unterscheiden. Selbst einer seiner wenigen Freunde bestätigte ihm später einen ›unbeschreiblich schlechten Charakter‹. Ein Besucher der Präfektur, dem man im Frühjahr 1879 sagte, dieser Bertillon sei der Sohn des angesehenen Arztes, Statistikers und Vizepräsidenten der Anthropologischen Gesellschaft von Paris, Dr. Louis Adolphe Bertillon, sowie Enkel des Naturforschers und Mathematikers Achille Guillard, brach in ein ungläubiges Gelächter aus. Es schien in der Tat schwer begreiflich, daß der Sohn und Enkel so bedeutender Männer dreimal wegen schlechter Leistungen und unqualifizierbaren Betragens einige der besten Schulen Frankreichs hatte verlassen müssen, als Banklehrling schon nach wenigen Wochen Lehrzeit entlassen worden war, in England als Hauslehrer keine sonderlich gute Figur gemacht und schließlich nur dank der guten Beziehungen seines Vaters einen Posten als Hilfsarbeiter in der Polizeipräfektur erhalten hatte.

Bertillons Arbeitsplatz befand sich in der Ecke eines der großen Säle, in denen sich die Karteikarten über Frankreichs Kriminelle häuften. Im Sommer war es in jener Ecke unerträglich heiß, im Winter so kalt, daß man Handschuhe beim Schreiben brauchte und die Füße förmlich erstarrten. Hier saß Bertillon, von den anderen mehr oder weniger gemieden, und übertrug schematisch die Personalangaben, die von Polizeibeamten bei Verhaftungen und Vernehmungen aufgenommen worden waren, auf die Karteikarten.

Im kalten Frühling des Jahres 1879 kopierte er mit klammen Fingern Personenbeschreibungen, die unter den Händen von Inspektoren, die nach alt eingefahrener Routine arbeiteten, zu beispielloser Einförmigkeit erstarrt waren. Da hieß es: ›groß‹, ›klein‹, ›durchschnittlich‹, ›Gesicht: gewöhnlich‹, ›keine Besonderheiten‹. Das waren Begriffe, die auf Tausende von Menschen zutrafen. Auf den Karteikarten klebten Fotografien, angefertigt von Fotografen, die sich als ›Künstler‹ betrachteten. Dementsprechend waren die Bilder mehr ›künstlerisch‹ als klar, oftmals außerdem ›verzerrt‹, weil die Verhafteten sich gegen das Fotografieren sträubten.

Alles aber, was auf diese Weise durch Bertillons Hände ging, bildete einen Anschauungsunterricht über die schleichende Krise, in der sich die Sûreté befand. Seit Vidocqs großem Triumph, seit der Zeit, in der seine Methoden entstanden waren, hatte sich die Welt gewandelt, die Gesellschaft sich verändert, und mit ihr Gesicht und

Wesen des Verbrechertums. Noch waren diese Wandlungen kaum ins Bewußtsein der Öffentlichkeit gerückt. Erst wenige Persönlichkeiten hatten bis zum Jahre 1879 ernsthafte Versuche unternommen, in die soziologischen, biologischen und psychologischen Hintergründe der Verbrecherwelt und ihrer Entwicklung hineinzuleuchten. Zu ihnen gehörte etwa der belgische Astronom und Statistiker Adolphe Quételet, der in den letzten Jahrzehnten bemüht gewesen war, die Kriminalität statistisch zu erfassen sowie zu errechnen, wie groß der Anteil der Kriminellen an der menschlichen Gesellschaft war. Auf der anderen Seite hatte der italienische Psychiater Cesare Lombroso umfangreiche Studien unternommen, um die Physiologie und Psychologie des Verbrechens aufzuklären. In den Gefängnissen und Irrenanstalten von Pavia maß er die Schädel zahlreicher Krimineller und kam dabei zu dem Schluß, jeder Verbrecher sei durch bestimmte Anomalien der Kopfbildung gekennzeichnet, die ihn mehr als andere Menschen in die Nähe des Tieres stellten. Der Verbrecher, so schloß er weiter, sei eine atavistische Erscheinung, sozusagen ein Rückfall in der menschlichen Entwicklung: Er werde Verbrecher durch die Geburt. Seit 1876, also seit drei Jahren erst, hatte Lombrosos Buch ›L'uomo delinquente‹ über Italien hinaus ein gewisses Aufsehen erregt und wenigstens das Interesse einiger Wissenschaftler auf das Phänomen des Kriminellen gelenkt. Im übrigen bildete aber das Verbrechertum eine einfach als Faktum hingenommene, durch Strafen bekämpfte, jedoch weithin unerforschte Welt. Nur die grundlegende Tatsache, daß es im Jahre 1879 anders aussah als zu Beginn des Jahrhunderts, war nicht zu übersehen. Und am wenigsten zu übersehen war, daß die Zahl der Kriminellen mit der Zahl der Bevölkerung und mit der zunehmenden Industrialisierung ständig wuchs.

Vidocqs phänomenales Gedächtnis für Verbrechergesichter war einmalig gewesen, aber selbst hundert Vidocqs hätten jetzt nicht mehr ausgereicht, die Unzahl von Gesichtern in sich aufzunehmen, die im achten Jahrzehnt des 19. Jahrhunderts dem sich ausbreitenden Sumpf der Verbrechen aller Grade, der großen und der kleinen, entstiegen. Mit der Hebung des allgemeinen Intelligenz- und Bildungsstandes war auch der Intelligenzgrad der Kriminellen gewachsen: Noch so viele ›moutons‹ in den Gefängnissen waren nicht in der Lage, alle jene Mithäftlinge zu überlisten und auszuhorchen, die ihren Namen und ihr Aussehen geändert hatten, um ihre Vorstrafen nicht bekannt werden zu lassen. Die Kriminellen ließen sich nur noch selten durch provozierende Tricks der Art überrumpeln, daß Inspektoren die ihnen Vorgeführten als angebliche alte

Bekannte begrüßten. Was schließlich die Prämien anlangte, die für die Identifizierung von Häftlingen ausgesetzt wurden, so hatten diese mehr und mehr dazu geführt, daß Inspektoren sich mit geldgierigen Gefangenen zusammentaten und wider besseres Wissen beschworen, daß dieser oder jener Häftling mit einem gesuchten Verbrecher identisch sei, worauf dann der Inspektor die Belohnung mit seinem Komplizen teilte. Den Erfolgen stand eine Überfülle von Unsicherheit, Unzulänglichkeit, Täuschung und folgenschweren Irrtümern gegenüber.

Was für Vidocq nur eine Gedächtnisstütze bedeutet hatte, die Kartei, war zwangsläufig zum Hauptmittel geworden, Kriminelle zu identifizieren. Aber die Kartei hatte alle Maße gesprengt. Längst war die Übersichtlichkeit verlorengegangen. Die Einordnung nach Namen war sinnlos, wenn Diebe, Einbrecher, Fälscher, Betrüger und Mörder ihre Namen wechselten. Die Unterteilung nach Alter, Art oder Methode der Kriminellen reichte nicht mehr aus, um kleinere Karteigruppen zu bilden, die man leichter übersehen konnte. Die Wirksamkeit der Fotografien schwand dahin: Bei 80 000 Fotografien war es unmöglich, die Bilder von Neuverhafteten etwa mit den Bildern von Vorbestraften zu vergleichen. Das Namensregister war hier ebenso sinnlos wie in der Registratur der Personenbeschreibungen. In wichtigen Fällen suchten Inspektoren und Schreiber tagelang in der Fotosammlung, um einen einzigen Vorbestraften darin zu finden.

Dies – dies war die von innerer Unsicherheit gekennzeichnete Welt, in der Alphonse Bertillon seine ersten und tiefsten Eindrücke von Polizei und Sûreté empfing.

3

Seinen Dienst als Hilfsschreiber hatte Bertillon am 15. März des Jahres 1879 angetreten. Kaum vier Monate später zeigte es sich, daß die Geschichte eine wohlerwogene Wahl getroffen hatte, als sie gerade ihn in eine staubige Ecke der Polizeipräfektur von Paris dirigierte.

Mochte Bertillon ein abstoßender Charakter und eine gescheiterte Existenz sein – er war (und dies erwies sich jetzt als ein Moment von größter Bedeutung) in einem Elternhaus aufgewachsen, in dem Männer ein und aus gingen, die dazu beigetragen hatten, das 19. Jahrhundert zum Jahrhundert der Naturwissenschaften werden zu lassen. Die Atmosphäre seines Elternhauses war erfüllt von jenem Geist ungeheurer Neugier nach den Gesetzmäßigkeiten der Natur, der seit einigen Jahrzehnten alle traditionellen Schranken von Glauben und Weltanschauung durchbrochen hatte. In Bertillons Kindheit schon war ihm der Name Charles Darwin zu einem Begriff geworden, der in seinem revolutionären Buch ›Über die Entstehung der Arten‹ das Dogma der biblischen Schöpfungsgeschichte erschüttert und gezeigt hatte, daß alle Lebewesen aus einem langen biologischen Entwicklungsprozeß hervorgegangen sind. Bertillon hatte von Louis Pasteur gehört, der die Welt der Bakterien entdeckte und die Medizin revolutionierte, von Dalton, Gay-Lussac, Berzelius – Männern, welche die Chemie ungeahnten Zielen entgegenführten, und er hatte von Anatomen, Physiologen und Biologen erfahren, die den geheimsten Lebensvorgängen von Mensch und Tier nachforschten. Oft hatte Bertillon zu Füßen seines Großvaters gesessen, wenn dieser Pflanzen untersuchte und nach Gattungen und Familien aufteilte, die er nach Buchstaben ordnete. Er hatte zugesehen, wenn Großvater und Vater ›wie bei einer heiligen Handlung‹ unzählige Schädel – Schädel von Menschen aller Rassen – maßen, um herauszufinden, ob es Beziehungen zwischen der Kopfform und der geistigen Entwicklung des Menschen gab. Ungezählte Male hatte er den Namen Quételet vernommen, den Namen des Mannes also, der nicht nur an der Kriminalistik arbeitete, sondern auch zu beweisen trachtete, daß die körperliche Entwicklung des Menschen ganz bestimmten Gesetzen unterworfen sei. Als Kind schon hatte er mit Vater und Großvater vor den ›Quételetschen Kurven‹ gestanden, die da zeigten, daß sich die Körpergröße der Menschen nach einer bestimmten Ordnung verteilt: Es gab ebenso viele Zwergwüchsige wie Riesen, ebensoviel sehr große wie sehr kleine, große wie kleine Menschen; die Masse wurde von den Menschen mittlerer Größe gebildet. Jahrelang hatte Bertillon erlebt, wie Vater und Großvater durch Messungen Quételets Feststellung nachprüften, derzufolge es keine zwei Menschen unter der Sonne gab, bei denen die Abmessungen sämtlicher Gliedmaßen übereinstimmten, und daß die Chance, zwei Menschen von genau gleicher Größe zu finden, sich wie vier zu eins verhielt. Bertillon war unfähig gewesen, sich für das Latein und all jene Fächer zu begeistern, die den Unterricht an den französischen Schulen beherrschten. Aber die Erinnerungen an die Messungen seines Vaters und der anderen Anthropologen hatten ihn niemals verlassen.

Als er im Juli 1879 – nun in brütender Pariser Sommerhitze – im täglich gleichen, stumpfsinnigen Trott die dreitausendste oder viertausendste Karteikarte ausfüllte und kopierte, überkam ihn eine

Idee. Die Idee erwuchs – wie er später bekannte – aus dem bohrenden Groll über die Öde und Sinnlosigkeit seiner Arbeit und zugleich aus den Erinnerungsbildern seiner Jugend. Warum, so fragte er sich, vergeudete man Zeit, Geld und Menschenkraft in immer weniger erfolgversprechenden Versuchen, die Identität von Kriminellen zu ermitteln? Warum klammerte man sich an alte, grobe, unvollkommene Methoden, wenn die Naturwissenschaft das ›Kainszeichen‹ entdeckt hatte, das einen Menschen unverwechselbar vom anderen unterschied – nämlich seine Körpermaße?
Bertillon wußte nicht, daß schon neunzehn Jahre früher, 1860, der Direktor des Gefängnisses Louvan, Stevens, auf die Lehren Quetelets hingewiesen und – allerdings vergeblich – vorgeschlagen hatte, alle erwachsenen Verbrecher, bei denen es keine Veränderung der Körpergröße mehr gab, zu messen. Dabei hatte Stevens an folgende Maße gedacht: Umfang des Kopfes, Länge der Ohren, Länge der Füße, Körpergröße und Umfang der Brust. Er war überzeugt gewesen, auf diese Weise Daten zu gewinnen, die sich durch keine Verkleidung, keine Namensänderung und keine Entstellung abwandeln ließen.
Bertillon erregte bei den anderen Schreibern Verwunderung und Spott, als er Ende Juli damit begann, Häftlingsfotografien zu vergleichen. Er legte Ohren oder Nasen nebeneinander und verglich ihre Formen. Lautes Gelächter erntete er, als er darum bat, Häftlinge, die zur Registrierung vorgeführt wurden, messen zu dürfen. Man ließ ihn schließlich – zum allgemeinen Gaudium – gewähren. Mit grollender Verbissenheit maß er im Laufe einiger Wochen eine größere Zahl von Gefangenen. Er maß ihre Körpergröße, die Länge des Kopfes, den Umfang des Kopfes, die Länge der Arme, der Finger, der Füße. Dabei gewann er die Überzeugung, daß einige Einzelmaße bei verschiedenen Menschen übereinstimmen mochten, niemals aber vier oder fünf Maße zugleich.
Migräneanfälle und Nasenbluten peinigten Bertillon in der schwülen Hitze des Monats August. Doch ihn, den scheinbar Nutzlosen und Ziellosen, hatte ›die Macht einer Idee gepackt‹. Mitte August schrieb er einen Bericht, in dem er darlegte, auf welche Weise das Problem der unverwechselbaren Kennzeichnung von Verbrechern gelöst werden könne. Diesen Bericht sandte er an Louis Andrieux, der seit dem März 1879 das Amt des Polizeipräfekten von Paris innehatte. Er erhielt indessen keine Antwort.
Bertillon arbeitete weiter. In den frühen Morgenstunden, vor Dienstbeginn, besuchte er das Gefängnis La Santé. Auch dort ließ man ihn – zum eigenen Amüsement und zur Belustigung der Ge-

fangenen – Messungen vornehmen. Als er am 1. Oktober 1879 vom Hilfsschreiber zum Schreiber befördert wurde, übermittelte er dem Präfekten einen zweiten Bericht. Darin berief er sich auf das Gesetz von Quételet, wonach die Chance, daß die Körpergröße von Menschen gleich sei, 4 : 1 betrage, und wies darauf hin, daß die Knochenmaße jedes erwachsenen Menschen während des ganzen Lebens gleich blieben. Wenn man – so führte er aus – zur Körpergröße noch ein zweites Maß, etwa die Länge des Oberkörpers, hinzunehme, verringere sich die Chance der Übereinstimmung bereits auf 16 : 1. Nahm man elf Maße und hielt sie auf der Karteikarte eines Kriminellen fest, so war nach der Wahrscheinlichkeitsrechnung die Chance, einen weiteren Kriminellen mit den gleichen Maßen zu finden, gleich 4 191 304 : 1. Sicherte man sich vierzehn Maße, so sank das Verhältnis sogar auf 286 435 456 : 1. Die Auswahl an Maßen, so erklärte er, sei groß genug: Man könnte außer der Größe eines Menschen die Länge und Breite seines Kopfes, die Länge verschiedener Finger, die Länge der Unterarme und der Füße messen. Alle bisherigen Personenbeschreibungen, so fuhr Bertillon fort, seien oberflächlich und unübersichtlich, jede Identifizierung durch Augenschein unvollkommen und voller Fehlerquellen, jegliche Art von Fotografie täuschend und jede große Sammlung von Bildern nicht mehr zu übersehen. Die Maße der Kriminellen dagegen böten die absolute Sicherheit, daß Täuschungen und Verwechslungen nicht mehr möglich seien. Mehr als das: Er, Bertillon, habe ein System entwickelt, die Karten mit den Maßen der Verbrecher so zu registrieren, daß man in wenigen Minuten feststellen könne, ob die Maße eines neueingelieferten Häftlings bereits in der Kartei vorhanden seien oder nicht.

Bertillon berief sich auf seinen Vater, der bei der Einordnung seiner anthropologischen Messungen stets drei Gruppen unterschieden hatte: Groß, Mittel und Klein. Es sei, so erklärte er, ein leichtes, eine Kartei von beispielsweise 90 000 verschiedenen Meßkarten so aufzugliedern, daß eine einzelne Karte schnell zu finden sei: Wenn man als erstes Maß etwa die Länge des Kopfes auf den Karten vermerkte und dieses Maß nach Groß, Mittel und Klein trennte, ergaben sich bereits nur noch drei Gruppen von je 30 000 Karten. Befand sich auf den Karten als zweites Maß die Breite des Kopfes und nahm man auch hier eine Einteilung in Groß, Mittel und Klein vor, so blieben nur noch neun Gruppen von 10 000. Mit insgesamt elf Maßen gelangte man zu einer Einteilung, bei der auf jedes Karteifach nur noch zwischen drei und zwanzig Meßkarten entfielen.

Was für Bertillon selbstverständlich war, mußte für einen Laien auf den ersten Blick verwirrend erscheinen, und Bertillons Bericht selbst war sogar mehr als verwirrend. Infolge seiner lückenhaften Bildung hatte Bertillon niemals gelernt, sich einigermaßen klar auszudrücken. Seine Sätze waren Ungetüme, seine Formulierungen dunkel. Seine Pedanterie trieb ihn zu endlosen Wiederholungen. Alphonse Bertillon war jedoch so sehr von seiner Sache überzeugt, daß er der Antwort des Präfekten förmlich entgegenfieberte. Er glaubte plötzlich ›einen Sinn in seinem Leben gefunden zu haben und endlich beweisen zu können, daß er nicht ein hoffnungsloser Fall und das schwarze Schaf der Familie‹ sei.

So wartete er fast zwei Wochen. Dann geschah, worauf er mit so großer Spannung gewartet hatte. Der Präfekt ließ ihn zu sich rufen. Vor Erregung noch linkischer und gehemmter als sonst, vor Erwartung totenbleich, betrat Bertillon Andrieux' Zimmer und – erlebte eine unvorstellbare Enttäuschung. Louis Andrieux war ein Politiker aus den Reihen der Republikaner, den Beziehungen und Postenhandel in das Amt des Präfekten gebracht hatten. Er hatte sich niemals für Statistik oder Mathematik interessiert, und seine Kenntnisse auf dem Gebiet des Polizeiwesens waren noch gering. Da ihm selbst der Sinn von Bertillons Bericht nicht klar geworden war, hatte er das Schriftstück an Gustave Macé, den amtierenden Chef der Sûreté, weitergegeben.

Macé besaß zwar große polizeiliche Erfahrungen, war jedoch von tiefer Verachtung für Theoretiker und Theorien erfüllt. Er hatte sich als Praktiker aus den unteren Rängen der Sûreté emporgearbeitet. Als Inspektor war er im Jahre 1869 durch die Aufklärung eines Pariser Mordfalles, des sogenannten Falles Voirbo, weithin bekannt geworden.

In einem Brunnen waren damals Leichenteile gefunden worden, sorgfältig in Kaliko eingenäht. Ganz Paris geriet in höchste Erregung. Macé spürte allein durch seine Beobachtungs- und Kombinationsgabe nicht nur den Weg von den grausigen Fundstücken zu einem Schneider namens Voirbo auf, sondern konnte diesem auch nachweisen, daß er in seinem Wohnzimmer eine Leiche zerstückelt hatte. Die Art, wie ihm das gelang, war ein glänzender Beweis für Macés deduktive Fähigkeiten: Von der Annahme ausgehend, daß beim Zerstückeln der Leiche viel Blut geflossen sein mußte, hatte Macé den hölzernen Fußboden untersucht, aber an den sorgfältig gesäuberten Brettern keine verdächtigen Spuren entdecken können. Er sah lediglich, daß der Fußboden sehr uneben war. Im Beisein Voirbos goß er daraufhin Wasser aus und ließ die

Dielen an den Stellen aufreißen, an denen das Wasser sich sammelte und langsam versickerte. Man fand darunter lauter geronnenes Blut. Voirbo brach zusammen und gestand, einen Freund namens Bodasse ermordet, beraubt und seine Leiche nachher zerstückelt zu haben.

Macé hatte viele Fälle auf diese deduktive Weise gelöst, die ihre große Bedeutung in der Kriminalistik niemals verlieren sollte. Aber er glaubte so ausschließlich an die praktische Erfahrung, den praktischen Spürsinn und das ›fotografische Gedächtnis‹, daß er gar nicht anders konnte, als Bertillons Vorschläge rundweg abzulehnen. In seinem Bericht an Andrieux führte er aus, die Polizei sei kein Tummelplatz für die Experimente von Theoretikern, und Andrieux sah in Macés Stellungnahme sein eigenes Unvermögen, Bertillons Bericht zu verstehen, gerechtfertigt. Der Präfekt empfing Bertillon mit den historisch überlieferten Worten: »Bertillon? Ich glaube, Sie sind Schreiber zwanzigsten Grades und seit acht Monaten bei uns, eh? Und Sie wollen schon Ideen haben? ... Ihr Bericht liest sich wie ein Witz ...« – Bertillon antwortete unsicher: »Herr Präfekt, wenn Sie mir erlauben ...«

Andrieux erlaubte es ihm. Aber Bertillons Unfähigkeit, seine Gedanken verständlich auszudrücken, wurde durch seine Erregung nur noch verschlimmert, und so verstrickte er sich in einem Gewirr von Erklärungsversuchen, die gar nichts erklärten. Andrieux schnitt ihm schließlich schroff das Wort ab und entließ ihn mit der Warnung, die Präfektur nicht noch einmal mit seinen Ideen zu belästigen – seine Entlassung sei sonst eine Angelegenheit von wenigen Minuten. Während Bertillon, geschlagen und zugleich von trotzigem Groll erfüllt, in seine ›Ecke‹ zurückkehrte, teilte Andrieux Bertillons Vater mit, er möge dafür Sorge tragen, daß sein Sohn sich ausschließlich der Arbeit als Schreiber widme und sich nicht in Bereiche einmische, die außerhalb seines begrenzten Pflichtenkreises lägen. Andernfalls werde er sich leider genötigt sehen, die gnadenweise erfolgte Anstellung rückgängig zu machen.

Dr. Louis Adolphe Bertillon hatte so viele Enttäuschungen und bittere Stunden erlebt und erlitten, daß er den Sohn unverzüglich zu sich befahl. Zornig forderte er eine Erklärung. Zornig nahm er eine Abschrift des Berichtes an Andrieux entgegen. Doch nachdem er den Bericht gelesen hatte, wich sein Zorn. »Ich entschuldige mich«, erklärte er (und ein Zeitgenosse berichtet, wie innerlich bewegt Dr. Bertillon dabei gewesen sei). »Ich hatte nicht mehr zu hoffen gewagt, daß du einen eigenen Weg finden würdest. Aber dies hier ist ein eigener Weg. Das ist angewandte Wissenschaft. Das bedeutet eine Revolution für die Polizei. Ich werde es Andrieux klarmachen. Er muß es begreifen ... Er muß ...«

Louis Adolphe Bertillon meldete sich schon am folgenden Tag bei dem Präfekten und unternahm einen Versuch, ihn umzustimmen. Vergebens. Er überzeugte den Abgeordneten Gustave Hubbard, Generalsekretär des Schatzamtes, vom Wert der Vorschläge seines Sohnes. Hubbard machte seinen Einfluß auf Andrieux geltend. Gleichfalls vergebens. Er berichtete, Andrieux sei zwar unsicher geworden, nehme aber aus Prestigegründen niemals eine einmal getroffene Entscheidung zurück. Es gebe nur eine Chance: Andrieux werde nicht ewig Präfekt sein; Alphonse Bertillon müsse bis zu dessen Rücktritt ausharren.

Louis Adolphe Bertillon sandte ein gutes Dutzend weiterer guter Bekannter, Parteifreunde von Andrieux, in die Präfektur. Sie berichteten stets das gleiche: Andrieux korrigiere sich nicht. Es bleibe dabei: Man müsse auf einen neuen Präfekten warten. Lange werde dies erfahrungsgemäß nicht dauern.

Was allerdings bedeutete ›nicht lange‹ für Bertillon? Ein Jahr? Zwei Jahre, fünf Jahre, zehn Jahre? Weitere Jahre als Schreiber der Präfektur? Weitere Jahre einer stumpfsinnigen Arbeit, von deren Sinnlosigkeit er überzeugt war? Jahre, in denen er nie das Bewußtsein verlieren würde, einen erfolgreichen Weg zu kennen, ohne ihn beschreiten zu dürfen. Zeitgenossen berichten, in Alphonse Bertillon habe sich noch einmal jene Gleichgültigkeit gemeldet, die ihn bis dahin in Schule und Leben hatte scheitern lassen. Doch er sei von seinem Vater gezwungen worden, dieses Mal auszuharren und sich zu behaupten. Louis Adolphe Bertillon – schon von Krankheit gezeichnet – habe es mit den geradezu diktatorischen und prophetischen Worten getan: »Du wirst unsere Wissenschaft bei der Polizei einführen. Du wirst die Polizei Frankreichs zum erstenmal wissenschaftliche Arbeit lehren. Du wirst ...«

Louis Adolphe Bertillon ahnte in diesem Augenblick nicht, daß die Geschichte oder, wenn man so will, der große Meister Zufall zur gleichen Zeit in einem weit entfernten Teil der Erde zwei anderen Männern den Wunsch und die Idee eingab, das gleiche Problem zu meistern, dessen Lösung Bertillon plötzlich gefunden hatte.

4

Philosophen haben gelegentlich behauptet, das Licht aller Erkenntnis komme aus dem Osten.

Hatten sie recht? War es Zufall, rätselhafte Bestimmung? Im Jahre

1877 jedenfalls lag in Hooghly, der Hauptstadt des gleichnamigen Regierungsbezirks in Indien, ein britischer Verwaltungsbeamter namens William J. Herschel in seinem Amtszimmer auf einem Ruhebett und diktierte einen Brief.

Herschel war mit vierundvierzig Jahren ein noch relativ junger Mann, aber Amöbenruhr und Fieberanfälle hatten seine Kräfte zermürbt. Sein bärtiges Gesicht mit den glanzlosen Augen war bleich und hohlwangig, seine Stimme müde und schwach. Aber die Niederschrift des Briefes lag ihm am Herzen, und er verwendete alle Kraft darauf, seinem Inhalt etwas von der Überzeugung mitzugeben, die ihn selbst erfüllte.

Der Brief war gerichtet an den Generalinspekteur der Gefängnisse von Bengalen. Sein Datum: Hooghly, den 5. August 1877. Der Text: »Hiermit übersende ich Ihnen eine Arbeit über eine neue Methode zur Identifizierung von Personen. Sie besteht in einem stempelartigen Abdruck des rechten Zeige- und Mittelfingers. (Der Einfachheit halber werden nur diese beiden Abdrücke genommen.) Zur Herstellung der Abdrücke dient gewöhnliche Stempelfarbe ... Das Verfahren, einen solchen Abdruck zu nehmen, ist kaum schwieriger als die Herstellung eines Abdrucks von einem gewöhnlichen Bürostempel. Ich habe das Verfahren an Gefangenen sowie im Standesamt und bei der Auszahlung von Pensionen nunmehr schon seit etlichen Monaten erprobt und bin auf keine praktischen Schwierigkeiten gestoßen. Jede Person, die gegenwärtig in Hooghly ein Dokument amtlich ausfertigen läßt, muß ihr Fingerzeichen herstellen lassen. Bisher hat noch niemand die Prozedur verweigert. Ich glaube, wenn man dies Verfahren allgemein einführen würde, wäre ein für allemal den Identitätsschwindeleien ein Ende gesetzt ... Ich habe im Laufe der letzten zwanzig Jahre Tausende von Fingerabdruckblättern hergestellt und bin jetzt fast stets in der Lage, Personen auf Grund der Abdrücke zu identifizieren ...«

In der Tat: Zwanzig Jahre, genauer neunzehn Jahre, waren an diesem Tage vergangen, seit Herschel als blutjunger Sekretär in Junipur, dem höhergelegenen Gebiet des Bezirks Hooghly, zum erstenmal den sonderbaren Abdrücken begegnet war, die schmutzige menschliche Hände und Finger auf Holz, Glas oder Papier hinterlassen. Es waren Abdruckbilder voller eigenwilliger Linien, Bogen, Schleifen und Wirbel. Herschel wußte später selbst nicht genau zu sagen, wo und auf welche Weise dieses Phänomen in seinen Gesichtskreis gelangt war. Vielleicht hatte er chinesische Händler beobachtet, die damals nach Bengalen kamen und zuweilen ihre Abmachungen mit dem Abdruck geschwärzter Daumen besiegelten.

Vielleicht auch waren Nachrichten über einen chinesischen Brauch zu ihm gedrungen, nach dem Ehescheidungskontrakte durch den Handabdruck des Mannes beglaubigt und ausgesetzten Kindern in Findelhäusern die Fingerbilder abgenommen wurden.
Im Jahre 1858 jedenfalls hatte Herschel den Inder Rajyadar Konai, einen Lieferanten von Straßenbaumaterial, als ersten Vertragskontrahenten aufgefordert, seine rechte Hand und deren Finger mit Stempelfarbe zu schwärzen und unter einen Lieferkontrakt zu drükken. Damals waren Herschel die Linienmuster, die sich dabei abzeichneten, noch kaum vertraut gewesen. Vielmehr hatte er den Inder, der, wie viele seiner Landsleute, gern Abkommen und Termine vergaß, durch die Wirkung einer geheimnisvollen Manipulation an den geschlossenen Vertrag binden wollen. Dann aber hatten ihn die Linienbilder gefangengenommen.
Während er seinen Brief diktierte, lag neben ihm ein vergilbtes Notizbuch, auf dessen Umschlag das Wort ›Handzeichen‹ geschrieben war. Dieses Buch war angefüllt mit Abdrücken der eigenen und vieler indischer Finger, die er in den vergangenen neunzehn Jahren in regelmäßigen Abständen abgenommen hatte. Mit Verwunderung war ihm bewußt geworden, daß die Abdrücke, die er von einem Menschen machte, niemals mit denjenigen eines anderen Menschen identisch waren. Immer verliefen die Linien auf den Fingerkuppen in einer anderen Weise. Er hatte gelernt, viele ihrer Muster zu unterscheiden und Menschen nach ihren ›Fingerbildern‹ zu erkennen. In einem anatomischen Lehrbuch war ihm für diese Muster die Bezeichnung ›Papillarlinien‹ begegnet. Die Bezeichnung hatte er übernommen. Vor etwa fünfzehn Jahren schließlich hatte er vor dem Problem gestanden, einer wachsenden Zahl pensionierter indischer Soldaten ihre Pensionen auszuzahlen. Mit europäischen Augen gesehen, glichen sich diese Soldaten alle. Die Gesichter waren kaum zu unterscheiden, fast alle besaßen die gleichen Haare und die gleiche Augenfarbe, sie trugen immer wiederkehrende Namen und konnten nicht schreiben. Oft geschah es, daß sie nach Empfang ihrer Pension ein zweites Mal erschienen und behaupteten, noch kein Geld bekommen zu haben. Oder sie schickten Freunde oder Verwandte, um ihre Pension unter dem gleichen Namen noch einmal zu fordern. Da er außerstande war, die Pensionäre auseinanderzuhalten, hatte Herschel endlich jeden einzelnen aufgefordert, die Abdrücke zweier Finger sowohl auf die Liste der Pensionäre wie auf die Empfangsquittungen zu pressen. So war er in die Lage versetzt worden, die echten Pensionäre von den falschen zu unterscheiden. Die Schwindeleien hatten schlagartig aufgehört.

Im Lauf der folgenden Jahre hatte sich eine weitere Erkenntnis in ihm gefestigt: Die Linienbilder an den Fingerkuppen der Menschen änderten sich nicht – sie blieben gleich: in fünf Jahren, in zehn Jahren, in fünfzehn Jahren, in neunzehn Jahren. Herschels Notizbuch lieferte den unwiderleglichen Beweis. Mochte ein Mensch älter werden, mochte Gesicht und Gestalt sich durch Krankheit und Alter verändern, das Bild seiner Fingerspitzen blieb das gleiche. Es blieb ein persönliches, unwandelbares Zeichen, an dem man ihn erkennen konnte, selbst im Tode noch, selbst wenn nichts von ihm blieb als ein Stückchen Haut von den Fingern seiner Hände.
War es ein Wunder? War es ein Zufall oder ein Willensakt der Schöpfung, die jeden Menschen unverwechselbar kennzeichnen wollte? Herschel wußte es nicht. In einem Gefängnis seines Bezirks hatte er auf den Gefangenenlisten hinter jeden Namen die Fingerzeichen des betreffenden Häftlings setzen lassen. So unglaublich es klingen mochte, es war Ordnung in ein Chaos gekommen, in dem seit undenklichen Zeiten anstelle von Verurteilten falsche Personen eingeschmuggelt, Schwerverbrecher an die Stelle von leichten Fällen gerückt wurden und nur selten feststellbar war, ob ein neu Verurteilter schon einmal vor dem Richter gestanden hatte.
Herschels beweglicher Geist hatte begonnen, sich Zukunftsbilder auszumalen, die weit über Hooghly hinausgriffen. Seine Gedanken eilten nach England, nach London. War es nicht auch in der Heimat so, daß kein Polizeibeamter mit Sicherheit einen Verbrecher, einen Betrüger, einen Einbrecher, einen Dieb, der schon einmal eine Strafe verbüßt hatte, wiedererkennen konnte, sofern er nur (was jedem freistand) seinen Namen änderte? Hatten sich nicht selbst Fotografien als täuschend erwiesen? Waren nicht schon Unschuldige ins Zuchthaus oder an den Galgen gekommen als Opfer fürchterlicher Irrtümer bei der Identifizierung? Suchte man nicht seit langem nach Zeichen, die den Menschen so charakterisierten, daß eine Verwechslung unmöglich war? Herschel hatte nicht lange suchen müssen, um das Beispiel eines Londoner Kriminalfalles zu finden, in dem jahrelang um die Identität eines Mannes gekämpft worden war. Die Wogen der Erregung, die dieser Fall aufgerührt hatte, waren bis nach Bengalen gebrandet.
Jedermann kannte den Tichborne-Prozeß um das Millionenerbe des Lords James Tichborne. Von 1866 bis 1894 hatte dieser Prozeß London in Atem gehalten. Weswegen? Wegen eines Betrügers, der sich als der 1854 verschollene einzige Sohn Roger und als Erbe des Lords James ausgab! Wegen eines grobschlächtigen, geradezu grotesk fetten Mannes namens Castro aus Waga-Waga in Australien,

der es meisterlich verstand, Roger Tichbornes halbblinde Mutter ebenso zu täuschen wie Verwandte und Ärzte, ja selbst berühmte Londoner Anwälte wie Sargeant Ballentine und Edward Kenealy! Kurzum: Wegen eines Hochstaplers, der 1874 nach Jahren nicht endenwollender Auseinandersetzung und nach der Vergeudung einiger Millionen Pfund für Gerichtskosten zu vierzehn Jahren Zuchthaus verurteilt worden war. Wie viele Zeugen hatten ihn für den echten Roger Tichborne gehalten! Wie viele Zeugen hatten ihn als Roger Tichborne identifiziert und einen Eid darauf geschworen! Wie viele angeblich sichere körperliche Anzeichen hatten also getrogen! Was dagegen wäre geschehen (das war die Frage, die Herschel nicht mehr losließ), wenn man sich bereits seiner Entdeckung des Fingerabdrucks hätte bedienen können? War Roger Tichborne nicht Soldat gewesen? Wie, wenn man schon zu seiner Zeit dazu übergegangen wäre, alle Angehörigen der Armee mit ihren Fingerabdrücken zu registrieren? Wäre der riesenhafte Prozeß nicht nach wenigen Minuten zu Ende gewesen, wenn man die Fingerabdrücke Roger Tichbornes aus seiner Militärzeit hätte vorlegen können? Ein Stempelkissen, ein Abdruck der Finger Castros, ein Vergleich – und schon wäre entschieden worden, daß Castro ein Betrüger war! So setzte William Herschel das Diktat seines Briefes mit den Worten fort: »Als ein Beispiel, wie wertvoll mein Verfahren sein könnte, setze ich den Fall, Roger Tichborne hätte beim Eintritt in die Armee seine Fingerabdrücke deponieren müssen. Der ganze Prozeß wäre dann in zehn Minuten erledigt gewesen ... Ich glaube, nicht weiter ausführen zu brauchen, wie notwendig die Identifizierung in den Gefängnissen ist. Der Fingerabdruck ist das Mittel, jederzeit festzustellen, ob der Gefangene identisch mit dem von den Richtern Verurteilten ist. Man braucht nur die Nummer aufzurufen und den Fingerabdruck zu nehmen. Ist es ein anderer, so stellt sich das sofort heraus. Ist Nr. 1302 wirklich tot, oder ist der Leichnam untergeschoben? Die Leiche hat zwei Finger, die auf diese Frage antworten werden.

Wollen Sie gütigst der Angelegenheit Ihre Aufmerksamkeit nicht versagen, und gestatten Sie mir die Anfrage, ob ich das Verfahren auch in anderen Gefängnissen versuchen darf ...«

Damit beschloß Herschel sein Schreiben. Aber er legte ihm eine Anzahl jener Fingerabdrücke bei, die er im Laufe von neunzehn Jahren gesammelt hatte, und fügte den Schlußsatz an: »Um sorgfältige Aufbewahrung der beiliegenden Muster bittet Ihr ergebener W. Herschel.«

Herschel versiegelte den Brief ›mit abgezehrter Hand‹.

Aber innerlich war er voller Zuversicht, voller fester Hoffnung, Interesse und Zustimmung zu finden.
Er hatte sich indessen zu wenig mit dem Schicksal beschäftigt, das so vielen Neuerern bereits vor ihm zuteil geworden war.
Nach zehn Tagen hielt er die Antwort des Generalinspekteurs in der Hand, einen Brief voller freundlicher Worte – aber die freundlichen Worte verbrämten lediglich die Tatsache, daß der Generalinspekteur um Herschels Gesundheitszustand wußte und seine Vorschläge für die Ausgeburten irgendwelcher Fieberphantasien hielt. Die Antwort stürzte Herschel in eine Depression, die ihn für Jahre vollständig lähmte und ihn keinen weiteren Schritt zugunsten seiner Entdeckung unternehmen ließ. Ihn bewegte nur noch ein Wunsch: nach England heimzukehren und dort vielleicht Genesung zu finden. Ende 1879 machte er sich auf den Weg.

5

Abermals müßten wir an dieser Stelle von der ungeklärten inneren Logik der Geschichte oder aber vom großen Zufall sprechen.
In den gleichen Jahren nämlich, in denen William Herschel in Hooghly dahinsiechte und seinen so bedeutsamen, aber fruchtlosen Brief an den Generalinspekteur der Gefängnisse von Bengalen schrieb, arbeitete ein schottischer Arzt namens Dr. Henry Faulds am Tsukiji-Krankenhaus in Tokio. Er unterrichtete japanische Studenten in Physiologie. Faulds war ein Mann von völlig anderer Lebensart als Herschel, ein streitbarer Presbyterianer, klug und voller Phantasie, aber zugleich cholerisch, reizbar, egozentrisch und eigensinnig bis zur Engstirnigkeit.
Niemals war er Herschel begegnet. Niemals hatte er von Herschels Erfahrungen und Experimenten in Indien gehört. Als er jedoch Anfang 1880 einen Brief an die britische Zeitschrift ›Nature‹ in London sandte, enthielt dieser Brief den Satz: »Ich besichtigte 1879 einige in Japan gefundene prähistorische Tonscherben und wurde auf bestimmte Fingerabdrücke aufmerksam, die entstanden sein mußten, als der Ton noch weich war. Ein Vergleich der Fingerabdrücke mit neu hergestellten Fingerabdrücken veranlaßte mich, das Problem allgemein zu studieren ... Die Hautlinienzeichnung verändert sich während des ganzen Lebens nicht und kann deshalb besser als die Fotografie zur Identifizierung dienen.«
Es ist niemals geklärt worden, ob Faulds' Begegnung mit dem Fingerabdruck sich wirklich so vollzogen hatte, wie er es in seinem Brief schilderte. Nur einmal erwähnte er später, daß die Chinesen

den Fingerabdruck kannten; er habe davon gehört. Niemals sprach er von der Tatsache, daß Fingerbilder auch in Japan nichts Ungewöhnliches waren. Das älteste Original eines japanischen Handabdrucks mit deutlich sichtbaren Papillarlinien befand sich (wie später festgestellt wurde) in einem Tempel zu Kyoto; es handelte sich um eine Bittschrift, auf der die Hand des Kaisers Goshiva zu sehen war. Bis zum Jahre 1860 fanden sich häufig Handabdrücke auf japanischen Dokumenten – in schwarzer und roter Farbe. In Herbergen war es oftmals Brauch gewesen, Gästen, die keinen der in Japan sehr gebräuchlichen Namenstempel besaßen, Post gegen eine Quittung durch Daumenabdruck auszuliefern. Zu der Zeit, in der Faulds in Tokio lehrte, herrschte im Innern Japans die Sitte, Haustüren mit roten und weißen Handabdrücken zu versehen. Faulds hatte in seinem Brief an die Zeitschrift ›Nature‹ behauptet, daß die Fingerabdrücke eines Menschen sich während des ganzen Lebens nicht veränderten. Vor allem diese Behauptung ließ an der Erklärung Zweifel aufkommen, die er selbst für seine Beschäftigung mit dem Fingerabdruck gegeben hatte. Denn es war – und blieb – unklar, wie er in nicht ganz einem Jahr zu einer solchen Feststellung hätte gelangen können, wenn sie nicht auf Erfahrungen japanischer oder chinesischer Tradition fußte.

Doch wie dem auch sei: Von 1879 bis 1880 sammelte Faulds zahlreiche Fingerabdrücke und studierte die Verschiedenheit der Papillarlinien. Dabei interessierten ihn zunächst nur ethnologische Probleme – ob es zum Beispiel bei den Linien der Abdrücke Unterschiede zwischen den Völkern gebe. Später untersuchte er die Frage der Vererbung von Papillarlinien. Dann brachte ein Zufall ihn auf eine Spur, die zu verfolgen er fortan nicht mehr aufgab: In seiner Nachbarschaft war ein Dieb über eine weiß gestrichene Mauer geklettert. Faulds, dessen ›Fingerabdruck-Spleen‹ längst bekannt war, wurde darauf aufmerksam gemacht, daß sich an der Mauer der gut sichtbare Abdruck rußiger menschlicher Finger befinde. Als Faulds den Abdruck inspizierte, erfuhr er, der Täter sei bereits verhaftet. Er bat die japanische Polizei, den Fingerabdruck des Verhafteten abnehmen zu dürfen. Als er die Linienmuster des Abdrucks an der Mauer mit denjenigen des angeblichen Täters verglich, stellte er fest, daß sie verschieden waren. Da der Mauerabdruck von dem wirklichen Täter stammen mußte (dieser war über ein erkaltetes Kohlenbecken gestolpert), schloß Faulds, daß der Verhaftete nicht der tatsächliche Dieb sei. Er behielt recht. Wenige Tage später fand man den wirklichen Einbrecher. Faulds sicherte sich auch dessen Fingerabdrücke. Sie entsprachen genau dem Abdruck an der Mauer.

Faulds phantasiebegabter Geist fragte sich: Wie, wenn man am Tatort jedes Verbrechens nach Fingerabdrücken des Täters suchte? Wie, wenn man Diebe und Mörder auf diese Weise überführen könnte? Die Idee gewann Gestalt, als sich ein zweiter Diebstahl ereignete. Diesmal rief man Faulds zu Hilfe. An einem Trinkgefäß entdeckte er die Spuren einer ganzen Hand. Faulds fand bei dieser Gelegenheit auch heraus, daß es gar keiner Schwärzung der Finger bedurfte, um Abdrücke zu hinterlassen. Schweißdrüsen an den Fingerspitzen erzeugten eine fettige Absonderung, die sich genauso deutlich abzeichnen konnte wie Ruß oder Farbe. Doch dies war zunächst nicht das Entscheidende. Entscheidend war ein geradezu unwahrscheinlicher Zufall. Während seiner vorangegangener Studien hatte Faulds auch die Diener in verschiedenen Häusern gebeten, ihm ihre Fingerabdrücke zu hinterlassen. Jetzt verglich er die Abdrücke an dem Trinkgefäß mit denen in seiner Sammlung. Es erschien ihm selbst zunächst unglaubhaft, unwahrscheinlich, ja geradezu ungeheuerlich – aber es war Tatsache: Die Abdrücke am Trinkgefäß stimmten mit den Fingerabdrücken eines jener Diener überein, deren Fingerbilder er abgenommen hatte. Der Diener, zur Rede gestellt, gestand.

Jetzt konnte es für Faulds keinen Zweifel mehr daran geben, daß er eine Methode der Beweisführung entdeckt hatte, welche die Polizeiarbeit der ganzen Welt revolutionieren mußte. Er hatte in der Tat Möglichkeiten entdeckt, die Herschel nicht bewußt geworden waren. Aber damit begnügte Faulds sich nicht. Er war kein Polizist. Doch nachdem der Zufall ihn einmal in die Domäne der Polizei und des Verbrechens gelockt hatte, ließen seine Phantasie und seine Vorstellungskraft ihn weitere Schlüsse ziehen, die denjenigen des schwerkranken Mannes in Hooghly entsprachen. Alle seine Erfahrungen und Schlüsse legte er in seinem Brief an die englische Zeitung ›Nature‹ nieder.

Er schrieb: »Wenn Fingerabdrücke am Tatort gefunden werden, kann das zur Ermittlung des Täters führen. Ich habe das in zwei Fällen bereits praktisch erprobt. In der gerichtsärztlichen Praxis werden noch andere Verwertungen von Fingerabdrücken vorkommen, wenn zum Beispiel von einem verstümmelten Leichnam nur die Hände gefunden werden. Sind die Papillarlinienbilder von früher her bekannt, so haben sie sicher mehr Beweiskraft als das übliche Muttermal der Groschen-Schauerromane ... Man kann von jedem Schwerverbrecher nach seiner Verurteilung Fingerabdrücke nehmen und diese sammeln. Wenn derselbe Verbrecher später wegen einer neuen Straftat verhaftet wird und einen falschen Namen

angibt, kann man durch Vergleich der Fingerabdrücke seinen wahren Namen ermitteln ... Die Hauptlinienzeichnung verändert sich während des ganzen Lebens nicht und kann deshalb besser als die Fotografie zur Identifizierung dienen.«
Die Zeitschrift ›Nature‹ veröffentlichte Faulds' Brief am 28. Oktober 1880. Wenige Tage später schloß sich der Kreis um die beiden Männer, die dazu bestimmt waren, getrennt voneinander die Idee des Fingerabdrucks als Identifizierungsmittel aufzugreifen und aus dem Fernen Osten nach Europa zu tragen, denn William Herschel (inzwischen nach England heimgekehrt und langsam genesend) las Faulds' Bericht in seinem Haus in Littlemore. Aber der Kreis schloß sich bestenfalls für ein paar Augenblicke, um alsbald wieder zu zerspringen.
Sofort, nachdem Herschel Faulds' Bericht gelesen hatte, raffte er sich auf und richtete seinerseits einen Brief an ›Nature‹. Er teilte mit, daß er schon zwanzig Jahre vor Faulds Fingerabdrücke genommen und zu verschiedenen Identifizierungszwecken benutzt habe. Nur die Haltung seiner vorgesetzten Behörde und seine Krankheit hätten ihn gehindert, davon Mitteilung zu machen. Auf Faulds' originelle Gedanken über die Bedeutung von Fingerabdrücken am Tatort von Verbrechen ging Herschel nicht ein.
Die Gefühle, die Herschel bewegten, als er gelesen hatte, daß ein anderer binnen eines Jahres herausgefunden haben wollte, worum er selbst sich zwei Jahrzehnte lang bemüht hatte, ließen sich nachempfinden. Es war verständlich, daß er sein Erstrecht an der Idee anmeldete und im Augenblick der ersten Erregung über Faulds' unzweifelhaft originelle Gedanken hinwegging. Immerhin beließ Herschel es zunächst bei dem Hinweis auf seine eigene Arbeit.
Für Faulds' streitbare Natur aber bedeutete Herschels Brief, kaum daß er von ihm erfuhr, eine Herausforderung – die Herausforderung durch einen anderen, der das Erstrecht an seinen eigenen Ideen schmälern wollte. War es etwa seine Schuld, daß Herschel nicht an die Öffentlichkeit getreten war, sondern resigniert hatte? Er, Faulds, hatte die Welt auf den Fingerabdruck aufmerksam gemacht. Er allein ...
Faulds zögerte keinen Augenblick, einen Kampf aufzunehmen, an den Herschel noch gar nicht dachte. Er entschloß sich zur Rückkehr nach England. Doch noch bevor er abreiste, schrieb er zahlreiche Briefe, um berühmte Persönlichkeiten seiner Zeit mit seinen Ideen bekanntzumachen und sich die Priorität zu sichern. Er schrieb an Wissenschaftler wie Charles Darwin. Er schrieb an den britischen Staatssekretär des Innern und an den Polizeipräsidenten von Lon-

don, Edmund Henderson. Beiden bot er seine Erfindung an. Niemand unter den maßgeblichen Persönlichkeiten der Londoner Polizei antwortete jedoch. Nur durch einen Bekannten in London erfuhr Faulds, daß man ihn in Scotland Yard, dem berühmten Sitz der Londoner Polizei, für einen Schwindler hielt.
Daraufhin schrieb Faulds nach Frankreich. Er schrieb an den Polizeipräfekten von Paris – an Louis Andrieux. Faulds konnte nicht wissen, daß Andrieux am wenigsten geeignet war, sich für umstürzlerische Ideen wie die seinen zu erwärmen. Noch weniger aber konnte er, als er sein Schreiben absandte, ahnen, daß Andrieux nach kaum zweijähriger Amtszeit vor dem Rücktritt stand, daß ein neuer Politiker, Jean Camecasse, bereit war, das Amt des Polizeipräfekten von Paris zu übernehmen, und daß sich damit die Tore für eine andere Idee der Identifizierung, für einen anderen Mann öffnen würden, von dessen Existenz er noch nichts ahnte: für Alphonse Bertillon.

6

Wenn später jemals behauptet worden ist, Jean Camecasse sei ein Mann mit Weitblick gewesen, der die Gedanken Alphonse Bertillons sofort begriff, so ist das eine der Legenden, mit denen der Weg der Geschichte gepflastert ist.
Camecasse war Politiker wie Andrieux. Als Polizeipräfekt erwarb er sich einigen Ruhm dadurch, daß er die ersten Polizeischulen gründete. Aber er verstand Bertillons kraus anmutende Vorstellungen genausowenig wie sein Vorgänger. Vor seinem Amtsantritt im Jahre 1881 hatte er noch niemals von dem Titularschreiber des Ersten Büros gehört.
Dr. Louis Adolphe Bertillon lag, von einer fieberhaften Arthritis gepeinigt, in Neuilly, unfähig, den Präfektenwechsel, den er sosehr herbeigesehnt hatte, durch persönliche Aktionen zugunsten seines Sohnes zu nutzen. Aber er schrieb Briefe, telegrafierte und sandte abermals Freunde in die Präfektur. Er war Arzt genug, um zu wissen, daß er auf Genesung von seinem Leiden nicht hoffen durfte und daß ihm deshalb nicht mehr viel Zeit blieb, seinem Sohn doch noch den Weg zu ebnen. Aber erst im November 1882, nach mehr als einem Jahr, gelang es einem seiner Freunde, dem gefeierten Pariser Anwalt Edgar Demange, Camecasse davon zu überzeugen, daß er einen Versuch mit Bertillon machen müsse, wenn er nicht versäumen wolle, sich den Ruf eines Förderers neuer Methoden der Bekämpfung des Verbrechens zu erringen.

Einige Wochen später, Mitte November, befahl Camecasse den Schreiber Bertillon zu sich. Dieser war durch seinen Vater vorbereitet. Trotzdem überschattete die linkische, ungeschickte Art seines Auftretens auch die erste Begegnung mit dem neuen Präfekten. Vielleicht wäre er abermals gescheitert, hätte Camecasse nicht Demange sein Wort gegeben, daß der Sohn Louis Adolphe Bertillons diesmal eine Chance bekommen werde.

Camecasse erklärte am Ende gequält: »Gut, Sie werden die Chance erhalten, Ihre Ideen zu erproben. Von der nächsten Woche an werden wir Ihre Methode der Identifizierung probeweise einführen. Sie erhalten dazu zwei Hilfsschreiber. Ich gebe Ihnen drei Monate Frist. Wenn Sie in dieser Zeit einen rückfälligen Verbrecher ausschließlich durch Ihre Methode wiedererkennen ...«

Betrachtete man die auf diese Weise gewährte Chance genau, so verdiente sie schwerlich diesen Namen. Denn wie oft geschah es wohl, daß ein Häftling innerhalb von nur drei Monaten gefaßt, angeklagt, bestraft, entlassen und abermals festgenommen wurde? Bertillon selbst mußte sich klar darüber sein, daß nur ein außergewöhnlicher Glückszufall ihn in die Lage versetzen konnte, Camecasses Bedingungen zu erfüllen. Aber er nahm schweigend an, was ihm geboten wurde. Wahrscheinlich tat er gut daran, denn als Gustave Macé erfuhr, daß er Bertillon zwei Schreiber zu überlassen habe, empörte er sich mit aller Leidenschaft. Bertillons System möge vielleicht wirksam sein, erklärte er, wenn seine Messungen stets von den allergewissenhaftesten Beamten auf die allergewissenhafteste Weise durchgeführt würden. Aber man solle doch um Himmels willen nicht den Geist der Routine vergessen und ebensowenig die mechanische Art, mit der die meisten Angestellten arbeiteten. Daraus sprach wieder das tiefe Mißtrauen des alten Praktikers gegen den kränklichen Theoretiker und gegen alles, was sich wissenschaftlich nannte. Aber in seinem Protest lag ein Kern von Wahrheit, wie erst viel später (und auf für Bertillon tragische Weise) deutlich werden sollte. Diesmal drang Macé mit seinem Einspruch nicht durch. Aber wahrscheinlich erwartete Camecasse ohnehin nicht, daß Bertillon Erfolg haben werde.

In dem Saal, in dem Bertillon bisher gearbeitet hatte, nahm er nun seine Meß- und Registriertätigkeit in aller Offenheit auf. Aber unter welchen Bedingungen! Seine Kollegen beobachteten ihn mit unverminderter Spottlust. Die beiden Schreiber waren unzuverlässig, weil sie den Sinn ihres Tuns nicht zu begreifen vermochten. Sie versuchten, sich gegen die mürrische, unerbittliche Pedanterie aufzulehnen, mit der Bertillon sie überwachte. Natürlich wußten sie von Macés Gegnerschaft. Sie tuschelten hinter Bertillons Rücken mit den anderen Angestellten. Aber sie gehorchten, weil sie die kalte Wut Bertillons fürchten lernten, sobald er sie bei einer Nachlässigkeit überraschte.

Bertillon arbeitete in einer Art stummer, trotziger Besessenheit. Er maß, kontrollierte, notierte. Abend für Abend eilte er mit den Ergebnissen des Tages in eine kleine Wohnung, in der er seit dem Winter 1881 häufiger Gast war. Sie gehörte einer jungen Österreicherin, Amélie Notar, einem unansehnlichen, kurzsichtigen Wesen, das sich in Paris recht und schlecht als Sprachlehrerin durchschlug. Wegen ihrer Kurzsichtigkeit hatte sie Bertillon eines Tages auf der Straße gebeten, ihr durch den Verkehr zu helfen, und der Gehemmte, Kontaktarme hatte sich schnell mit der genauso Gehemmten und Kontaktarmen, die ergeben seinen Ideen lauschte, in einem sonderbaren Bund gefunden, aus dem später eine ebenso sonderbare Ehe wurde.

Er traute den Schreibern nicht genug, als daß er sie die Registrierkarten hätte ausfertigen lassen. Das besorgte Amélie Notar. Sie schrieb mit immer gleichbleibender Schrift von morgens bis in die Nacht. Anfang Januar 1883 enthielt Bertillons Registratur bereits 500, Mitte Januar rund 1000, Anfang Februar nahezu 1600 Karteikarten. Das Registriersystem funktionierte. Aber was bedeutete das?

Mit dem Februar brach der Monat an, in dem die Entscheidung fallen mußte, der dritte Monat der gesteckten Frist. Am 15. Februar war die Meßkartenregistratur auf etwa 1800 Karten angewachsen. Aber noch war niemand vorgeführt worden, den Bertillon bereits einmal gemessen hatte und den er jetzt auf Grund seiner Meßkarten hätte wiedererkennen können. Der Februar war trüb, der Himmel dunkel, und seine Dunkelheit übertrug sich auf Bertillons Gemüt. Er wurde noch reizbarer als gewöhnlich und brütete während der Arbeit vor sich hin. Wieder peinigte ihn heftige Migräne. Wieder bekam er Nasenbluten. Sein Magen rebellierte. Am 17. Februar trennten ihn nur noch zwölf Tage vom Ende der Galgenfrist. Am 19. Februar waren es nur noch zehn Tage ...

Am 20. Februar, kurz vor dem Ende der Bürozeit, nahm Bertillon selbst die Maße eines Häftlings, der angab, Dupont zu heißen. Der Häftling war der letzte dieses Tages und der sechste Dupont. Seit langem erfreute sich der Name Dupont bei nicht allzu phantasiebegabten Kriminellen als Deckname unverminderter Beliebtheit. Bertillon maß: Länge des Kopfes 157 mm, Breite des Kopfes 156 mm, Mittelfinger 114 mm, kleiner Finger 89 mm ... In den vorangegangenen Tagen hatte er sich mehrmals dabei ertappt, daß er im Gesicht eines neuen Gefangenen bekannte Züge zu entdecken glaubte. Mit zitternden Händen hatte er dann die Karten durchgeblättert, ganz von der Hoffnung erfüllt, endlich zu finden, was er so dringend brauchte. Doch jedesmal war er genarrt worden, genarrt von der Unzuverlässigkeit des Auges, gegen die er doch gerade mit seinem System zu Felde zog. Als er jetzt die Messung des Häftlings Dupont beendigte, glaubte er abermals, ein bekanntes Gesicht vor sich zu sehen. In düsterer Stimmung wehrte er sich gegen das eigene Gefühl.

Die Maße der Kopflänge des Häftlings Dupont fielen unter die Kategorie ›Mittel‹ und führten ihn so in die entsprechende Abteilung seiner Kartei. Die Breite des Kopfes verringerte die Zahl der Karteifächer, in denen er zu suchen hatte, auf neun, die Länge des Mittelfingers auf drei, die des kleinen Fingers auf ein Fach. Hier befanden sich fünfzig Karten. Minuten später hielt Bertillon eine dieser Karten in seiner kalten Hand. Sie enthielt genau die Maße, nach denen er fahndete – aber die Maße gehörten zu einem Mann, der nicht Dupont, sondern Martin hieß. Verhaftet am 15. Dezember 1882 wegen Diebstahls leerer Flaschen.

Bertillon wandte sich dem Häftling zu. »Ich habe Sie schon früher einmal gesehen«, erklärte er, kaum fähig zu sprechen. »Sie wurden am 15. Dezember letzten Jahres wegen Diebstahls leerer Flaschen verhaftet. Damals nannten Sie sich Martin ...«

Einen Augenblick lang herrschte beklemmendes Schweigen. Der Polizist, der Dupont vorgeführt hatte, war fassungslos. Da brach der Häftling in ein zorniges »Na, schön!« aus. »Na, schön, ich war's ...« Die anderen Angestellten, die Augenzeugen dieser Szene geworden waren, starrten Bertillon an. Einige mochten annehmen, der Zufall sei ihm zu Hilfe gekommen. Die anderen spürten, daß der Verlachte und Verhöhnte soeben einen Augenblick des Triumphes erlebt hatte. Bertillon faßte sich und erwiderte die Blicke mit sarkastischem Hohn. Er sprach wie üblich kein Wort, sondern begab sich an seinen Schreibtisch, verfaßte einen Bericht an den Präfekten und sandte ihn in dessen Büro. Dann verschloß er seine Kartei und verließ das Büro. Auf der Straße tat er etwas für seine Verhältnisse Ungewöhnliches: Er mietete eine Droschke. In ihr fuhr er zu Amélie Notar. Dort brach für einen Augenblick die gewaltsam unterdrückte innere Erregung aus ihm hervor. Er berichtete der wie immer ergeben Lauschenden über seinen Triumph. Dann fuhr er weiter zu seinem Vater. Das, was er mitzuteilen hatte, bedeutete eine der letzten Freuden für den Kranken, der wenige Tage später verschied.

Am 21. Februar 1883 veröffentlichten die Pariser Zeitungen die ersten Notizen über den Fall Dupont-Martin und Bertillons Identifizierungssystem. Die Meldungen fanden kaum Beachtung. Aber knapp vierundzwanzig Stunden später befahl Camecasse Bertillon zu sich und verlängerte die Probezeit auf unbestimmte Frist. Der für jeden Politiker verlockende Gedanke, durch die Einführung einer revolutionierenden Neuerung Ruhm zu erringen, hatte auch bei ihm gezündet: Diesen Mann mußte man fördern! So erhielt Bertillon einige weitere Schreiber und einen eigenen Raum, in dem er seine Messungen ungestört durchführen konnte. Sonst änderte sich wenig. Im März gelang ihm eine weitere Identifizierung eines Vorbestraften. Während des folgenden Vierteljahres identifizierte er sechs, im Juli, August und September fünfzehn und während des Jahresrestes sechsundzwanzig Häftlinge, bei denen die alten Erkennungsmethoden und das ›fotografische Gedächtnis‹ der Routiniers versagt hatten. Am Ende des Jahres umfaßte seine Registratur 7336 Karten. Nicht ein einziges Mal hatten sich die Maße eines Registrierten wiederholt.
Noch immer war Bertillons Erfolg eine innere Angelegenheit der Polizeipräfektur. In seiner Umgebung vollzog sich langsam die Veränderung, die sich in der Umgebung Erfolgreicher zu vollziehen pflegt. Die Spötter verstummten und begegneten ihm mit größerer Zuvorkommenheit. Aber Bertillons abweisende Art, seine Eigenbrötelei und sein Mißtrauen saßen zu tief verankert. Für den so lange empfangenen Spott rächte er sich jetzt durch noch größere Kälte und brüsken Sarkasmus. Gustave Macé, sein heftigster und ernsthaftester Gegner, trat zwar am 1. April 1884 zurück, weil es ihm nicht gelungen war, von der Stadtverwaltung mehr Geld für die Sûreté zu erhalten. (Man erlaubte ihm nicht einmal ein Telefon, obwohl er bereit war, die Anlage selbst zu bezahlen.) Aber die Sûreté als Ganzes war so sehr von der Praxis der alten Schule beherrscht, daß sie das ›Bleichgesicht in der Präfektur‹ nicht für voll nahm. Einige Inspektoren bemühten sich, Bertillon lächerlich zu machen, indem sie ihn zu irgendwelchen Ermordeten und Ertrunkenen riefen und ihn mit falscher Freundlichkeit baten, diese zu identifizieren. Sie ergötzten sich an Bertillons Widerwillen beim Anblick von Leichen. Erst als es ihm gelang, tatsächlich einige Tote, deren Identifizierung der Sûreté nicht möglich war, durch seine Messungen und Vergleiche mit seiner Kartei zu erkennen, machte die Ablehnung allmählich einer unwilligen Anerkennung Platz. Die Inspektoren allerdings spöttelten weiter: Alles sei schön und gut, wenn man einen Übeltäter erst einmal verhaftet habe. Aber ob Ber-

tillon ihnen seine Messerei auch empfehlen wolle, wenn sie nach einem bestimmten Manne suchten?! Ob sie jeden Verdächtigen anhalten, ausziehen und messen sollten?

Bertillon selbst tat auch hier nichts, was das Eis schneller hätte schmelzen lassen. Den erlittenen Hohn vergaß er nie. Nach wie vor blieb er verletzend schroff. Um die Mitte des Jahres 1884 waren die Schreiber so unerbittlich gedrillt, daß Bertillon sich auf ihre Messungen und auch auf das Ausfüllen der Karten verlassen konnte. So gewann er Zeit, sich mit neuen Problemen zu beschäftigen. Wieder saß er wie einst Stunde um Stunde an seinem Tisch und brütete über den Fotografien, die das fotografische Atelier der Polizeipräfektur im Dachgeschoß von den gleichen Häftlingen anfertigte, die er maß. Er beschaffte sich selbst eine fotografische Ausrüstung und begann die Häftlinge auf eigene Weise zu fotografieren. Dann zerschnitt er die Bilder und klebte Dutzende von Ohren, Nasen, Augen nebeneinander. Gleichzeitig suchte er mit ameisenhaftem Fleiß nach Begriffen, mit denen sich die verschiedenen Formen der Nasen oder Ohren exakt beschreiben ließen. Die Listen der Begriffe wurden endlos. Im Falle der Nase hieß es: S-förmiger Nasenrücken, abgeplatteter Nasenrücken, gequetschter Nasenrücken, schiefer Nasenrücken rechts oder links, zusammengedrückter Nasenflügel, dicker Nasenflügel und so fort. Bei jedem Häftling kontrollierte er die Farbe der Augen. Er unterschied äußere und innere Zonen der Iris mit verschiedenen Färbungen: gelb pigmentiert, orangefarben, kastanienbraun, maronenfarbiges Pigment, schieferblau ...

Was ihn zu seinem Tun antrieb, war jene spöttische Frage der Männer von der Sûreté, ob sie gesuchte Verbrecher etwa auch nach der Meßkarte aufspüren und verhaften sollten – sozusagen mit dem Meßband in der Tasche? Bertillon war von einem neuen Gedanken beherrscht, und er verfolgte ihn mit starrköpfiger Konsequenz. Er wollte seine Meßkarten durch bessere Fotografien und Beschreibungen ergänzen, damit jeder Polizist in kürzester Zeit ein so genaues Bild eines Kriminellen vor Augen hatte, daß er ihn an Hand dieses Bildes verhaften konnte. Erst nachher sollte er die Richtigkeit der Verhaftung mit dem Meßband kontrollieren. Er suchte nach einer Art der Fotografie, die, anders als die bisher übliche, das Unveränderliche oder schwer Veränderliche im menschlichen Gesicht zeigte. Er kam zu dem Schluß, daß Profilaufnahmen diesen Zweck am besten erreichten.

Im Laufe des Jahres 1884 identifizierte er 300 Vorbestrafte, die wiederum zum größten Teil durch das Netz der alten Identifizierungsmethode geschlüpft waren. Und auch in diesem Jahr fand er keine Maße, die sich in allen Einzelheiten wiederholt hätten. Es ließ sich nicht länger leugnen, daß sein System funktionierte. Camecasse begann politische Freunde und ausländische Besucher zu Bertillon zu führen und ihnen das Meßverfahren zu zeigen. Ende 1884 erschien so auch ein Engländer, Edmund R. Spearman, der sich sehr für Polizeifragen interessierte und über wichtige Beziehungen im britischen Innenministerium verfügte. Spearman, mit dem wir uns später eingehend beschäftigen müssen, zeigte sich so brennend interessiert, daß Bertillon seine kalte Verschlossenheit für einen Augenblick aufgab und dem Engländer – immer eifriger werdend – sein System vorführte. Um die gleiche Zeit besuchte ihn der Direktor der Verwaltung der französischen Gefängnisse, Hebert. Auch er erfaßte schnell, welche Chancen sich ihm hier boten, um die Registratur aller Gefangenen in Frankreich, die genauso wie das Archiv der Polizei von falschen Namen und Verwechslungen wimmelte, auf eine verläßliche Basis zu stellen. Wenige Tage später erklärte er französischen Journalisten, er werde das Verfahren Alphonse Bertillons in den französischen Gefängnissen einführen. Die Folge war ein Sturm von Anfragen, wer dieser Bertillon denn sei. Am Tage darauf wurde Bertillons Name zum ersten Male in großen Pariser Blättern herausgestellt. Es hieß da: »Junger französischer Wissenschaftler revolutioniert die Identifizierung der Verbrecher.« – »Die französische Polizei wieder an der Spitze der Entwicklung in der Welt.« – »Das geniale Meßverfahren des Dr. Bertillon.«

Über Nacht war Bertillon auf dem besten Wege, eine Größe der Nation zu werden. 1885 (Camecasse war zurückgetreten, und ein neuer Präfekt, Gragnon, saß auf seinem Stuhl) war die Einführung der Anthropometrie, wie Bertillon sein System jetzt nannte, in den französischen Gefängnissen in vollem Gang. Gragnon verabscheute Bertillon, war sich jedoch klar darüber, daß die Anthropometrie eine Revolution im Polizei- und Gefängniswesen bedeutete, die einfach nicht mehr aufzuhalten war. Er forderte daher die Einführung der Messungen auch bei den Polizeibehörden der Provinz und kündigte die Begründung eines großen Anthropometrischen Zentralbüros in Paris an, möglichst in einem eigenen neuen Gebäude.

Aber Gragnons Plänen stand die Unbeweglichkeit der Verwaltungsbürokratie entgegen. Er mußte sich damit begnügen, daß an Stelle eines neuen Gebäudes lediglich eine Reihe von Räumen im Dachgeschoß des Justizpalastes freigemacht wurde. Die Räume befanden sich in miserablem Zustand. Es war dort im Winter noch kälter und im Sommer noch heißer als in Bertillons bisherigem Quartier. Die Decken bröckelten ab. Der Putz an den Wänden war zerfressen, die

Böden faulten. Die Ausbesserungen durften nichts kosten. Aber am 1. Februar 1888 zog Bertillon, zum ›Direktor des Polizeilichen Identifizierungsdienstes‹ ernannt, in dieses Dachgeschoß ein.
Vertreter der Ministerien, der Deputiertenkammer und des Senats, Journalisten aus Paris und der Provinz versammelten sich am Tage der Einweihung. Bertillon hörte sich stumm die Reden an. Unmittelbar nach der letzten Rede verschwand er ohne Dank und Gruß in seinem Zimmer, dem ersten eigenen Büro seines Lebens. Sein mangelndes Gefühl für Ästhetik ließ ihn die düstere Geschmacklosigkeit der Einrichtung völlig übersehen. Er besaß endlich sein eigenes Reich. Das war das Entscheidende. Fortan würde jeder Besucher, der die zahlreichen Stufen zum Dachgeschoß hinter sich gebracht hatte, auf dem letzten Treppenabsatz darauf warten müssen, ob man ihn einließ oder nicht. Das war Bertillons Rache für die Zeit der Demütigungen. Am nächsten Morgen aber schufen die Pariser Journalisten ein neues Wort, das schnell in den französischen Sprachschatz und bald auch in den zahlreicher anderer Länder einging: das Wort ›Bertillonage‹.
»Die Bertillonage, aufgebaut auf den Maßen bestimmter unveränderlicher Teile des Knochengerüsts«, so schrieb Pierre Brullard, »ist die größte und genialste Erfindung, die dem 19. Jahrhundert auf dem Gebiet des Polizeiwesens beschert worden ist. Dank eines französischen Genies wird es bald nicht nur in Frankreich, sondern in der Welt keine Identifizierungsirrtümer und damit auch keine Justizverbrechen mehr geben, die auf falscher Identifizierung beruhen. Es lebe die Bertillonage! Es lebe Alphonse Bertillon!«
Wenige Wochen später forderte Bertillon die Unterstellung des fotografischen Ateliers unter den Identifizierungsdienst. Er erhielt das Atelier. Die Fotografen versuchten sich zu widersetzen, als er ihnen befahl, daß ab sofort von jedem Häftling zwei Aufnahmen anzufertigen seien, eine *en face*, eine *en profil*, und zwar stets aus dem gleichen Abstand, mit der gleichen Kopfhaltung, bei der gleichen Beleuchtung. Welch eine Zumutung für die Fotografen! Sie fühlten sich immer noch als Künstler, nicht als Techniker. Aber sie lernten bald Bertillons Groll und seine leise, vernichtend kalte Stimme fürchten. Bertillon konstruierte einen Sessel, auf dem die Häftlinge für die beiden Aufnahmen so gedreht werden konnten, daß Fehlerquellen ausgeschlossen waren. Mit sofortiger Wirkung wurden den Meßkarten Fotografien der neuen Art angeheftet. Während seine Kartei sich der ›unwahrscheinlichen Zahl‹ von einer halben Million Einzelkarten näherte, vollendete Bertillon selbst eine ›Beschreibung des Verbrechers in Worten‹, nach deren Ausdrucks-

formen er solange gesucht hatte. Zusammen mit den neuen Fotografien sollte dieses ›Portrait parlé‹ dazu beitragen, ein so genaues Bild jedes Gesetzesbrechers zu schaffen, wie es den Polizeibeamten niemals zuvor in die Hände gegeben worden war. Für alle sichtbaren Merkmale des Kopfes hatte er jetzt eine Reihe von Begriffen gefunden. Jeder dieser Begriffe ließ sich durch einen Buchstaben ausdrücken, und jeweils eine Reihe dieser Buchstaben – eine Formel – ergab die Zusammenfassung der charakteristischen Merkmale. Bertillon begann sofort, die ihm unterstellten Beamten entsprechend auszubilden. Sie mußten die Formeln bestimmter Gefangener, die sie persönlich nicht kannten, lernen und sich dann zur ›Häftlingsparade‹ in das Gefängnis La Santé begeben, um diejenigen herauszusuchen, die in den Formeln beschrieben waren. Unter Bertillons unerbittlicher Zuchtrute erkannten sie tatsächlich den größten Teil der Häftlinge. Aber genauso, wie einst Gustave Macé Bertillons Meßverfahren abgelehnt hatte, meldeten sich auch jetzt noch einmal in der Sûreté Stimmen der Kritik: Das Portrait parlé sei ein überkompliziertes Unding, mit dem ein normaler Polizeibeamter nicht viel anfangen könne. Doch solche Stimmen zählten nun nicht mehr. Als Ergänzung der Meßkarte und als Grundlage für die Fahndung nach Kriminellen wurde das Portrait parlé unverzüglich bei der französischen Polizei eingeführt.
Anfang 1889 hatte Bertillon einen Höhepunkt des Ruhmes erklommen. Es bedurfte nur noch eines besonderen Anlasses, um seinen Namen endgültig im Bewußtsein ganz Frankreichs zu verankern.

7

Am 11. März 1892 erschütterte eine heftige Explosion den Boulevard Saint-Germain in Paris. Rauchwolken drangen aus den zersprungenen Fenstern des Hauses Nr. 136. Als Polizei und Feuerwehr eintrafen, dachte man zunächst an eine Gasexplosion. Aber unter dem Trümmerschutt des zweiten Stockwerks fanden sich die Reste einer Bombe.
Da zu den Bewohnern des Hauses der Gerichtspräsident Benoit gehörte, der im Mai 1891 eine Verhandlung gegen eine Anzahl Anarchisten geleitet hatte, bestanden keine Zweifel darüber, wer das Attentat verübt und wem der Bombenanschlag gegolten habe.
Seit 1878 war der Anarchismus (eine radikale sozialistische Bewegung fanatischer Schwarmgeister, die jede Staatsgewalt und jede Regierungsform ablehnten und diese als Haupthindernisse gegen eine Gesellschaft sozialer Gleichheit betrachteten) zum Schreckge-

spenst Europas geworden. Am 11. Mai 1878 hatte der Leipziger Klempnergeselle Max Hödel in Berlin mehrere Revolverschüsse auf den deutschen Kaiser Wilhelm I. abgefeuert, ohne jedoch zu treffen. Schon am 2. Juni fielen fast an der gleichen Stelle auf der Straße Unter den Linden zwei Schrotschüsse, die den Kaiser an Kopf und Armen erheblich verwundeten. Der Attentäter, Karl Nobiling, ein Mann, der Volks- und Landwirtschaft studiert und beim Sächsischen Statistischen Büro in Dresden gearbeitet hatte, war Anarchist. Anschläge auf die Könige von Spanien und Italien folgten. Die Furcht vor den unberechenbaren Attentaten der Anarchisten wurde so groß, daß man die achtundsechzig Angeklagten eines Anarchistenprozesses in Italien selbst im Gerichtssaal noch in Käfige sperrte.

Paris hatte sich zu einem Zentrum des Anarchismus entwickelt. Paul Brousse und der russische Fürst Kropotkin predigten hier ihre weltfremden Ideen und bereiteten den Boden für die aktiven Fanatiker, denen die Theorie wenig bedeutete, das Attentat gegen die Regierenden jedoch alles. 1892 hatten die anarchistische Agitation und ein umfangreicher Dynamitdiebstahl in einem Steinbruch in Soiry-sous-Etoiles eine so nervöse Stimmung in Paris geschaffen, daß die Explosion am Boulevard Saint-Germain in der Polizeipräfektur eine Art Panik auslöste.

Die Versuche, die Täter zu finden, blieben zunächst erfolglos. Die Unruhe in der Öffentlichkeit wuchs. Endlich, am 16. März, meldete ein weiblicher Spitzel der Sûreté, der unter der Nummer x2s1 geführt wurde, einige interessante Einzelheiten. x2s1 stand in Verbindung zu der Gattin des Professors Chaumartin, eines Lehrers an der Technischen Schule im Pariser Vorort Saint-Denis. Chaumartin war als anarchistischer Schwärmer bekannt; unermüdlich konnte er über das Zeitalter der sozialen Gerechtigkeit dozieren, das nach dem Zusammenbruch aller Regierungen heraufziehen werde. Er galt als ungefährlich, weil er selbst ganz offensichtlich außerstande war, mit einer Bombe umzugehen. Seine Frau jedoch hatte erklärt, Chaumartin habe das Attentat geplant, um die Aburteilung einiger Genossen durch den Gerichtspräsidenten Benoit zu rächen. Ausführender sei ein gewisser Léon Léger gewesen.

Noch am gleichen Tag wurde Chaumartin verhaftet. Er brach sofort zusammen, gestand alles, schob die Schuld aber ausschließlich auf Léger. Dieser, so behauptete er, sei von einem Ort außerhalb der Hauptstadt zu ihm geschickt worden als der geeignete Mann, mit den anarchistenfeindlichen Richtern aufzuräumen – ein fanatischer Hasser aller Reichen und zu jeder Tat entschlossen. Er werde von der Polizei gesucht, doch sei Léger ein Deckname; im allgemeinen nenne er sich Ravachol. Er habe auch den Dynamitdiebstahl in Soiry-sous-Etoiles begangen. Die Bombe für das Attentat im Boulevard Saint-Germain sei, so sagte Chaumartin schließlich aus, am Quai de la Marine zusammengebaut worden. Dort habe sich Ravachol eingemietet.

Als mehrere Beamte der Sûreté am Quai de la Marine eintrafen, fanden sie den Schlupfwinkel des Mannes, der sich Ravachol nannte, verlassen vor. Nur Material für die Herstellung von Bomben war zurückgeblieben. Chaumartin wurde abermals vernommen. Doch es wurde bald offenbar, daß er Ravachols neuen Aufenthaltsort nicht kannte. Immerhin gab er eine Beschreibung des Attentäters. Sie war allerdings unklar und vage wie alle Beschreibungen solcher Art: mager, vielleicht 1,60 Meter groß, gelbliche Gesichtsfarbe, dunkler Bart. Wenige Stunden später erschien der Name Ravachol in den Schlagzeilen aller Pariser Zeitungen. Hunderte von Polizeibeamten fahndeten nach dem geheimnisvollen Unbekannten. Die Ausfallstraßen von Paris wurden überwacht, alle Züge kontrolliert, Männer mit schwarzem Bart und gelblichem Gesicht angehalten. Man nahm die bekannten Anarchisten fest. Die Concierges der Wohnhäuser wurden aufgefordert, jeden Mann zu melden, auf den die Beschreibung Ravachols passe. Ohne Ergebnis.

»Frankreich ist in den Händen von Ohnmächtigen«, schrieb ›Le Gaulois‹, »die nicht wissen, was sie gegen die Barbaren im Inneren ... unternehmen sollen.« Der Polizeipräfekt (er hieß jetzt Henry Lozet, da die Stelle schon wieder neu besetzt worden war) rief Bertillon zu Hilfe. Rundfragen bei den Polizeistationen außerhalb von Paris ergaben, daß in Saint-Etienne und Montbrison ein Mann bekannt war, der sich dort ebenfalls unter dem Namen Ravachol herumgetrieben hatte. Sein wirklicher Name lautete jedoch François Koenigstein. Er war am 14. Oktober 1849 in Saint-Chamond geboren, als Sohn eines holländischen Arbeiters in den Eisenwerken von Izieux, und hatte den Beruf eines Färbers erlernt. Zu Hause war er wegen seiner Brutalität gefürchtet gewesen. Er hatte seine Mutter geschlagen und mit Totschlag bedroht, 1886 seine Arbeitsstelle verlassen und sich als Schmuggler und Einbrecher betätigt. Seit einem Jahr wurde er wegen mehrerer schwerer Verbrechen gesucht. In der Nacht auf den 15. Mai 1895 war die Gruft der Baronin de Rocher-Taillier bei Saint-Etienne aufgebrochen worden. Ein Grabschänder hatte den Sarg geöffnet, ein Kreuz sowie ein Medaillon entwendet und den vergeblichen Versuch unternommen, Ringe von den Fingern der Toten zu zerren. Es gab genügend Hinweise dafür, daß Ravachol der Täter war. Am 19. Juni des gleichen Jahres hatte man einen alten Sonderling erdrosselt aufgefunden, der allein in seiner Hütte im Forez-Gebirge wohnte. 35 000 Franc, die der geizige alte Mann im Laufe seines Lebens zusammengespart und in seiner Hütte verborgen hatte, waren geraubt. Koenigstein-Ravachol, den man auch dieser Tat verdächtigte, war verhaftet worden, hatte sich aber von den Polizeibeamten losgerissen und war entkommen. Ungefähr sechs Wochen später, am Abend des 27. Juli 1891, wurden die beiden Inhaberinnen eines Eisenwarengeschäftes an der Rue de Roanne in Saint-Etienne mit Hammerschlägen ermordet. Der Mörder hatte nur 48 Franc erbeutet. Der Tat war wiederum Koenigstein-Ravachol dringend verdächtig, doch hatte man ihn bisher nicht fassen können.

All diese Angaben waren interessant und möglicherweise wichtig. Aber entscheidend war etwas anderes. 1889, als auch in Saint-Etienne die Bertillonage eingeführt worden war, hatte man Koenigstein wegen des Verdachts der Beteiligung an einem Diebstahl vorübergehend verhaftet und gemessen. Am 24. März 1892 nun hielt Bertillon die Angaben der Meßkarte aus Saint-Etienne in der Hand: Claudius François Koenigstein, genannt Ravachol; Größe: 1,663; Spannweite der Armee: 1,780; Brustweite: 0,877; Länge des Kopfes: 0,186; Breite des Kopfes: 0,162; Länge des linken Fußes: 0,279; linker Mittelfinger: 0,122. Linkes Ohr: 0,098; Farbe der linken Iris: gelblich bis grünlich; Narbe an der linken Hand, in unmittelbarer Nähe des Daumens.

Der ›beschreibende‹ Anteil der Angaben war nicht so reichhaltig, wie Bertillon es forderte, und erregte deshalb seinen Zorn. Abgesehen davon aber hielt er die einzige exakte Beschreibung Ravachols in der Hand, die es zu dieser Stunde gab. Wenn Koenigstein-Ravachol der Ravachol Chaumartins war, dann hatte die Polizei bei der Fahndung nach dem Attentäter einen großen Schritt vorwärts getan. Verhaftete man ihn, würde es für Bertillon ein leichtes sein, die Identität nachzuweisen. War er aber mit dem gesuchten Mörder Koenigstein identisch, bedeutete das einen schweren moralischen Schlag gegen die Anarchistenbewegung: Die Anarchisten, so würde man mitteilen können, die so hohe Ideale von einer Neugestaltung der menschlichen Gesellschaft predigten, beschäftigten Berufsverbrecher, um ihre Ziele zu erreichen!

Als am 26. März die Angaben über Ravachol in den Zeitungen erschienen, hatte die Verwirrung und Nervosität einen neuen Höhepunkt erreicht. Im ›Figaro‹ dichtete Albert Milhaud: »Ravachol, wer kennt Ravachol? Wer weiß, wie er aussieht? Ist er ein Wesen?

Ist er ein Mythos? Ist er ein Mensch? Man findet alles, sogar das Dynamit. Aber niemand weiß, wo Ravachol zu finden ist.« Es sah so aus, als solle Ravachol in der Tat ein Mythos werden. Man bezeichnete ihn als Idealisten, als Gründungsmitglied der Anarchistengruppe ›Courtil‹, als einen Kämpfer für die Freiheit der Arbeiterklasse ...

Da – am Sonntag, dem 27. März, kurz nach acht Uhr morgens – explodierte abermals eine Bombe, dieses Mal im Hause Nr. 39 der Rue de Clichy. Die Bewohner des Hauses wurden aus ihren Betten geschleudert. Sie riefen durch die zerstörten Fenster um Hilfe, als sie das Treppenhaus in Trümmern fanden. Fünf Menschen waren schwer verletzt. In diesem Hause Nr. 39 wohnte der Generalstaatsanwalt Bulot, der als Ankläger gegen Anarchisten aufgetreten war. Kein Zweifel – die Anarchisten hatten erneut zugeschlagen.

Wenn es noch Zweifel gegeben hätte, dann wurden sie am folgenden Morgen durch einen Artikel des sozialistischen Redakteurs Jarzuel in der Zeitung ›Le Gaulois‹ beseitigt. Jarzuel hatte am Sonntag eine schriftliche Aufforderung erhalten, sich auf der Place de la Bastille mit einem Unbekannten zu treffen. Dieser Unbekannte – in Frack und Zylinder – hatte sich als Ravachol vorgestellt und Jarzuel ein Interview angeboten, sofern er sich »ehrenwörtlich verpflichtete, keine genaue Beschreibung seiner Person« zu veröffentlichen. Die Sensation war Jarzuel wichtiger gewesen als die Hilfe für die Polizei. Er berichtete, Ravachol habe folgendes zu ihm gesagt: »Man liebt uns nicht. Aber man soll wissen, daß wir im Grunde nichts weiter als das Glück der Menschheit wollen. Der Weg der Revolution ist blutig. Ich werde Ihnen genau sagen, was ich will. Wir wollen zuerst die Richter terrorisieren. Wenn es keine Personen mehr gibt, die uns aburteilen können, werden unsere Angriffe den Finanziers und den Politikern gelten. Es gibt ausreichend Dynamit, um jedes Haus, in dem ein Richter wohnt, in die Luft zu sprengen ...«

Eine neue Woge der Erregung flutete durch Paris. Schweigend schob sich eine Menschenmauer durch die Rue de Clichy, um die Stätte des letzten Bombenattentats zu besichtigen. Der Ministerpräsident, Emile Loubet, beriet Stunde um Stunde mit dem Kriegsminister und mit dem Polizeipräfekten. Sämtliche bekannten ausländischen Anarchisten wurden des Landes verwiesen. In Rom, in London, in Berlin und in St. Petersburg sprach man von Ravachol. Die anarchistischen Zeitungen feierten ihn als Helden, als ›Unbesiegbaren‹.

Zwei Tage später, am Mittwoch, dem 30. März, meldete der Inhaber des Restaurants Very auf dem Boulevard Magenta, bei ihm frühstücke ein etwa dreißigjähriger Mann mit einer Narbe dicht neben dem Daumen der linken Hand. Der Fremde habe sich schon am Montag mit seinem Kellner Lérot unterhalten und anarchistische Parolen verkündet. Der zuständige Polizeikommissar Dresch und vier Sergeanten trafen vor dem Restaurant ein, als der Verdächtige gerade das Lokal verlassen wollte. Er zog einen Revolver, wurde aber nach heftigem Kampf überwältigt. Auf dem Weg zur Polizeiwache versuchte er mehrfach zu fliehen und wälzte sich in wildem Kampf mit den Sergeanten auf dem Pflaster. Bei seiner Einlieferung in die Sûreté schrie er ununterbrochen durch die Straßen: »Mir nach, Brüder! Es lebe die Anarchie, es lebe das Dynamit ...!«

Blutüberströmt brachte man ihn zu Bertillon. Aber es war unmöglich, ihn zu messen und zu fotografieren, weil er immer noch wie rasend um sich schlug. Erst am Donnerstag beruhigte er sich. Seine Stimmung wandelte sich – er nahm prahlerisch die Pose des Helden an. So ließ er sich von Bertillon selbst messen und fotografieren. Seine Maße: Größe 1,663; Spannweite der Arme: 1,780; Brustumfang: 0,877; Kopflänge: 0,186; Breite des Kopfes: 0,162; Länge des linken Fußes: 0,279; Länge des linken Mittelfingers:, 0,122, des linken Ohres: 0,098. Ravachol, der revolutionäre ›Idealist‹, war Claudius François Koenigstein und wahrscheinlich der Grabschänder und Mörder von Saint-Etienne.

Als der Bericht über diese Entdeckung tags darauf veröffentlicht wurde, reagierten mehrere linksgerichtete Blätter mit Empörung und Spott. Wollte die Polizei allen Ernstes behaupten, Ravachol sei ein niedriger Verbrecher, der aus Gewinnsucht gemordet und geraubt habe? Wollte sie der Bevölkerung allen Ernstes erzählen, sie habe den wahren Ravachol gefangen? Die allgemeine Ungewißheit und die Furcht, der echte Ravachol befinde sich weiterhin in Freiheit, wuchsen ins Ungemessene, als zwei Tage vor dem Beginn des Prozesses gegen Ravachol, den das Pariser Schwurgericht auf den 27. April festgelegt hatte, eine neue Bombe explodierte. Unter fürchterlichem Getöse barst das Restaurant Very, vor dessen Tür Ravachol verhaftet worden war, auseinander. Die Wände stürzten ein, Fenster zerbrachen. In den Trümmern fand man die Leichen des Wirtes und eines Gastes.

Aber Bertillons Maße trogen nicht.

Als Ravachol am 27. April wegen der Attentate vom Boulevard Saint-Germain und von der Rue de Clichy vor Gericht erschien, leugnete er zwar noch, der Mörder von Saint-Etienne zu sein. Und

die Richter standen so offensichtlich unter dem Eindruck der Drohungen gegen die Pariser Justiz, daß sie kaum ein scharfes Wort zu sprechen wagten. Aber am 20. Juni erschien Ravachol – des Mordes und Raubes im Gebiet von Saint-Etienne angeklagt – vor dem Schwurgericht des Departements Loire in Montbrison. Der Gerichtspräsident Darrigant kam aus Lyon. Er fühlte sich frei von dem Pariser Teufelskreis der Unsicherheit und Angst. Als Ravachol begriff, daß das Spiel der Einschüchterung zu Ende war, ließ er die Maske fallen. Lärmend, höhnend, voll Zynismus bekannte er sich zu seiner Existenz als Koenigstein. Er gestand den Raub an der Leiche der Baronin de Roche-Taillier und den Mord an dem Sonderling Jacques Brunel. Es war das Bekenntnis eines Haltlosen, dem die Morddrohungen des Anarchismus gegen die Regierenden und Wohlhabenden zum Vorwand für seine eigenen Mord- und Raubinstinkte gedient hatten. Als man den zum Tode Verurteilten am frühen Morgen des 10. Juli durch die Straßen von Paris zur Richtstätte fuhr, sang er mit grölender Stimme: »Willst du glücklich sein, so häng deinen Herrn auf und schneide die Pfaffen in Stücke.« Seine letzten Worte auf der Guillotine waren: »Ihr Schweine, es lebe die Revolution ...«
Mit den Berichten über Ravachols Entlarvung aber, die sofort alle Länder Europas durcheilten, gelangte auch die Geschichte von Ravachols Identifizierung durch Bertillon über die Grenzen Frankreichs hinaus. In allen Hauptstädten wurde man auf die Bertillonage aufmerksam. Es schien, als gäbe es kein Hindernis mehr für ihren Siegeszug durch die ganze Welt.

8

Die Londoner Internationale Ausstellung des Jahres 1884 hatte vielerlei Sensationen zu bieten, große und kleine, nachhaltige und bald wieder vergessene, unterhaltsame und amüsante. Zu den unterhaltsamen gehörte eine Schau, in der jeder Besucher für drei Pennies einige seiner körperlichen und geistigen Eigenschaften messen und bewerten lassen konnte.
Beim Pförtner entrichtete man den Eintrittspreis und betrat einen Gang, an dessen Längsseite ein Tisch mit den verschiedensten Instrumenten und Apparaten stand. Ein jüngerer Mann wartete darauf, die Besucher zu testen. Er maß die Spannweite der Arme, die Größe, die Länge des Oberkörpers, das Gewicht. Er maß die Kraft der Armmuskeln, die Reaktionszeit, die Atemkapazität, den Farbensinn der Augen, die Sehkraft und die Funktion des Gehörs. Am

Ende des Ganges erhielt der Gemessene eine eindrucksvoll aussehende Karte, auf der die Ergebnisse der Untersuchung vermerkt waren. Die Schau erfreute sich großer Beliebtheit.
Zuweilen stieß man innerhalb des Ganges auf einen gepflegten Herrn in den Sechzig, mit einem auffallenden Kopf: Nur ein Kranz von Haaren umgab den kahlen Schädel. Dies war Sir Francis Galton, einer jener wissenschaftlichen Dilettanten (welch herabsetzendes Wort!) des 19. Jahrhunderts, die so vieles zum Fortschritt der Naturwissenschaften beigetragen haben.
Francis Galton war der Sohn eines wohlhabenden Fabrikanten. 1822 in Birmingham geboren, hatte er zunächst Medizin studiert, aber den Beruf eines Arztes niemals ausgeübt, sondern bald begonnen, ausschließlich seinen wissenschaftlichen Interessen und Liebhabereien zu leben. Finanziell ganz und gar unabhängig, hatte er zahlreiche Länder der Erde bereist. 1840 war er in Gießen gewesen, um den großen deutschen Chemiker Justus Liebig kennenzulernen. Danach hatte er Budapest, Belgrad, Konstantinopel, Athen, Venedig, Mailand und Genf besucht – alles in allem eine Reise voller Strapazen mit Pferd und Wagen. Sie endete mit einem körperlichen und geistigen Zusammenbruch (einem Zusammenbruch übrigens, der sich noch oft in Galtons Leben wiederholte, aber nicht verhinderte, daß Galton nahezu neunzig Jahre alt wurde).
Noch war die Landkarte der Welt voller weißer, unerforschter Flecke. So interessierte Galton sich bald für die Geographie. Auf der Suche nach den Quellen des Nils bereiste er Ägypten und den Süden. Dann zog ihn die Ballonfliegerei an. Von den Shetlandinseln stieg er zu Ballonfahrten auf. Doch kaum waren diese Flüge überstanden, begab er sich 1850 an Bord eines Segelschiffs und fuhr nach Südafrika. Auch ihn hatte die Wissenschaft der Anthropologie in ihren Bann geschlagen, und so studierte und maß er Buschmänner und Angehörige anderer Eingeborenenstämme. Damit war eine Saite in ihm angeschlagen, die niemals mehr aufhörte zu klingen. Sein Londoner Haus, 42 Rutland Gate, war ein Treffpunkt von Geographen, Ärzten, Biologen, Anthropologen und Philosophen.
Angeregt durch das Werk seines Vetters Charles Darwin ›Über die Entstehung der Arten‹, das sehr eingehend Probleme des Vererbungsgeschehens erörtert hatte, begann sich Galton in den sechziger Jahren des vorigen Jahrhunderts für die Frage zu interessieren, auf welche Weise körperliche und geistige Eigenschaften und Fähigkeiten sich vererbten. Um diese Frage beantworten zu

können, benötigte er statistische Unterlagen über Männer, Frauen und Kinder, möglichst aus mehreren Generationen. Jahr um Jahr trug er Material zusammen, und die unterhaltsame Schau auf der Internationalen Ausstellung hatte er eigens geschaffen, um weiteres, möglichst umfangreiches Material zu gewinnen. Kopien aller Meßdaten, die dort festgehalten wurden, wanderten in Galtons Archiv. Als die Ausstellung im Jahre 1885 ihre Tore schloß, war Galton von den Ergebnissen so angetan, daß er nicht eher ruhte, als bis er in dem berühmten Londoner South Kensington Museum ein ständiges Meßlaboratorium einrichten konnte. Zeitweilig gehörte es zum guten Ton, sich dort durch Galtons Assistenten, den Sergeanten Randal, messen zu lassen. Galton aber gewann bald den Ruf, der bedeutendste englische Fachkenner auf dem Gebiet der Anthropometrie zu sein.

Dies war die Situation, als im Frühjahr 1888 die Nachricht von Alphonse Bertillons Ernennung zum Chef des polizeilichen Identifizierungsdienstes von Paris nach London gelangte. Die ›Royal Institution‹, eine wissenschaftliche Gesellschaft, interessierte sich für die Bertillonage. Sie bat Francis Galton, während einer ihrer berühmten Freitagssitzungen über das Thema zu sprechen, und ahnte nicht, welche Entwicklung sie damit heraufbeschwor.

Galton nahm die Einladung an und reiste unverzüglich nach Paris, um sich bei Bertillon persönlich zu informieren. Er berichtete über diesen Besuch: »Ich machte die Bekanntschaft von Monsieur Bertillon während eines kurzen Besuches in Paris und hatte die Gelegenheit, sein System kennenzulernen. Nichts kann die Sorgfalt seiner Assistenten beim Messen der Kriminellen übertreffen. Ihre Methoden waren schnell und genau. Alles war gut organisiert ...«

Es lag Galton nicht, nur über die Erfindung Bertillons zu referieren. Nachdem er sich jedoch einmal auf das Gebiet der Identifizierung begeben hatte, entschloß er sich, das Thema mit aller Gründlichkeit abzuhandeln. Die Briefe, die Dr. Faulds und William Herschel rund acht Jahre früher an die Zeitschrift ›Nature‹ geschrieben hatten, waren mittlerweile vergessen. Faulds, der inzwischen in England Polizeiarzt geworden war, hatte noch weitere Versuche unternommen, in Scotland Yard sowie beim britischen Staatssekretär des Inneren für die Idee des Fingerabdrucks zu werben. Vergebens. Grollend trieb er privat seine Studien weiter. Francis Galtons phänomenales Gedächtnis aber hatte in irgendeinem Winkel eine Erinnerung an die Veröffentlichung in ›Nature‹ aufbewahrt. Er schrieb an die Redaktion und bat um nähere Auskünfte. ›Nature‹ erfüllte seinen Wunsch sofort. Doch durch irgendeinen Zufall übermittelte man Galton nicht die Anschrift von Faulds, sondern lediglich die von William Herschel, der bei halbwegs wiederhergestellter Gesundheit in Littlemore lebte. Auch Herschel hatte sich privat weiter mit dem Fingerabdruck beschäftigt. Als sich Galton jetzt an ihn wandte, erwachte sein Hoffen auf eine praktische Verwendung seiner Entdeckung zu neuem Leben. Ohne zu zögern, übersandte er Galton alle seine Unterlagen. Kurz darauf besuchte er Galton selbst und zeigte ihm die Art, wie man Fingerabdrücke abnahm.

Und nun geschah etwas, das wahrscheinlich nur bei einem so aufgeschlossenen Geist wie demjenigen Galtons möglich war. Jahrzehntelang hatte er sich mit Anthropologie und Anthropometrie beschäftigt. Er war, wenn man so wollte, dazu prädestiniert, ein Anhänger Bertillons zu sein. Aber in dem Augenblick, in dem er Herschels Unterlagen studierte, begriff er, daß er etwas viel Bedeutungsvolleres in der Hand hielt, als es die Bertillonage war. Gewiß, Bertillons System war ein Fortschritt. Aber wenn das zutraf, was Herschel ihm an Ergebnissen und Ideen unterbreitete, dann bot die Methode des Fingerabdrucks die Möglichkeit eines weit größeren Fortschritts. Die Perspektiven, die sich hier boten, waren geradezu unabsehbar.

Bis zu dem Vortrag, den Galton am 25. Mai 1888 hielt, blieb ihm nicht mehr Zeit genug, sich eingehend mit dem neuen Phänomen zu beschäftigen. Aber er nutzte die Gelegenheit, während seiner Ansprache darauf hinzuweisen, daß es außer der Bertillonage wahrscheinlich noch eine Methode der Identifizierung gäbe, den Fingerabdruck, die offensichtlich bisher mißachtet worden sei.

Unmittelbar nach seinem Vortrag machte er sich an die Arbeit. Ihn interessierte zunächst die Frage, ob die Fingerabdrücke tatsächlich während des ganzen Lebens unverändert blieben. Herschels Abdrucksammlung, die Material aus nunmehr rund drei Jahrzehnten enthielt, schien hierfür Beweise genug zu liefern. Trotzdem ließ Galton von nun an im South Kensington Museum auch die Fingerabdrücke der Besucher seines Laboratoriums abnehmen. Er fühlte sich auf der Spur eines neuen ›Wunders der menschlichen Art‹.

Mochte Sergeant Randal im South Kensington Museum weiterhin die Größe, die Sehfähigkeit oder die Muskelkraft der Besucher messen – Galton interessierte sich nur noch für die Fingerbilder. Von jedem einzelnen Abdruck ließ er fotografische Vergrößerungen anfertigen, um Vergleiche anstellen zu können. Nach drei Jahren besaß Galton eine größere Fingerabdrucksammlung, als Herschel sie je besessen hatte. Niemals kam es vor, daß die zehn Fingerabdrücke eines Menschen mit denen eines anderen Menschen übereinstimmten. Auf Grund einer mathematischen Wahrscheinlichkeitsrechnung, die Galton anstellte, bestand seiner Meinung nach nur eine Chance von 4 : 1, daß ein einzelner Fingerabdruck eines Menschen mit dem Abdruck des Fingers eines anderen Menschen identisch war. Wenn man von jedem Menschen alle zehn Fingerabdrücke festhielt, ergab sich eine kaum noch vorstellbare Zahl der möglichen Variationen: 64 000 000 000 : 1. Im Verhältnis dazu nahm sich die Gesamtzahl der Erdbevölkerung so gering aus, daß die Übereinstimmung der Fingerabdrücke zweier Menschen schwerlich denkbar war. Galton beschäftigte jedoch noch eine weitere Frage, an die weder Herschel noch Faulds je gedacht hatten.

Wenn die Fingerabdrücke als Mittel der Identifizierung in Konkurrenz zur Bertillonage treten wollten, dann mußte man ihre vielen Muster in ein System einordnen, in dem sie sich wie Bertillons Maße registrieren und katalogisieren ließen. Von neuem machte Galton sich, zusammen mit einem Mitarbeiter namens Collins, an die Arbeit. Beim Studium historischer Arbeiten stellte er überraschenderweise fest, daß schon lange vor ihm andere Persönlichkeiten dieser Frage der Einteilung nachgegangen waren. Im Jahre 1823 zum Beispiel hatte der Tscheche Johann Purkinje, Professor der Physiologie und Pathologie in Prag, in seinem Buch ›Commentatio de examine physiologico organi visus et systematis cutanei‹ den Versuch unternommen, Ordnung in die Unzahl der Fingerabdrucksmuster zu bringen, die ihm bei seinen pathologischen Untersuchungen aufgefallen waren. Purkinje waren zahlreiche Grundmuster aufgefallen, die seiner Meinung nach immer wiederkehrten: Spiralen, Ellipsen, Kreise, Doppelwirbel, schiefe Streifen.

Galton versuchte, an Purkinje anzuknüpfen. Von tausend Fingerabdrücken stellte er neue fotografische Vergrößerungen her und verglich sie miteinander. Doch er kam nicht weiter. Purkinje bot nicht das richtige Vorbild. Schließlich glaubte Galton, sechzig verschiedene Grundmuster entdeckt zu haben. Völlig erschöpft ließ er die Arbeit für einige Tage ruhen. Als er von neuem begann, stellte er zu seiner Verzweiflung fest, daß er identische Abdrücke für verschieden gehalten hatte, nur weil die Farbe beim Abnehmen des einen oder anderen Abdrucks ungleichmäßig verteilt worden war. Nein, auf diese Weise ging es nicht. Er durfte nicht von dem allgemeinen Eindruck ausgehen, den die Papillarlinien boten.

Schließlich, nach endlosen Versuchen, gewann Galton die Gewißheit, daß es vier Grundtypen gebe, von denen sich alle weiteren Muster ableiten ließen. Immer wieder war er auf ein dreieckiges Gebilde gestoßen, das durch die Papillarlinien entstand. Entweder befand sich dieses Dreieck oder Delta (so genannt nach dem als Dreieck geschriebenen großen D des griechischen Alphabets) auf der linken Seite der Fingerabdrücke oder auf der rechten. Andere Muster enthielten zwei Dreiecke, einige auch mehr. Weitere Muster unterschieden sich von den vorgenannten dadurch, daß sie kein Dreieck bildeten. Es gab also vier Grundtypen: Kein Dreieck. Dreieck links, Dreieck rechts. Mehrere Dreiecke. Mußte es nicht möglich sein, auf dieser Basis zu einer Registratur zu gelangen? Natürlich, wenn man von jedem Menschen nur einen einzigen Fingerabdruck nahm, bestand lediglich die Möglichkeit, ihn in eine der vier Klassen, das heißt in ein Karteifach einzuordnen. In kurzer Zeit mußte jedes Fach überquellen. Wenn man aber von jedem Menschen zwei Fingerabdrücke nahm und auf ein Karteiblatt aufdrückte, ergaben sich bereits $4^2=16$ verschiedene Kombinationsmöglichkeiten. Nahm man alle zehn Fingerabdrücke und hielt sie auf der Karteikarte fest, so gab es bereits 1 048 570 verschiedene Möglichkeiten der Kombination und entsprechende Unterscheidungsklassen.
Galton jubelte. War das Problem der Ordnung der Fingerabdrücke endlich gelöst? Und mußte er der Öffentlichkeit nicht so schnell wie möglich mitteilen, daß es gelöst war? Im Jahre 1891 schrieb er einen Bericht für ›Nature‹. In diesem Aufsatz sprach er davon, wie sehr er William Herschel zu Dank verpflichtet sei. Der Artikel fand noch nicht sonderlich viel Beachtung – wenn man davon absah, daß Faulds sich meldete und den Anspruch erhob, er und nicht Herschel sei der Entdecker des Fingerabdrucks für die polizeiliche Identifizierung. Aber Galton beachtete Faulds' Erklärungen ebensowenig wie das geringe Interesse der übrigen Leser. Prioritätskämpfe lagen außerhalb seiner Welt. Seine Gedanken waren zu sehr mit der Sache selbst beschäftigt. Er arbeitete an einem Buch, das sich mit nichts anderem als dem Fingerabdruck als Identifizierungsmittel beschäftigte. 1892 war es vollendet. Im gleichen Jahre erschien es unter dem Titel ›Fingerprints‹. Es war unvermeidlich, daß ihm eine schicksalbestimmende Rolle auf der Bühne unserer Geschichte zukam.

9

In den Tagen, in denen Galtons Buch erschien, erhoben sich am Ufer der Themse zwei neue, mächtige Gebäudekomplexe mit spitzen Giebeln und festungsartigen Türmen an den Ecken. Sie beherbergten New Scotland Yard, das Hauptquartier der Londoner Polizei.

Wenn die Sûreté in Paris zu dieser Zeit auf eine rund achtzigjährige Geschichte zurückblickte, so konnte Scotland Yard sich keiner so langen Tradition rühmen. Im Jahre 1829 hatten die beiden ersten Londoner Polizei-›Commissioners‹, Mayne und Rowan, Büros in einigen alten Gebäuden bezogen, die zum einstigen Whitehall-Palast gehörten. Später übernahm die Londoner Polizei einen weiteren Gebäudekomplex, der früher den schottischen königlichen Hoheiten als Quartier gedient hatte, wenn sie den Hof in London besuchten. Daher rührt der Name Scotland Yard, der im Laufe vieler Jahrzehnte zum Inbegriff der englischen Kriminalpolizei geworden ist.

Wenn die Tradition der englischen Polizei nicht so alt war wie die der französischen, so hatte das seinen guten Grund. Die vielen ausländischen Beobachtern zuweilen überspitzt erscheinenden britischen Vorstellungen von den bürgerlichen Freiheiten hatten ganz folgerichtig dazu geführt, daß die englische Öffentlichkeit in jeder Art von Polizei eine Bedrohung für diese Freiheiten erblickte – so lange, bis die Londoner in den dreißiger Jahren des 19. Jahrhunderts förmlich in einem Sumpf von Verbrechen, Gewalttätigkeiten und Gesetzlosigkeit wateten. Mit Rücksicht auf die Freiheitsbegriffe seiner Bürger hatte England Jahrhunderte hindurch weder einen öffentlichen Ankläger noch eine wirkliche Polizei gekannt, denn man vertrat den Standpunkt, es sei Sache der Bürger selbst, die Ordnung und den Besitz zu schützen. Vielleicht war dieser Standpunkt berechtigt gewesen, solange die Bürger noch bereit waren, nicht nur das unbezahlte Amt eines Friedensrichters zu übernehmen, sondern zur Unterstützung der Friedensrichter auch Polizeidienste zu tun. Doch niemand war mehr zu solchen Diensten bereit. Die Bürger stellten Vertreter und bezahlten sie dafür. Sie nahmen sich die billigsten, die zu haben waren: Invaliden, Halbblinde, Landstreicher, oft genug sogar Diebe. Und zahlreiche Friedensrichter benutzten ihr Amt nur noch dazu, durch Bestechung und Hehlerei Vermögen zu erwerben. Einen Vidocq hatte England nicht gehabt. Statt eines Mannes, wie er es gewesen war, hatte die unvermeidbare Auseinandersetzung mit dem Verbrechertum weit

makabrere Gestalten entstehen lassen, die ›common informers‹ (Angeber) und die ›thief-takers‹ (Diebesfänger) – selbsternannte ›Detektive‹ aus Habgier, Rache- oder Abenteuerlust, die vom Staat oder von den Gemeinden bei der Einlieferung eines Diebes und dessen Verurteilung mit einem Teil der verhängten Geldstrafe oder im Falle eines Mörders oder Räubers mit einer ausgesetzten Prämie belohnt wurden.
Jedermann konnte den ›Beruf‹ des Informers ergreifen, Übeltäter einfangen, vor den Friedensrichter stellen und anklagen. Kam es zur Verurteilung, kassierte er seinen Lohn, zog sich oft allerdings auch die Rache der Kumpane des Verurteilten zu.
Jedermann konnte sich auch zum Thief-taker ernennen und Straßenräuber, Einbrecher und Mörder einem Gesetz ausliefern, das glaubte, alles Erforderliche getan zu haben, wenn es die erbarmungslosesten Strafen verhängte (auf rund zweihundert, zum großen Teil geringfügige Vergehen stand die Todesstrafe!) und die Gefängnisse nur als Durchgangsstationen auf dem Wege zum Galgen oder zur Verschickung in die Kolonien betrachtete.
Vierzig Pfund für die erfolgreiche Anklage gegen einen Straßenräuber, dazu Pferd, Waffen und Besitz des Verurteilten – das war der Lohn, den Staat und Gemeinden dem Thief-taker boten. Dieses ›Blutgeld‹ war die große Verlockung all der sonderbaren ›Detektive‹, und eine uferlose Korruption war die Folge. Thief-takers verführten junge Leute zu Verbrechen und schleppten sie dann vor Gericht, um das Blutgeld einzuheimsen. Sie erboten sich öffentlich, Diebesgut gegen Zahlung einer Prämie in Höhe der gestohlenen Werte zurückzuschaffen – die Prämie wurde selbstverständlich mit den Dieben geteilt, falls die Thief-takers nicht selbst den Diebstahl verübt hatten, was oft genug vorkam. Ihr berühmtester Vertreter war Jonathan Wild, der als Betrüger und Straßenräuber aufwuchs und insgeheim die Londoner Verbrecherwelt organisierte – ein Vorläufer der späteren Gangsterbosse Nordamerikas. Wild hatte sich selbst den Titel ›Thief-taker General of Great Britain and Ireland‹ gegeben, trug stets einen Stock mit goldener Krone in der Hand und besaß ein Londoner Thief-taker-Office sowie ein Landhaus mit großer Dienerschaft. An die hundert Straßenräuber überlieferte er den Gerichten und dem Galgen – aber stets nur diejenigen, die sich seiner eigenen Organisation nicht hatten unterwerfen wollen. Im Jahre 1725 trat er selbst, des Raubes überführt, den Weg zum Galgen in Tyburn an.
Erst fünfundzwanzig Jahre später war ein Londoner Friedensrichter ernsthaft gegen die zunehmende Gesetzlosigkeit aufgetreten, Henry

Fielding, ein Dichter, der ein beißendes Pamphlet auf Jonathan Wild geschrieben hatte. Fielding war schwer krank, aber von beispielloser Willenskraft. Als Friedensrichter von Westminster sah er machtlos die Flut des Verbrechens immer höher steigen. Doch besaß er die Entschlossenheit und die Wortgewalt, um dem Staatssekretär des Innern klarzumachen, daß London sich auf dem besten Wege befand, zu einem Schandfleck der zivilisierten Welt zu werden – als einzige Stadt dieser Erde ohne Polizei. Man bewilligte ihm Geheimmittel aus dem Fonds des Secret Service. Mit diesem Geld bezahlte er ein Dutzend Gehilfen. Ihnen eine Uniform zu geben, hätte eine Revolution bedeutet. So stattete er sie lediglich mit einer roten Weste aus; darunter trugen sie eine Pistole. Weil Fieldings Gerichtssitz in der Bow Street lag, erhielten seine Männer den Namen ›Bow-Street-Runners‹ – und unversehens wurden sie die wahrscheinlich frühesten Kriminalisten der Welt. Fielding entlohnte sie mit einer Guinee pro Woche. Aber auch jeder Bürger, der Schutz benötigte oder ein Verbrechen aufzuklären wünschte, konnte die ›Runners‹ für eine Guinee pro Tag mieten. Innerhalb einer Viertelstunde waren sie aktionsbereit.

Ihre Methoden unterschieden sich nicht allzusehr von denen Vidocqs. Die Runners besuchten die Verbrecherhöhlen in Verkleidung, bezahlten Spitzel, merkten sich Gesichter, beobachteten geduldig und besaßen Draufgängertum und Mut. Sie hatten Erfolg, und einige von ihnen wurden berühmt. Am berühmtesten war Peter Townsend, der eine Zeitlang als Geheimwächter für König Georg IV. arbeitete. Andere Namen, die in die Annalen der Kriminalhistorie eingingen, waren: Joseph Atkin, Vickery, Ruthvan und Sayer. Auf welche Weise die Bow-Street-Runners allerdings erhebliche Vermögen erwarben (Townsend hinterließ 20 000, Sayer 30 000 Pfund Sterling), darüber schweigen die Annalen. Es war indessen ein offenes Geheimnis, daß ihnen manche Praktiken Jonathan Wilds nicht fremd waren. Beraubte Banken verzichteten auf die Verfolgung der Räuber; sie benutzten Bow-Street-Runners, um das gestohlene Gut gegen hohe Zahlungen (an Runner und Verbrecher) zurückzuerhalten; es schien ihnen sicherer, wenigstens einen Teil des Geraubten zurückzubekommen, als unter Umständen nach langer Zeit einen Schuldigen (ohne Beute) vor Gericht zu sehen. Die Runners kassierten auch ›Blutgeld‹, wo immer sie konnten. Und einzelne unter ihnen scheuten sich nicht, Unschuldige vor Gericht zu belasten, wenn die Schuldigen sie hoch genug bezahlten.

Doch in einer Zeit, in der sich niemand seines Lebens und Besitzes mehr sicher fühlen durfte, waren selbst bestechliche Bow-Street-Runners besser als gar keine. Und Henry Fielding erzielte sogar mit den Bestechlichen Erfolge, die seine Zeit überraschten. Er erzielte diese Erfolge nicht zuletzt deshalb, weil er, gleich Vidocq, einen frühen Versuch unternahm, ein Register über die bekannten Verbrecher zu führen. Außerdem korrespondierte er auf der Suche nach Räubern, Mördern und Dieben mit anderen Friedensrichtern in ganz England und veröffentlichte Fahndungslisten in den Zeitungen.

Als Henry Fielding im Jahre 1754 starb, übernahm sein Halbbruder John sein Amt. Er war blind. Doch die Geschichte – oder die Legende – weiß von ihm zu berichten, daß er am Ende seines Lebens (er starb 1780) dreitausend Verbrecher an ihren Stimmen zu unterscheiden vermochte. John Fielding schuf bewaffnete Bow-Street-Patrouillen zu Fuß und berittene Streifen, welche die Landstraßen säubern sollten. Die reitenden Straßenwächter existierten allerdings nur kurze Zeit, weil Fielding die Mittel für ihre Bezahlung ausgingen. Die Institution der Bow-Street-Runners dagegen blieb lange erhalten: Neunzig Jahre lang waren sie die einzigen Kriminalisten, die London besaß. Doch niemals betrug ihre Zahl mehr als fünfzehn. So waren sie am Ende zur Machtlosigkeit verdammt. 1828 gab es ganze Bezirke in London, in denen man bei hellichtem Tage ausgeplündert wurde. Auf 822 Einwohner kam ein Verbrecher. Rund dreißigtausend Menschen lebten ausschließlich von Einbruch und Diebstahl.

Die Situation war so unbeschreiblich, daß der Staatssekretär des Innern, Robert Peel, sich endlich entschloß, der selbst jetzt noch polizeifeindlichen öffentlichen Meinung zu trotzen und eine Polizeimacht zu gründen. Er hatte einen erbitterten Kampf im Unterhaus zu bestehen. Aber am 7. Dezember 1829 zogen tausend Polizisten in blauen Fräcken und grauen Leinwandhosen, einen schwarzen Zylinder auf dem Kopf, durch die Straßen Londons zu den neuen Polizeistationen, die über die ganze Stadt verteilt waren. Die Zylinder sollten den Londonern vor Augen führen, daß nicht Soldaten ihren Schutz übernahmen, sondern Bürger. Trotzdem – die grimmigen Spottnamen, die den Polizisten in den ersten Jahren beigelegt wurden, ›peelers‹, ›coppers‹ oder ›bobbies‹, hielten sich durch die Jahrzehnte.

Peels Polizei stellte schließlich die äußere Sicherheit in den Straßen Londons wieder her. Aber nach wenigen Jahren zeigte sich, daß Schutzpolizisten, die in aller Offenheit und in amtlicher Bekleidung auftraten, nicht in der Lage waren, Verbrechen wirklich zu bekämpfen, und noch weniger, geschehene Verbrechen aufzuklären. Die Woge des Verbrechens flutete nur scheinbar zurück. Räuber, Diebe und Raubmörder betrieben ihr Geschäft nicht mehr in aller Öffentlichkeit. Aber in tausenderlei Gestalt operierten sie von ihren Schlupfwinkeln aus weiter. Den Kriminellen stand nichts anderes gegenüber als die Handvoll Bow-Street-Runners – verbraucht, korrumpierter als je zuvor, oftmals nur noch ein Gespött für Journalisten und Karikaturisten.

Es bedurfte einiger besonders bestialischer Morde, um dem amtierenden Staatssekretär des Innern 1842 Mut zu einem neuen Schritt zu machen. Zwölf Polizeibeamte zogen ihre Uniform aus und wurden Detektive. Sie hausten in drei kleinen Räumen in Scotland Yard. Einige von ihnen gingen in die Geschichte ein: Field, Smith, Jonathan Whicher. Der englische Dichter Charles Dickens verewigte ihre Taten: Als er 1850 den ersten englischen Kriminalroman von Bedeutung, ›Bleak House‹, schrieb, ließ er darin einen Scotland-Yard-Detektiv, Inspektor Bucket, als Helden auftreten. Das lebende Vorbild dieser Romangestalt war Inspektor Field. Es geschah zum ersten Male in der englischen Literatur, daß ein Romanheld sich mit den Worten vorstellte: »Ich bin Bucket von den Detektiven. Ich bin ein ›detective officer‹ – ein Aufklärer, ein Untersucher.« Die Bezeichnung Detektiv für den Kriminalisten wurde zum Begriff und trat ihren Weg in die Welt an.

Aber in der Praxis änderte sich zunächst nicht viel. Die Bezahlung der neuen Detektive war besser als die der Bow-Street-Runners, die Verlockung zur Korruption geringer. Aber immer noch konnte jeder Bürger in eigener Sache einen der Detektive engagieren – ein Zugeständnis, das abermals gemacht wurde, um das erneut aufkommende Mißtrauen der englischen Öffentlichkeit zu dämpfen. Hatte man nicht immer wieder aus Frankreich abschreckende Dinge gehört? War die dortige Kriminalpolizei nicht in Wahrheit eine Institution zur Bespitzelung der Bürger? Solcher Argwohn machte die Auseinandersetzung der Detektive mit der Verbrecherwelt noch schwieriger, als sie schon von Natur aus war. Er legte ihnen Beschränkungen auf, die es in Frankreich nicht gab und nur den Kriminellen zugute kam. Die Detektive durften niemanden verhaften, ohne vorher ausreichende Beweise gegen ihn in der Hand zu haben. Es war ihnen verwehrt, jemanden zu Aussagen zu verlocken. Allen Verdächtigen hatten sie mitzuteilen, daß jede Aussage, die sie machten, gegen sie verwendet werden könne. Kein Wunder, daß ihre Arbeit weniger erfolgreich war als die der Franzosen. Inspektor Jo-

nathan Whicher wurde ein Opfer der polizeifeindlichen öffentlichen Meinung, als man ihn am 15. Juli 1860 nach Trowbridge in Somersetshire zur Aufklärung eines Mordfalles rief.
Zwei Wochen vorher, am 29. Juni, war in dem Landhaus ›Road Hill House‹ ein dreijähriges Kind ermordet aufgefunden worden. Es handelte sich um den jüngsten Sohn eines Fabrikinspektors, Samuel Savile Kent, der dort mit seiner zweiten Frau, drei Kindern aus erster und drei Kindern aus zweiter Ehe lebte. Das getötete Kind war ein Sohn aus zweiter Ehe, Savile, der Liebling Samuel Kents und seiner zweiten Frau. Über Nacht war Savile aus seinem Bettchen verschwunden. Als man ihn fand, lag er in einem Klosett im Garten. Seine Kehle war mit einem Messer durchschnitten. Die örtliche Polizei unter der Führung des ebenso geltungssüchtigen wie beschränkten Superintendenten Fowley hatte sich als völlig hilflos erwiesen. Mehr noch: Fowley hatte sogar Schritte unternommen, die wenige Jahrzehnte später jedem Kriminalisten als unfaßbar, ja strafwürdig erscheinen mußten. Er hatte ein blutbeflecktes Mädchen- oder Frauennachthemd in einem Waschkessel gefunden, aber es nicht sichergestellt, sondern verschwinden lassen, und er hatte den blutigen Abdruck einer Hand von einer Fensterscheibe abgewischt, »damit die Familie nicht erschreckt werde«. Um irgend etwas Positives zu tun, hatte er schließlich das Kindermädchen Elisabeth Gough verhaftet. Doch Elisabeth war wieder auf freien Fuß gesetzt worden, weil es nicht die Spur eines Mordmotivs für sie gab. Als Whicher in Trowbridge eintraf, empfing Fowley ihn voller Feindseligkeit. Er sagte ihm nichts von dem blutigen Nachthemd, nichts von dem Handabdruck. Whichers Arbeit war bezeichnend für die Mittel und Methoden auch der ersten englischen Detektive. Er besaß nicht die leiseste Ahnung von irgendwelcher wissenschaftlichen Methode und Untersuchung, wie sie erst die zukünftige Entwicklung bringen sollte. Nur drei Dinge standen ihm zu Gebote: Beobachtungsgabe, Menschenkenntnis und die Fähigkeit zur Kombination. Innerhalb von vier Tagen war Whicher überzeugt, daß nur ein Mensch als Täter in Frage kam: die sechzehnjährige Tochter Samuel Kents, Constance, ein Kind aus erster Ehe. Constance war ein unzufriedenes, von tiefem Haß gegen die Stiefmutter erfülltes Mädchen, das sich zurückgesetzt und schlecht behandelt glaubte. Nach Whichers Meinung hatte sie den Stiefbruder, den Liebling ihrer Stiefmutter und ihres Vaters, ermordet, um sich an den Eltern zu rächen. Dabei hatte der nächtliche Mord schwerlich geschehen können, ohne Spuren am Nachtgewand des Mädchens zu hinterlassen. Als Whicher entdeckte, daß eines der drei Nachthemden,

die Constance besaß, unauffindbar verschwunden war, forderte er Constances Verhaftung.

Die Folge war ein Sturm öffentlicher Empörung.

Nach wenigen Tagen wurde das Mädchen wieder freigelassen. Welche Vermessenheit, ein Kind des Mordes an seinem hilflosen Bruder anzuklagen! Welch ein verderbter Geist, der solch eine Anklage ersinnen konnte. Whicher wurde zum Ziel heftigster Verleumdung: Richard Mayne, einer der beiden Londoner Polizei-Commissioners, entließ Whicher auf der Stelle aus dem Dienst, um zu verhindern, daß sich die öffentliche Empörung gegen die gesamte Polizei richtete. Vier Jahre später, 1864, aber gestand Constance Kent den Mord an ihrem Stiefbruder. Sie hatte ihn tatsächlich getötet, um ihre Eltern zu treffen.

Im gleichen Jahre 1864 jedoch zeigte sich die Öffentlichkeit (o schwankende menschliche Natur!) bereit, einen anderen der frühen Detektive, Dick Tanner, zu feiern, weil er den ersten Eisenbahnmord in Großbritannien aufzuklären vermochte. Am 9. Juli 1864 tötete ein Unbekannter in einem Abteil der North London Railway den siebzigjährigen Bankangestellten Briggs und warf ihn aus dem fahrenden Zug. Der Mörder raubte eine goldene Uhr mit Kette, eine goldgefaßte Brille und sonderbarerweise den Hut des Toten. Seinen eigenen Hut ließ er zurück. Hohe Belohnungen wurden ausgesetzt, sensationelle Presseberichte veröffentlicht. Innerhalb von elf Tagen fand Tanner einen Juwelier, bei dem der Mörder Uhr und Kette gegen eine andere Uhr eingetauscht hatte. Die Schachtel, in der die eingetauschte Uhr verpackt worden war, führte ihn auf die Spur eines deutschen Schneiders namens Franz Mueller, der in London lebte. Er hatte die Schachtel einem befreundeten Kind geschenkt. Der Hut, der am Tatort zurückgeblieben war, erwies sich als Muellers Hut, und aus einem Brief Muellers an seine Zimmervermieter ging hervor, daß er sich bereits auf dem Weg nach Nordamerika befand, und zwar an Bord des Segelschiffes ›Victoria‹.

Am 20. Juli begab Dick Tanner sich, einen Haftbefehl in der Tasche, mit einigen wichtigen Zeugen an Bord des Dampfschiffes ›City of Manchester‹. Der Dampfer war schneller als die ›Victoria‹. Vierzehn Tage vor dem Segler erreichte er New York. Als endlich die ›Victoria‹ eintraf, fuhren ihr bereits Neugierige auf einem Boot entgegen und schrien: »Wie geht's dir, Mörder Mueller ...?« Am 16. September traf Tanner mit dem Verhafteten wieder in England ein; zwei Monate später wurde Mueller gehängt. Im letzten Augenblick, kurz vor seinem Tode, gestand er seine Tat.

Doch auch solche spektakulären Erfolge halfen der Londoner Kriminalpolizei nicht wesentlich weiter. Als 1869 ein neuer Polizeipräsident, Edmund Henderson, sein Amt antrat, berichtete er: »Große Schwierigkeiten stellen sich der Entwicklung des Detektivsystems in den Weg. Die Mehrzahl der Engländer betrachtet es mit Mißtrauen. Es ist den Gewohnheiten und Gefühlen der Nation völlig fremd. Detektive arbeiten nun einmal zwangsläufig im geheimen.« Aber es war Henderson, der schließlich die Detektivabteilung in Scotland Yard auf 24 Mann verstärkte und ihre Führung einem ehemaligen Assistenten von Jonathan Whicher, Superintendent Williamson, anvertraute.

Williamson – ›der Philosoph‹ genannt – unternahm die ersten Versuche, die ohne rechte Ordnung arbeitenden Detektive organisatorisch zusammenzufassen. Etwa fünfzig Jahre vorher war die Verschickung von Kriminellen in die Kolonien praktisch aufgegeben worden. Nach der Verbüßung ihrer Strafen in englischen Gefängnissen gewannen sie ihre Freiheit zurück. Unkontrolliert gingen die meisten ihrer alten ›Beschäftigung‹ nach. Erst 1871 raffte sich das Parlament zur Verabschiedung eines Gesetzes auf, das die Registrierung der Gewohnheitsverbrecher mit Hilfe von Fotografien und Personalbeschreibungen vorsah. Aber da dieses Register nach kurzer Zeit von Scotland Yard ins Staatssekretariat des Innern überführt wurde, geriet es bald in die Mühlen der Bürokratie und verlor jeden praktischen Wert. Williamson nahm daher die Registrierung in Scotland Yard wieder auf. Aber kaum hatte er acht Jahre später die ersten Erfolge seiner Mühen vor Augen, da traf Scotland Yard (wie die Detektivabteilung nun kurzweg genannt wurde) ein schwerer Schlag. Es zeigte sich, daß drei der ältesten und angesehensten unter Williamsons Beamten, Meiklejohn, Druscowich und Clarke, von Wettschwindlern bestochen worden waren. Der ›Scotland-Yard-Skandal‹ brachte eine neue Lawine des Mißtrauens ins Rollen. Vor die Wahl gestellt, unterzugehen oder sich zu behaupten, erhielt Scotland Yard endlich eine festgefügte Organisation. An die Spitze trat ein neuerungsfreudiger Rechtsanwalt, Howard Vincent. Er eilte nach Paris, um die Sûreté zu studieren. Er übernahm, was sich unter den gegebenen Umständen von den Franzosen übernehmen ließ. Aus der immer noch lockeren Gruppe von Detektiven schuf er die Kriminaluntersuchungsabteilung, die das zukünftige Gesicht Scotland Yards bestimmen sollte. Zu seinen ersten Neuerungen gehörte die Organisation einer Überwachungsstelle für Kriminelle. Nach dem Beispiel Macés setzte Vincent im großen Stil die Sammlung von Fotografien fort, faßte

sie in ›Verbrecher-Alben‹ zusammen und schickte dreimal wöchentlich dreißig Detektive in das Gefängnis Holloway, um die neu eingelieferten Häftlinge auf bekannte Gesichter hin zu überprüfen. Langsam mehrten sich die Erfolge. Aber wie gering man Scotland Yard immer noch einschätzte, zeigt ein Erlebnis des Superintendenten Williamson, als er sich bei einem Fremden, der einem pensionierten Beamten von Scotland Yard aufs Haar glich, erkundigte: »Kenne ich Sie nicht? Waren Sie nicht bei uns?« Er erhielt zur Antwort: »Nein, so tief bin ich Gott sei Dank niemals gesunken ...«
1884 übernahm ein neuer Mann, James Monro, der lange bei der britischen Polizei in Indien gearbeitet hatte, das Amt des Chefs der Kriminaluntersuchungsabteilung. Auch er mußte erfahren, daß Scotland Yard immer noch auf schwankendem Boden stand.
Vom 6. August bis zum 9. November 1888 versetzten die scheußlichen Verbrechen eines unbekannten Mörders die englische Öffentlichkeit in höchste Erregung. An jenem 6. August wurde in den nachtdunklen Straßen des Londoner Stadtteils Whitechapel die Leiche eines fünfunddreißigjährigen Straßenmädchens, Martha Turner, gefunden. Ihre Kehle war mit einem Messer durchgeschnitten. Am 31. August folgte der Mord an Ann Nicholls, einer anderen Prostituierten. Dann ereigneten sich vier weitere Morde: Am 8. September an Annie Chapman, am 30. September an Elizabeth Stride und Katherine Eddowes, schließlich am 9. November an Mary Kelly. Alle Ermordeten waren Straßenmädchen. Allen waren die Kehlen durchgeschnitten, mehrfach mit so furchtbarer Gewalt, daß der Kopf nahezu vom Rumpf getrennt war. Doch damit nicht genug – der Mörder hatte in den letzten fünf Fällen in einer Art Blutrausch ganze Organe aus dem Körper der Opfer herausgetrennt, und zwar auf eine Art und Weise, die vermuten ließ, daß er irgendeine chirurgische Ausbildung genossen hatte. Stets ereigneten sich die Morde nachts zwischen elf und vier Uhr und ausschließlich in den Stadtteilen Whitechapel, Spitalsfield und Stepney. Obwohl Charles Warren, der damalige Londoner Polizeipräsident, ununterbrochen Polizeipatrouillen umherstreifen ließ und alle Beamten von Scotland Yard Nacht für Nacht auf den Beinen waren, gelang es nicht, den Mörder zu stellen. ›Jack the Ripper‹ wurde zu einem Schreckenswort. Die Empörung gegen die Machtlosigkeit der Kriminalpolizei erreichte ungeahnte Ausmaße. Warren, ein alter Haudegen aus Südafrika, mußte zurücktreten. Aber auch als Monro zum Polizeipräsidenten ernannt und ein glänzender Rechtsanwalt, Robert Anderson, Chef der Kriminaluntersuchungsabteilung wurde, kam man der Lösung der Jack-the-Ripper-Morde

um keinen Schritt näher. Nach dem Tode von Mary Kelly hörten die Morde plötzlich auf und – blieben ungeklärt. Es gab lediglich einige mehr oder weniger offizielle Theorien über den Mörder. So dachte man an einen Wahnsinnigen, der sich an den Straßenmädchen für die Infektion mit einer Geschlechtskrankheit rächen wollte und nach dem 9. November Selbstmord verübte. Am wahrscheinlichsten schien, daß der Mörder mit einem russischen Feldscher identisch war, der 1888 in der Gegend des Londoner Ostens arbeitete und unter vielen Namen auftrat: Pedachenco, Konovalov, Ostrog. Er war nach London, von Paris her, gekommen, wo er in dem Verdacht gestanden hatte, eine ›grisette‹ auf genau die gleiche bestialische Weise umgebracht zu haben wie Jack the Ripper seine Londoner Opfer. Der Russe verschwand unauffällig aus London; er endete in einem Irrenasyl in St. Petersburg, nachdem er dort im Jahre 1891 einen Frauenmord begangen hatte.
Sicherlich war die Erbitterung der Londoner Öffentlichkeit berechtigt. Aber ihre Empörung hätte sich nicht zuletzt gegen sich selbst richten müssen. Zeigten die Jack-the-Ripper-Morde nicht auf schauerliche Weise, wohin die zähe Verteidigung allzu vieler persönlicher Freiheiten (darunter der unkontrollierten Bewegungsfreiheit jedes einzelnen und der Freiheit, jeden beliebigen Namen anzunehmen) führen mußte? Hatten die Pariser Zeitungen recht, die voll nationalen Stolzes höhnten, Jack the Ripper hätte in Paris keine Chance gehabt, viele Wochen lang zu morden?
In jedem Falle lagen die Schatten der Ripper-Morde tief über London, als Francis Galton in seinem Laboratorium über seinen tausend Fingerabdruckkarten saß. Sie waren auch noch nicht völlig gebannt, als Galtons Buch ›Fingerprints‹ im Jahre 1892 erschien. Es brauchte trotz Galtons Ansehen lange, bis es im Staatssekretariat des Innern Beachtung fand, mehr als ein Jahr. Aber 1893 kam es immer noch rechtzeitig, um – wie sich ein Zeitgenosse ausdrückte – »das Banner des Fingerabdrucks in einen Entscheidungskampf von historischer Bedeutung hineinzutragen«.

10

Seit seinem ersten Besuch bei Alphonse Bertillon im Jahre 1887 hatte Edmond R. Spearman nicht aufgehört, den britischen Staatssekretär des Innern durch persönliche Erklärungen und schriftliche Eingaben auf die Bertillonage hinzuweisen. In Dr. J. G. Garson, dem ehrgeizigen Vizepräsidenten des Londoner Anthropologischen Instituts, fand er einen Verbündeten.

Der Kampf für die Bertillonage war für Spearman zu einer Art Kreuzzugsidee geworden. Er besaß einen tiefen Einblick in die Identifizierungsmethoden, wie sie in Scotland Yard üblich waren. Er schilderte sie dem Staatssekretariat in den düstersten Farben – und die Farben konnten in der Tat nicht düster genug sein.
Die Listen der Berufsverbrecher und die Listen entlassener Häftlinge, die das Staatssekretariat des Innern an jedem Jahresende zusammenstellte, gelangten frühestens neun Monate später in die Hände der Polizei. Zu diesem Zeitpunkt waren sie durch die Ereignisse natürlich längst überholt. Die Personenbeschreibungen waren so jammervoll oberflächlich, wie es einst die Beschreibungen in Frankreich gewesen waren. Besondere Kennzeichen wurden nur selten erwähnt. Es hieß etwa: ›Tätowierung am linken Ringfinger‹ – ein Vermerk, der in jenen tätowierfreudigen Tagen auf Hunderte von Verdächtigen zutraf. Die Verbrecheralben in Scotland Yard hatten ein ähnliches Schicksal erlitten wie die französische Verbrecherkartei. Rund 115 000 Fotografien waren vorhanden. Man hatte alle möglichen Versuche gemacht, sie zu ordnen, aber am Ende war das Chaos genauso groß wie in Paris. Beamte des ›Convict Supervision Department‹ in Scotland Yard suchten oft tagelang, um in der Kartei einen Häftling wiederzufinden. An einem einzigen Tag des Jahres 1893 zum Beispiel fahndeten einundzwanzig Beamte in den Alben, um die Identität von siebenundzwanzig Häftlingen zu überprüfen. Obwohl sie volle siebenundfünfzig Stunden arbeiteten, fanden sie die Porträts von nur sieben. Es handelte sich alles in allem um eine sinnlose Vergeudung von Kraft und Zeit. Nicht besser stand es um den Identifizierungsapparat in den Gefängnissen. Dreimal wöchentlich trafen sich dreißig Beamte im Gefängnis Holloway, um nach bekannten Gesichtern zu forschen. Es war fast wie vor fünfzig Jahren, als jeder Anfänger unter den Detektiven als wichtigste Lehre mit auf den Weg bekam: »Lerne Gauner kennen, mein Junge, lerne Gauner kennen ...« Die dreißig Beamten identifizierten bei einer Visitation im allgemeinen etwa vier Häftlinge – auf jede Identifizierung entfielen neunzig Arbeitsstunden, und manche erwies sich nachträglich auch noch als Irrtum.
Galtons Buch ›Fingerprints‹ war bereits erschienen, als es Spearman im Frühjahr 1893 gelang, zwei bedeutende Persönlichkeiten aus dem Staatssekretariat des Innern, Sir Charles Russel und Sir Richard Webster, die aus politischen Gründen nach Paris reisten, zu einem Besuch bei Bertillon zu bewegen. Beide wurden von Bertillon feierlich in sein Reich eingelassen und kamen so begeistert nach London zurück, daß Webster später erklärte, er habe das beste

Identifizierungssystem gesehen, das er sich vorstellen könne. Jetzt bestürmten auch Russel und Webster den amtierenden Staatssekretär Asquith, die Bertillonage in England einzuführen. Asquith zeigte sich tief beeindruckt, aber in diesem Augenblick geschah (wie sich ein französischer Historiker einmal ausdrückte) eine jener »geschichtlichen Weichenstellungen, die einem manchmal zufällig, manchmal von einer höheren Fügung vorausbedacht scheinen«. Ein Mitglied der ›Royal Society‹ überreichte Asquith persönlich Galtons Buch. Asquith fand Zeit, sich damit zu befassen. Er stellte die Einführung der Bertillonage zurück und entschloß sich, eine Untersuchungskommission einzusetzen, die sowohl die Bertillonage wie das Fingerabdrucksystem überprüfen und dann entscheiden sollte, welches der beiden Systeme für England geeignet sei.

Im Oktober 1893 trat die Prüfungskommission zusammen. Sie bestand aus Charles Edward Troup, einem Beamten aus dem Staatssekretariat des Innern, aus Major Arthur Griffith und Melville Macnaghten. Griffith war Inspektor der britischen Gefängnisse und außerdem ein höchst fruchtbarer Schriftsteller, der gerade an einem zweibändigen Werk ›Mysteries of Police and Crime‹ arbeitete. Macnaghten vertrat Scotland Yard. In der düsteren Zeit kurz nach den Ripper-Morden hatte er, von Indien kommend, das Amt des Chefkonstablers der Kriminaluntersuchungsabteilung übernommen. Zur ständigen Erinnerung lagen in seinem Schreibtisch die grauenhaften Bilder der hingeschlachteten Frauen. Der kleingewachsene, gepflegte Mann, der immer die ›Atmosphäre indischen Pflanzerlebens‹ um sich verbreitete und später den Namen ›Good Old Mac‹ trug, stand genau auf der Grenzlinie zwischen dem alten Scotland Yard und der Zukunft. Er hatte Williamson, den Schüler des unglücklichen Whicher, abgelöst und war von ihm mit den resignierenden Worten empfangen worden: »Mein Junge, Sie kommen in ein verrücktes Amt. Wenn Sie Ihre Pflicht tun, wird man Sie beschimpfen, wenn Sie sie nicht tun, so beschimpft man Sie ebenfalls.« Macnaghten kannte noch Detektiv-Veteranen, die, wie der Superintendent Shore, unfähig waren, orthographisch richtig zu schreiben. Er hatte auch noch den Spruch gelernt: »Die besten Detektive sind Glück und Gelegenheit« (was sicher sehr oft zutraf und immer wieder zutreffen würde). Er besaß eine tiefe Neigung zum Konservativismus, aber er hatte aus Indien Weitblick genug mitgebracht, um zu erkennen, daß die Kriminalpolizei an den neuen Erkenntnissen der Wissenschaft nicht vorübergehen konnte.

Das Troup-Committee begab sich zunächst in Galtons Laboratorium im South Kensington Museum, um sich mit dem Fingerabdruckverfahren vertraut zu machen. Die Einfachheit der Identifizierung durch Fingerabdrücke war so frappierend, daß die Kommission ihren Besuch mehrfach wiederholte. Aber, sosehr die Geschichte auch die ›Weiche‹ im richtigen Augenblick gestellt zu haben schien – die Weichenstellung war doch um ein geringes zu früh erfolgt. Nach der Veröffentlichung seines Buches ›Fingerprints‹ hatte der unermüdliche Galton erkannt, daß er zu früh über seine Registriermethode gejubelt hatte. Er war sich einiger entscheidender Schwächen seines Systems bewußt geworden, und zwar handelte es sich um folgendes: Sofern die vier Grundtypen der Fingerabdruckslinien, die er gefunden hatte (ohne Dreieck, Dreieck links, Dreieck rechts und mehrere Dreiecke oder, wie Galton sich noch ausdrückte: Bogen, Schlingen rechts und links sowie Wirbel), gleichmäßig verteilt waren, bedeutete es keine Schwierigkeit, 100 000 Karteikarten mit je zehn Fingerabdrücken so einzuordnen, daß jede leicht zu finden war. Von einer solchen Gleichmäßigkeit konnte aber leider keine Rede sein. Die Bogen waren viel seltener als alle anderen Muster. Es bestand offenbar eine Tendenz, nach der sich an bestimmten Fingern die gleichen Grundmuster wiederholten. Als Galton 2645 Karten eingeordnet hatte, stellte sich heraus, daß in einem Karteifach 164 Karten lagen, während sich in anderen Fächern nur eine einzige befand. Das mußte zu solchen Häufungen in einzelnen Fächern führen, daß von einem schnellen Finden bestimmter Karten keine Rede mehr sein konnte.

Als die Kommission in Galtons Laboratorium erschien, bemühte sich dieser bereits seit längerer Zeit darum, weitere Möglichkeiten der Aufteilung zu finden. Er war überzeugt, den richtigen Weg entdeckt zu haben – aber er war noch nicht am Ziel. Griffith drängte ihn, einen Termin zu nennen, zu dem er dieses Ziel zu erreichen hoffe. Das aber war unmöglich. Vielleicht benötigte Galton noch ein Jahr, vielleicht zwei oder drei. Die Kommission geriet in eine ›qualvolle Situation‹. Vor sich sah sie ein Identifizierungsverfahren von äußerster Einfachheit. Sollte die Benutzung eines so einmaligen Phänomens jetzt nur daran scheitern, daß eine Registrierung noch nicht möglich war? Sollte man sich zur Bertillonage bekennen müssen, die offensichtlich viel umständlicher war, um dann in wenigen Jahren zu erleben, daß Galton doch die Lösung des Einordnens gelang?

Wie ein Schatten lag der Gedanke an die Methode des Fingerabdrucks über der Reise, die Troup, Griffith und Macnaghten nun nach Paris führte.

In der französischen Hauptstadt gerieten die Engländer in den

Bann der Atmosphäre, die der glanzvollsten Epoche der französischen Polizei eigen war. Soeben hatte ein neuer Mann die Polizeipräfektur übernommen: Louis Lépine, ein kleiner, temperamentvoller, gestenreicher Herr. Lépine war dazu ausersehen, der berühmteste Pariser Polizeipräfekt der Jahrhundertwende zu werden. Sein erklärtes Ziel war es, die Pariser Polizei bei der Bevölkerung beliebt zu machen. Er zeigte sich bei diesem Bemühen so entschlossen und einfallsreich wie kein zweiter. Streiks und Unruhen unterdrückte er mit eiserner Hand, aber oft auch mit so viel diplomatischer Meisterschaft, daß bei den Unterdrückten kein Groll zurückblieb. Stets stand er persönlich an der Spitze seiner Polizisten und schreckte dabei nicht vor raffinierten Schaustellungen zurück. So etwa, wenn er plötzlich zwischen die Streikenden in den Markthallen und seine zum Schießen bereite Polizei trat, der er kurz zuvor selbst befohlen hatte, die Waffen zu laden. »Halt! Ich verbiete euch, diese ehrenwerten Männer anzugreifen«, rief er den eigenen Polizisten zu, ließ sich von den Streikenden feiern – und der Streik war von selbst zu Ende.

Lépine erwarb sich den Namen ›Der Präfekt der Straße‹, weil er ständig in der Öffentlichkeit zu sehen war. Alle Beamten suchte er selbst aus. Die Uniformierten mußten groß und auffallend sein. Wer nicht wenigstens 1,74 Meter maß, hatte keine Chancen. Für die Kriminalbeamten galt das Gegenteil. Äußerlich mußten sie ganz und gar den Durchschnitt verkörpern. Wer größer als 1,67 Meter war, rote Haare, einen Bauch oder eine Narbe im Gesicht besaß, fand keine Gnade.

Lépine liebte Bertillon genausowenig wie seine Vorgänger, aber er war viel zu sehr Propagandist, als daß er nicht gewußt hätte, was Bertillon für den Ruf der Pariser Polizei bedeutete. Er empfing die Engländer mit Lobsprüchen auf Bertillons Genie und einem Besichtigungsprogramm, das ihnen den Identifizierungsdienst im hellsten Lichte zeigen mußte.

Ähnlich verhielt es sich mit Goron, dem nunmehrigen Chef der Sûreté. Goron, ein Bretone, war ebenfalls auf dem Wege, eine legendäre Gestalt zu werden. Ein kleiner, dicker, kurzatmiger Mann mit gelacktem Schnurrbart und einem Kneifer, wirkte er kaum weniger unfreundlich als Bertillon. Er war ein Verbrecherjäger aus Leidenschaft. Er stand sozusagen zwischen Macé und der Zukunft. Niemand wußte genau, in welchem Maße er sich des traditionellen Mittels der Spitzel bediente. Jedenfalls verfügte auch er über eine ganze Schar sogenannter Treiber, die sich, mit den Papieren Vorbestrafter ausgestattet, als Banditen aller Art in die Schlupfwinkel der

Seit Eugène François Vidocq (rechts), dem entlassenen Sträfling, der 1811 die französische Kriminalpolizei »Sûreté« begründete, gab es für die Kriminalistik ein Hauptproblem: die Identifizierung der Verbrecher. Die Detektive mußten sich so viele Gesichter von Kriminellen wie möglich einprägen: Tag für Tag begaben sie sich in die Gefängnisse zur »Gefangenenparade« (unten).

Alphonse Bertillon, ursprünglich gnadenweise als Schreiber in der Polizeipräfektur von Paris beschäftigt, führte nach 1883 als erster wissenschaftliche Methoden in die Kriminalistik ein. Er nutzte die Erkenntnis der Anthropologen und Statistiker, wonach die Körpermaße eines Menschen niemals mit denen eines anderen völlig übereinstimmten, maß die Kriminellen, trug die Maße in Karteikarten ein und war so in der Lage, Registrierte wiederzuerkennen. Das Verfahren war umständlich. Es erforderte millimetergenaues Messen, aber es erwies sich als zuverlässiger als alle bis dahin bekannten Identifizierungsverfahren.

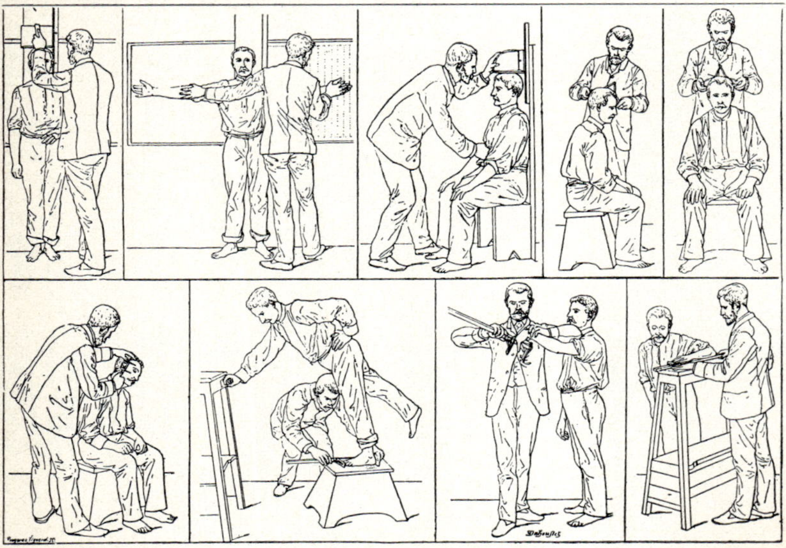

1891–92 versetzte ein Anarchist mit Decknamen Ravachol Paris in Schrekken. Nach seiner Verhaftung (unten) identifizierte Bertillon ihn mit Hilfe einer seiner Meßkarten (oben) als den Gewaltverbrecher Koenigstein. Damit begann der Siegeszug der Bertillonage durch ganz Europa.

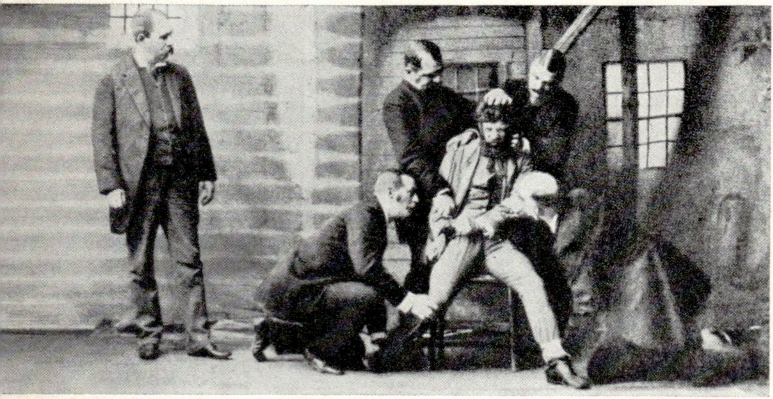

Außer dem Meßverfahren schuf Bertillon die Grundlagen für präzise Verbrecherfotografien (oben), die er seinen Meßkarten anheftete, und für die Tatortfotografie (links). Der Widerstand Verhafteter gegen die Fotografie war oft so heftig, daß sie, wie eine Aufnahme im Beisein des New Yorker Detektiv-Inspektors Byrnes (Mitte) zeigt, mit Gewalt vor der Kamera festgehalten werden mußten. Die Fotografie behielt ihre Bedeutung als Identifizierungsmittel. Aber erst der Fingerabdruck brachte absolute Sicherheit bei der Identifizierung.

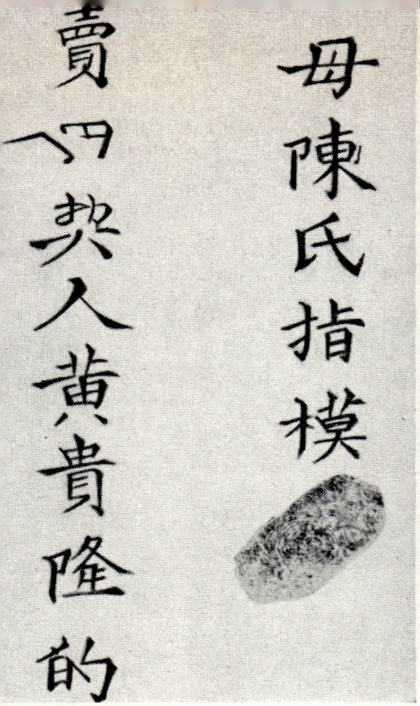

Die Anfänge der Daktyloskopie: Chinesische Quittung aus dem Jahre 1839 (oben) mit einem Daumenabdruck anstelle der Unterschrift. William Herschel (1833–1917; oben rechts) erprobte als Kolonialbeamter in Indien die Verwendbarkeit der Fingerabdrücke zur Identifizierung. Unten: Abdrücke seiner linken Hand, die er im Abstand von 30 Jahren anfertigte, um ihre Unveränderlichkeit zu beweisen.

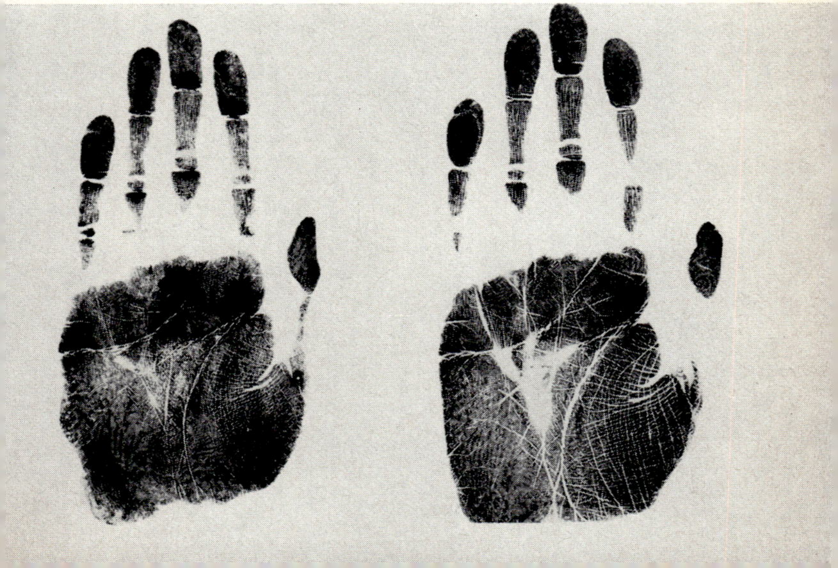

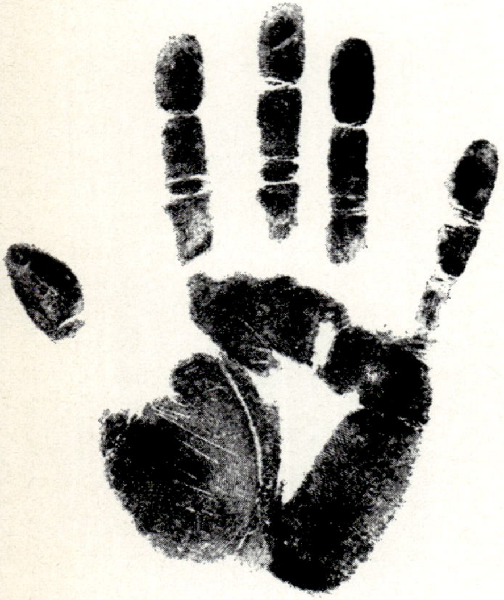

Francis Galton (1822–1911; oben links) lenkte in London die Aufmerksamkeit auf die Überlegenheit des Fingerabdrucks über die Bertillonage. Es gelang ihm jedoch nicht, ein Registrierungssystem für Fingerabdrücke zu finden. Diese Aufgabe löste Edward Henry (1850–1931; oben rechts), Generalinspektor der Polizei in Bengalen. 1901 als Londoner Polizeipräsident, ersetzte er in England die Bertillonage durch den Fingerabdruck. 1888 stellte auch der Berliner Tierarzt Wilhelm Eber Handabdrücke (links) her, fand aber kein Interesse bei der preußischen Polizei.

Verbrecher begaben und Goron mit Nachrichten belieferten. Mit den Verurteilten wanderten sie in die Gefängnisse, horchten sie aus, wurden in andere Gefängnisse verlegt, ›starben‹ und setzten an anderer Stelle mit anderen Papieren und unter anderem Namen ihre Arbeit fort. Goron arbeitete bei seinen Vernehmungen abwechselnd mit Dunkelhaft, Hunger und verlockenden Mahlzeiten. Er versprach den Häftlingen Frauen, sofern sie ihm verrieten, was er zu wissen wünschte. Man nannte das ›die Garküche des Monsieur Goron‹. Und es gelang ihm tatsächlich, ganze Banden auszurotten, die Paris aus ihren Verstecken in den alten Festungswällen und in den Holzlagern am Seineufer terrorisierten. Ebenso guter Propagandist wie Lépine, verstand es auch Goron, die Presse für sich zu gewinnen. Und wie Lépine war er klug genug, die Bedeutung der Bertillonage zu erkennen und nicht zuletzt das internationale Aufsehen zu würdigen, das Bertillon zu erregen begann. So pries auch er den Engländern gegenüber Bertillons Leistung in den leuchtendsten Farben.

Bertillon selbst zeigte sich von der bestmöglichen Seite. Er trat aus seiner mürrischen Verschlossenheit heraus und begleitete die Engländer sogar bei einem Besuch in den Verbrechervierteln von Paris. Er ruhte nicht eher, bis die Gäste mit ihm Grog tranken. Er, der immerhin einige Jahre in England gelebt hatte, war groteskerweise der Meinung, er bereite den Gästen damit einen heimatlichen Genuß – und bezahlte dafür mit besonders heftigen Migräneattacken. In seinem ›Reich‹ unter dem Dach der Präfektur wurde er, wie Macnaghten berichtete, »niemals müde, über die Erfolge ... zu berichten, auf die er mit Recht stolz war«. Er führte Dinge vor, von denen die Engländer noch nichts gehört hatten, unter anderem einen Fotoapparat auf hohem Stativ, mit dessen Hilfe man den Tatort eines Verbrechens genau aufnehmen konnte. An dem Apparat waren metrische Skalen angebracht, die sich auf die Fotografien übertrugen. An ihnen ließen sich die genauen Abmessungen eines Tatortes, die Entfernungen der Leiche eines Ermordeten etwa von einer Tür, einer Wand, einem Wagen und zahlreiche andere wichtige Dinge ablesen. Es bedurfte keiner mühseligen Tatortskizzen mehr. Bertillon zeigte einen Raum, den er als Laboratorium für fotografische und physikalische Experimente eingerichtet hatte. Erst dann – in geschickter Steigerung – führte er den Gästen die Bertillonage vor.

Häftlinge wurden hereingeführt. Griffith und Macnaghten erhielten selbst Meßinstrumente, damit sie sich ein Bild von der ›Einfachheit‹ des Verfahrens machen konnten. Es gelang Bertillon, die

Gäste davon zu überzeugen, daß sein System in der Tat ein ungeheurer Fortschritt gegenüber den alten Identifizierungsmethoden bedeutete. Aber es gelang ihm trotz aller Mühen nicht, bei den praktisch denkenden Engländern das Gefühl der Umständlichkeit zu beseitigen. Und sie fürchteten nicht nur die Umständlichkeit. Sie fürchteten auch Fehlmessungen, sobald die Meßarbeit außerhalb der Kontrolle eines so peniblen und von der eigenen Sache besessenen Zuchtmeisters wie Bertillon vorgenommen wurde.
Das Portrait parlé sagte ihnen am wenigsten zu. Sie hielten es für eine komplizierte Wortkonstruktion, mit der normale Polizeibeamte überfordert wurden (und die Geschichte gab ihnen recht). Resigniert notierte Macnaghten: »Bertillons Arbeit war vielleicht immer mehr theoretischer als praktischer Natur.«
Die folgenden Beratungen des Troup-Committee, die bis zum Februar 1894 dauerten, standen unter dem Zeichen eines schier unlösbaren Dilemmas. Spearman und Dr. Garson wandten allen Einfluß auf, der ihnen zu Gebote stand, um die Einführung der Bertillonage einschließlich des Portrait parlé in London durchzusetzen. Beide hatten sich der Anthropometrie so vollständig verschrieben, daß sie einfach blind für die Möglichkeiten waren, die sich mit dem Fingerabdrucksystem ankündigten. Als die Kommission am 19. Februar 1894 dem Staatssekretär des Innern in einem ungeheuer umfangreichen Aktenstück ihre Empfehlungen unterbreitete, zeigten sich die Folgen des Zwiespaltes, in den sie geraten war: Sie hatte einen Ausweg im Kompromiß gesucht. Hinfort sollte in Scotland Yard das Meßverfahren eingeführt werden, aber in einer Form, welche die Umständlichkeit der Bertillonage verringerte. Nur fünf von den elf Messungen Bertillons sollten registriert werden, das ›Portrait parlé‹ ganz entfallen. Statt dessen schlug die Kommission vor, auf jeder Karteikarte die zehn Fingerabdrücke des jeweiligen Häftlings festzuhalten. Die Registrierung der Karten sollte, da es noch unmöglich war, sie nach den Fingerabdrücken zu ordnen, nach den Meßwerten vorgenommen werden. Das britische Staatssekretariat des Innern schloß sich im Juli 1895 den Empfehlungen des Troup-Committee an, und in Scotland Yard erhielten der Detektiv-Inspektor Stedman sowie die Detektiv-Sergeanten Collins und Hunt den Auftrag, dementsprechend mit dem Aufbau einer Kartei der Meß- und Fingerabdruckkarten zu beginnen.
Spearman lief gegen diese Regelung Sturm. Wenn man die Bertillonage – bei der es auf die Exaktheit jedes einzelnen Maßes ebenso ankam wie auf die Gesamtheit der Maße – um sechs wichtige Maße beschnitt, so mußte das ihre Erfolgschancen entscheidend herab-

setzen, wenn nicht zunichte machen. Die Aufnahme der Fingerabdrücke erschien ihm als eine sinnlose Spielerei.
Erbittert reiste er nach Paris, um Bertillon zu berichten. Aber als er in der französischen Hauptstadt eintraf, fand er eine in vieler Hinsicht veränderte Situation vor. Die Tatsache, daß man in London das Meßverfahren verstümmelt hatte, traf Bertillon zwar an seiner empfindlichsten Stelle und erfüllte ihn mit Zorn gegen die Engländer. Aber inzwischen hatten sich Dinge ereignet, welche den Ereignissen in London viel von ihrer Bedeutung zu nehmen schienen. Spearman traf in Paris Polizeifachleute aus allen Teilen Europas, die darauf warteten, von Bertillon empfangen und in sein System eingeführt zu werden. Ihre Reihe reichte von Dr. Bechterew aus St. Petersburg und Sergej Krasnow aus Moskau bis zu Dr. Stockis aus Lüttich und dem Chef des Erkennungsdienstes der Berliner Kriminalpolizei, von Hüllessem.
Während in London um eine Entscheidung gerungen wurde, waren Paris und das Dachgeschoß des Justizpalastes, wie sich ein Zeitgenosse ausdrückte, ›zum Mekka der europäischen Polizeiverwaltungen‹ geworden. Bertillons System war der Durchbruch zum Siegeszug über das kontinentale Europa gelungen. Die europäischen Polizeichefs, die im Bewußtsein der Unzulänglichkeiten ihrer Identifizierungsverfahren zu Bertillon reisten, hatten noch so gut wie keine Ahnung von der Existenz der Daktyloskopie. 1896 schufen Dr. Stockis und Dr. de Laveleye in Belgien zunächst private Erkennungsdienste, die nach dem Prinzip der Bertillonage arbeiteten. Spanien richtete ›anthropometrische Kabinette‹ in seinen Gefängnissen ein. In Italien schuf Professor di Blasio das erste Meßkabinett bei der Polizei in Neapel. Professor Ottolenghi, Gerichtsmediziner in Siena, bald einer der größten Pioniere der Kriminalistik in Italien, lehrte auch Bertillons Methoden. Er wurde ein so glühender Verfechter des Portrait parlé, daß er eine Zeitlang sogar ›willkürliche und unwillkürliche Bewegungsformen‹ der Häftlinge sowie ›psychische Merkmale‹, wie etwa die ›Gedächtniskraft‹, registrierte. Zur Feststellung solcher Merkmale empfahl er komplizierte Apparate – Dynamometer und Platismographen. Es folgten Portugal, Dänemark und Holland. Auch sie führten die Bertillonage ein.
1896 begann der Einzug der Anthropometrie bei den Polizeikräften der Städte und Bundesstaaten des deutschen Kaiserreiches: Der Chef der Dresdener Kriminalpolizei, Regierungsrat Koettig, richtete in der Hauptstadt Sachsens ein Meßbüro ein. Durch diesen Akt hob sich sein Name aus dem ziemlich farblosen Bild heraus, das die

uneinheitliche deutsche Kriminalpolizei in jenen Tagen bot. Ein Dreivierteljahrhundert etwa war vergangen, seit man in Berlin, der Hauptstadt des größten deutschen Landes, Preußen, aus einer wenig brauchbaren Gruppe von Nachtwächtern und Polizeidienern die erste organisierte und uniformierte Polizei aufgestellt hatte.
Im Jahre 1822 waren in Berlin drei Polizeischutzleute dazu bestimmt worden, sich »in Zivil der Aufklärung von Verbrechen« zu widmen. Seither hatte sich indessen nirgendwo in Deutschland eine Sûreté, ein Scotland Yard, nirgendwo eine Kriminalpolizei entwickelt, mit deren Name Ruhm oder Legenden verknüpft wären. Das lag nicht zuletzt an der einfallslosen Nüchternheit vor allem des preußischen Beamtentums. Welcher deutsche Kriminalbeamte hätte Memoiren etwa nach Art Macés geschrieben oder sich wie Goron zum Helden sensationeller Kriminalabenteuer machen lassen! Es lag ferner daran, daß es im Deutschland jener Zeit so gut wie keinen Schriftsteller oder gar Dichter gab, der sich wie die Engländer Charles Dickens, Wilkie Collins und später Conan Doyle oder der Franzose Gaboriau die heraufziehende Zeit der Detektive zum Thema gewählt hätte.
Der ›Molkenmarkt‹, der uralte, düstere, verwinkelte Gebäudekomplex, der bis 1891 das Berliner Polizeipräsidium beherbergt hatte, und der Neubau am Alexanderplatz, in dem die Berliner Polizei nunmehr residierte, strahlten nichts aus, was die Phantasie hätte anregen können. Das galt auch für die Abteilung IV, die seit dem Jahre 1854 etwa der Sûreté oder der Londoner Kriminaluntersuchungsabteilung entsprach. Nicht anders verhielt es sich mit den Polizeipräsidien und Kriminalabteilungen der übrigen deutschen Länder.
Als der Regierungsrat Koettig in Dresden die Bertillonage aufgriff, wußte er genausowenig wie alle anderen deutschen Kriminalpolizeichefs, daß knapp acht Jahre vorher, 1888, ein Berliner Tierarzt, Dr. Wilhelm Eber, dem preußischen Innenministerium eine Denkschrift eingereicht hatte, die zu den erstaunlichsten Dokumenten in der Geschichte des Fingerabdrucks gehört. Hätte man sie mit etwas mehr Phantasie aufgenommen, so wäre der preußischen Polizei vielleicht ein Anteil an der Frühentwicklung der Daktyloskopie zugefallen. Nicht sehr viel anders als Dr. Faulds, und doch von ganz anderen Voraussetzungen ausgehend, hatte Eber die kriminalistischen Möglichkeiten des Tatort-Fingerabdrucks entdeckt. Durch die blutigen Abdrücke der Hände, welche die Fleischer und Tierärzte an den Handtüchern des Berliner Schlachthofes hinterließen, war Eber auf die Papillarlinienbildung der Hände und der Finger aufmerksam

geworden. In zahlreichen Versuchen fand auch er heraus, daß diese Linienbilder stets unterschiedlich waren. Nach einiger Zeit war Eber imstande, an den Abdrücken eines Handtuches festzustellen, wer das betreffende Tuch benutzt hatte. Wie Faulds kam er auf die Idee, man könne Verbrecher durch ›Hand- und Fingerabdrücke‹ überführen, die am Schauplatz ihrer Taten zurückblieben. Seiner Denkschrift an das Innenministerium hatte er einen Kasten mit Gerätschaften beigefügt, die zur Abnahme von ›Handbildern‹ dienten, und dazu vermerkt, er habe sich bemüht, Gegenstände, die von fremden Personen berührt worden seien, zu erlangen, um dann die berührenden Hände festzustellen. Mit Hilfe von Joddämpfen könne man Handabdrücke sichern, in denen jede Papillarlinie genau zu erkennen sei. Am 8. Juni 1888 hatte der amtierende Polizeipräsident von Berlin, von Richthofen, Ebers Denkschrift mit dem trockenen Vermerk zurückgegeben: »Bisher sind ..., soweit die diesseitigen Beamten sich zu erinnern vermögen, an Türklinken, Gläsern und anderen für die Aufnahme und Zurücklassung von Handbildern geeigneten Gegenständen auch bei der sorgfältigsten Besichtigung des Tatortes solche Spuren, welche eine Rekonstruktion des Handbildes ermöglichten, nicht wahrgenommen worden.« Ebers Vorschläge waren vergessen, als Sachsen als erstes deutsches Land die Bertillonage einführte.

Regierungsrat Koettig versuchte, die Polizeipräsidenten aller deutschen Länder nach Dresden einzuladen, um sie ebenfalls für das Meßverfahren zu interessieren. Er kämpfte für eine ›Allgemeine Deutsche Polizeikonferenz‹, aber seine Bemühungen scheiterten an den Sonderinteressen der Länder und ihrer Polizeibehörden. Inzwischen übernahm der Chef der Hamburger Kriminalpolizei, Roscher, die Anthropometrie, dann folgte Berlin. Als im Juni 1897 endlich doch eine deutsche Polizeikonferenz zusammentrat, faßte sie zu Koettigs Genugtuung den Entschluß, das Meßverfahren in sämtlichen deutschen Bundesstaaten zur Grundlage des Erkennungsdienstes zu machen und in Berlin eine zentrale Kartei zu schaffen.

Mit der ›Eroberung ganz Deutschlands‹ erlebte Bertillon einen seiner größten Triumphe. Es verging nur noch ein Jahr, dann ›gehörte‹ (wie man sich in Paris ausdrückte) auch Österreich als wichtigster Teil der Donaumonarchie der Bertillonage.

Schon sechs Jahre vorher, 1892, war in Österreich ein Mann für die Einführung der Anthropometrie eingetreten, der als Pionier der Kriminalistik noch einen außergewöhnlichen Einfluß gewinnen sollte. Sein Name war Hans Gross. 1847 in Graz geboren, hatte er schon als Student der Rechte die völlige Unzulänglichkeit der Identifizierungsmethoden vor allem bei der ländlichen Kriminalpolizei seiner Heimat erkannt. Zu Kriminalbeamten ernannte ehemalige Unteroffiziere erfüllten recht und schlecht ihre Aufgabe, verließen sich auf Spitzelberichte und führten mit mehr oder weniger handfesten Methoden Geständnisse herbei.

Als Gross nach 1869 als Untersuchungsrichter im Industriegebiet der oberen Steiermark arbeitete, wurde diese Erkenntnis für ihn zu einem Alptraum. Wenn überhaupt kriminalistische Aufklärungsarbeit geleistet wurde, dann lag sie in den Händen der Untersuchungsrichter. Gross aber hatte auf der Universität wohl Gesetzestexte studiert, aber nichts über Kriminalistik erfahren. Dafür besaß er allerdings, im Gegensatz zu zahlreichen anderen Untersuchungsrichtern jener Tage, die Kraft der Imagination. Er spürte, wie notwendig es war, der kriminalistischen Arbeit ein neues geistiges, auch naturwissenschaftlich-technisches Fundament zu schaffen. Zwar besaß er als Jurist keinerlei Fachkenntnisse auf irgendeinem Gebiet der reinen oder angewandten Naturwissenschaften. Aber das eifrige Studium aller ihm erreichbaren Zeitschriften und Bücher brachte ihn zu dem Ergebnis, daß es kaum eine technische oder naturwissenschaftliche Errungenschaft gab, die nicht bei der Aufklärung von Verbrechen von Nutzen hätte sein können. So beschäftigte er sich mit den Grundzügen der Chemie und der Physik, mit Fotografie und Mikroskopie, mit Botanik und Zoologie und schuf in stiller, zwanzigjähriger Arbeit ein ›Erfahrungsbuch‹, das dazu bestimmt war, das erste Lehrbuch der wissenschaftlichen Kriminalistik zu werden und Gross' Namen in der ganzen Welt bekanntwerden zu lassen. Er nannte es: ›Handbuch für Untersuchungsrichter‹.

Im Jahre 1888 erfuhr Gross zum ersten Male von der Bertillonage. Selbstverständlich begann er sofort selbst zu messen. Und in der ersten Ausgabe seines Handbuches 1892 trat er entschieden für die Einführung der Anthropometrie in Österreich ein.

Als am 3. April 1898 der österreichische Innenminister die Errichtung eines Wiener Bertillon-Büros anordnete, war auch er der Überzeugung, seinem Land die neueste polizeitechnische Errungenschaft gesichert zu haben. Er ahnte ebensowenig wie die Innenminister und Polizeichefs der übrigen europäischen Länder, daß sich unterdessen Tausende von Kilometern entfernt, in einem anderen Teil des Erdballs, Dinge ereigneten, die diese Überzeugung in den Grundfesten hätten erschüttern müssen. Aber wer dachte damals in Europa an Südamerika, wer dachte an ein Land wie Argentinien, wenn von der Polizei oder den Errungenschaften der Wissenschaft die Rede war?

11

Juan Vucetich, Verwaltungsangestellter der Provinzialpolizei von Buenos Aires, war dreiunddreißig Jahre alt, als er am 18. Juli 1891 zum Chef der Polizeidirektion in La Plata befohlen wurde. Marinekapitän Guillermo Nuñez teilte Vucetich mit, er höre ständig von einem neuen Identifizierungssystem in Paris. Ein Freund, Dr. Drago, sei vor kurzem aus Frankreich zurückgekehrt, habe ihm eine Menge erstaunlicher Dinge erzählt und ihn überzeugt, daß man einen Versuch mit dem französischen Verfahren machen müsse, um in der Provinz Ordnung unter den Herumtreibern, Verbrechern und nicht zuletzt unter den ›politisch Kriminellen‹ zu schaffen.
Kurzum: Vucetich wurde mit der Einrichtung eines ›Anthropometrischen Meßbüros‹ beauftragt.
Nuñez hielt sich nicht mit langen Erklärungen auf, sondern überreichte Vucetich einige Fachzeitschriften aus Paris, die sich mit der Bertillonage beschäftigten, und wünschte ihm baldigen Erfolg. Vucetich stand bereits in der geöffneten Tür, als Nuñez ihn noch einmal zurückrief. Aus einer Tasche holte er eine weitere Zeitschrift hervor. »Das ist noch etwas«, sagte er beiläufig, »ein französisches Blatt, das ein Besucher gestern hier vergessen hat, die ›Revue Scientifique‹ vom 2. Mai. Darin wird über die Experimente eines Engländers namens Galton berichtet. Er beschäftigt sich mit den Abdrücken von Fingerspitzen. Vielleicht können Sie etwas damit anfangen ...«
Juan Vucetich war ein noch sehr junger ›Argentinier‹. Er stammte aus Kroatien, aus dem Dorf Lesina. Argentinischen Boden hatte er erst 1884 betreten. An Schulbildung brachte er nur mit, was er in der Volksschule seines Heimatdorfes gelernt hatte. Doch er besaß eine angeborene mathematisch-statistische Begabung, eine brennende Begeisterung für alles Neue und die ungebrochene Vitalität eines Bauernjungen. Schon nach einem Jahr Aufenthalt in Argentinien war er Polizeiangestellter geworden, nach weiteren fünf Jahren Leiter des sogenannten Statistischen Büros, das die Polizei von La Plata unterhielt.
Es bedeutete für Vucetich kein Problem, etwas Ähnliches aufzubauen, wie es Bertillon in Paris als Vorbild geschaffen hatte. Bereits acht Tage nach dem ›Befehlsempfang‹ bei Nuñez arbeitete ein kleines Büro für Anthropometrie; Häftlinge aller Art wurden gemessen und registriert. Aber so neu das Meßverfahren für Vucetich auch war – es rührte, wie ein Biograph sich ausdrückte, »nicht an die Zellen in Vucetichs Gehirn, in denen seine schöpferischen Kräfte

ruhten«. Dies tat vielmehr jener Aufsatz in der Pariser ›Revue Scientifique‹.

Kaum waren Vucetichs Hilfskräfte einigermaßen mit den Bertillonschen Messungen vertraut gemacht, da bastelte er schon selbst das primitive Gerät, das man zur Abnahme von Fingerabdrücken benötigte. Er sicherte sich die Fingerabdrücke aller Verhafteten, die in sein Büro gebracht wurden. Das neue große Problem der Unveränderlichkeit der Papillarlinien beschäftigte ihn so sehr, daß er viele Nächte im Leichenschauhaus verbrachte und schließlich sogar die Finger der Mumien untersuchte, die im Museum von La Plata ausgestellt waren. Die Entdeckung, daß die Papillarlinien an den Mumienfingern Jahrhunderte, wenn nicht Jahrtausende überdauert hatten, beflügelte seinen Eifer. Nach kaum sechs Wochen, am 1. September 1892, standen ihm ›die Grundzüge einer praktischen Klassifizierung und Registrierung der Fingerabdrücke‹ vor Augen. Die ›Revue Scientifique‹ hatte wohl über Galtons Bemühungen berichtet, eine Klassifizierung zu finden, nicht aber über seine Ergebnisse und Enttäuschungen. Vollkommen selbständig gelangte auch Vucetich zu vier Grundtypen, die denjenigen Galtons entsprachen: 1. Abdrücke, die lediglich aus Bogen bestanden, 2. Abdrücke, die mit einem Dreieck auf der rechten Seite, 3. Abdrücke mit einem Dreieck auf der linken Seite, 4. Abdrücke mit Dreiecken auf beiden Seiten. Für die Daumen bezeichnete Vucetich die vier Abdruckstypen mit den Buchstaben A, B, C, D, für die Finger mit Zahlen. Wenn er also die Abdrücke einer Hand abnahm, bei welcher der Daumen einen Bogen, der Zeigefinger ein Dreieck links, der Mittelfinger ein Dreieck rechts, der Ringfinger zwei Dreiecke und der kleine Finger wiederum einen Bogen zeigte, dann ließen sich die Eigenarten der Fingerbilder dieser Hand in einer Formel ausdrükken: A, 3, 2, 4, 1. Die Formel für alle zehn Finger war doppelt so lang und lautete (für ein beliebig gewähltes Beispiel) A, 3, 2, 4, 1/C, 2, 2, 3, 3, 3. Da an jedem Finger vier verschiedene Grundtypen möglich waren, errechnete sich Vucetich folgende Gesamtzahl der Variationen: 4^{10} oder $4 \cdot 4 \cdot 4 \cdot 4 \cdot 4 \cdot 4 \cdot 4 \cdot 4 \cdot 4 \cdot 4$, also 1 048 576 Möglichkeiten mit entsprechend verschiedenen Formeln. Vucetich legte in einem Registrierschrank Fächer an, die je nach Buchstaben und Zahlenwert der Formeln und Kennzeichen geordnet waren. Wenn er bei einem Verhafteten feststellen wollte, ob er seine Fingerabdrücke bereits früher abgenommen hatte, brauchte er nur die Formel für die zehn Finger festzustellen und in dem entsprechenden Fach nachzusuchen. Vucetichs Begeisterung war so groß, daß er Registrierschrank und Karteikarten aus eigenen Mitteln er-

warb; er mußte den größten Teil seines Besitzes veräußern, um genügend Geld zusammenzubekommen. Die weitere Entwicklung des Meßsystems und die Gründung von Meßbüros in den Provinzstädten Dolores, Mercedes und Sierra Chica wurde für ihn zu einer lästigen Auftragsarbeit, die seinem Herzen immer ferner rückte.
Seine Abdrucksammlung war zunächst so klein, daß er mit sechzig Karteifächern auskam. Als sie wuchs, begegnete er den gleichen Schwierigkeiten, auf die Galton gestoßen war. Und auch er suchte nach charakteristischen Details, um Abdrücke des gleichen Grundtyps weiter aufzugliedern. Dabei kam er unter anderem auf den Gedanken, die Papillarlinien zu zählen, und gewann auf diese Weise tatsächlich Unterscheidungsmöglichkeiten, die für seine Sammlung ausreichten.
Nuñez und die anderen Polizeioffiziere beobachteten Vucetichs Arbeit mit Mißtrauen oder Ablehnung. Aber es war, als ob das Schicksal ihm helfen wollte, die abweisende Gleichgültigkeit seiner Umgebung zu überwinden. Am 8. Juli 1892 traf in La Plata eine Meldung aus Necochea, einem unbedeutenden Küstenstädtchen an der Atlantikküste, ein: Am 29. Juni war in einer der weitverstreuten Armenhütten am Rande des Ortes ein Doppelmord verübt worden. Die Opfer: zwei uneheliche Kinder einer gewissen Francisca Rojas, Gelegenheitsarbeiterin, sechsundzwanzig Jahre alt. Tatbestand, soweit er sich aus dem Bericht des Polizeikommissars von Necochea und weiteren Ermittlungen ergab: Am späten Abend des 29. Juni war Francisca Rojas mit verzerrtem Gesicht und zerzaustem Haar in die etwa fünfzig Meter entfernte Hütte ihres nächsten Nachbarn gestürzt. Sie brachte nur abgerissene Worte hervor: »Meine Kinder ... Hat meine Kinder umgebracht ... Velasques ...« Velasques, ein älterer Arbeiter auf einer nahegelegenen Ranch, war als eine Art Patenonkel der Rojas-Kinder bekannt. Es hieß, er dränge Francisca sehr, ihn zu heiraten. Im übrigen galt er als gutmütiger, ein wenig beschränkter Mensch. Der Nachbar schickte seinen Sohn zu Pferde nach Necochea, um den dortigen Polizeikommissar zu benachrichtigen. Er selbst lief mit seiner Frau zu der Rojas-Hütte hinüber und fand die Kinder, einen sechsjährigen Jungen und ein vierjähriges Mädchen, mit zertrümmerten Köpfen blutüberströmt in ihrem Bett.
Der Kommissar, der kurz darauf eintraf, hielt sich nicht lange mit Tatortuntersuchungen auf. Er forschte weder nach Spuren noch nach einer Mordwaffe, sondern brachte zunächst Francisca Rojas, die sich weinend auf den Boden geworfen hatte, zum Sprechen. Sie sagte aus, Velasques habe sie Tag und Nacht mit seiner Leidenschaft verfolgt. Aber sie liebe einen anderen, der sie heiraten wolle. Am

Mittag sei Velasques in die Hütte gekommen und aufdringlicher gewesen als je zuvor. Doch habe sie ihm gesagt, sie werde ihn niemals heiraten. Daraufhin sei Velasques wütend geworden, habe gedroht, er werde das Liebste töten, das sie besitze, und sei davongelaufen. Von der Arbeit nach Hause gekommen, habe sie die Haustür weit geöffnet vorgefunden. Velasques sei ihr entgegengestürzt. In der Schlafkammer aber habe sie die beiden toten Kinder gefunden. Der Kommissar ließ Velasques noch in der Nacht verhaften. Velasques setzte sich nicht zur Wehr. Aber er bestritt, die Kinder auch nur angerührt zu haben. Ja, er liebe Francisca. Ja, er wünsche sie zur Frau. Ja, er habe ihr gedroht, aber niemals hätte er solche Drohungen wahrgemacht. Der Kommissar ließ Velasques prügeln. Als er auch dann noch nicht gestand, wurde er gefesselt und über Nacht in der beleuchteten Schlafkammer neben die toten Kinder gelegt, und zwar so, daß er die Toten ständig vor Augen hatte.
Doch auch am folgenden Morgen leugnete Velasques. Er leugnete auch nach weiteren acht Tagen scharfer Vernehmungen. Mittlerweile stellte sich heraus, daß Francisca Rojas' junger Geliebter mehrfach geäußert hatte, er würde die ›wilde Francisca‹ heiraten, wenn die lästigen Kinder nicht wären. Der Verdacht des Kommissars fiel deshalb jetzt auf die Mutter. Bei Nacht begab er sich vor ihre Hütte, klopfte an Fenster und Türen und rief mit hohler Stimme, Rachegeister seien da, um die Kindermörderin zu strafen. Mehrere Stunden lang betrieb er sein Gespensterspiel, in der Hoffnung, die Frau werde, von Entsetzen gepackt, aus der Hütte fliehen und gestehen. Doch nichts dergleichen geschah. Im Morgengrauen öffnete Francisca Rojas ihm, unberührt durch den nächtlichen Spuk, die Tür. Er prügelte sie. Doch sie beharrte bei ihren Anschuldigungen gegen Velasques.
Am 8. Juli reiste der Polizeiinspektor Alvarez aus La Plata nach Necochea, um der Sache auf den Grund zu gehen. Das Schicksal wollte, daß Alvarez zu den wenigen gehörte, die sich für Vucetichs Fingerabdruckexperimente interessierten. Er hatte sich mehrfach das Abnehmen von Abdrücken zeigen lassen. Als er in Necochea eintraf, fand er die Situation so verworren vor, wie sie nur sein konnte. Immerhin stellte er fest, daß Velasques zum Zeitpunkt des Mordes gar nicht in der Rojas-Hütte gewesen sein konnte. Es gab ein Alibi, auf das Velasques in seiner Beschränktheit nur nicht verfallen war. Lediglich die Mutter selbst war in der Nähe der Kinder gewesen. Aber konnte man die Mutter des Mordes an ihren eigenen Kindern beschuldigen – ohne auch nur einen geringsten Beweis?
Alvarez begab sich in die Mordhütte, um wenigstens den, wenn

auch reichlich verspäteten Versuch einer Fahndung nach Tatspuren zu unternehmen. Mehrere Stunden lang suchte er und wollte schon aufgeben, als ein Sonnenstrahl, der durch ein Fenster auf die halbgeöffnete Tür der Schlafkammer fiel, einen graubräunlichen Fleck auf dem Holz der Tür sichtbar werden ließ. Wenige Sekunden später fühlte Alvarez sich an alles erinnert, was er bei Vucetich gesehen und gelernt hatte. Der Fleck war offenbar der Abdruck eines blutbefleckten menschlichen Daumens! Alvarez beschaffte sich eine Säge und schnitt kurzerhand das Holzstück mit dem Abdruck aus der Tür heraus. Dann eilte er in das Polizeikommissariat von Necochea. Der Ortskommissar sah völlig ratlos zu, wie Alvarez nach einem Stempelkissen verlangte, Francisca Rojas vorführen ließ, ihre Daumen abwechselnd auf das Kissen und auf ein Blatt Papier preßte und sich dann mit einem Vergrößerungsglas daranmachte, die Daumenabdrücke mit den Abdrücken auf dem Stückchen Türholz zu vergleichen. Alvarez besaß noch nicht allzu viel Erfahrung, aber immerhin genug, um zu erkennen, daß der blutige Abdruck vom rechten Daumen der Verhafteten stammte.
Aber er fühlte sich so sicher, daß er Francisca Rojas das Stück der Schlafkammertür mit ihrem Daumenabdruck vorhielt und sie zwang, durch die Lupe ihren eigenen Daumenabdruck zu betrachten. Da verlor sie, die sich weder durch Schläge noch durch nächtlichen Spuk hatte beeindrucken lassen, plötzlich die Fassung. Ein Augenblick der Schwäche genügte, um sie gestehen zu lassen. Ja, sie hatte ihre Kinder getötet, weil sie der Heirat mit ihrem jungen Geliebten im Wege standen. Ja, sie hatte beide Kinder mit einem Stein erschlagen. Ja, sie hatte den Stein in den Brunnen geworfen und ihre blutigen Hände sorgfältig gesäubert. Nur eines hatte sie vergessen: daß sie vorher die Tür der Schlafkammer berührt hatte.
Der Fall Rojas war ein kleines Dutzenddrama unter Tausenden anderer, die sich zur gleichen Zeit auf der ganzen Welt ereigneten. Und doch war er weit mehr: der erste Mordfall, der durch einen Fingerabdruck am Tatort aufgeklärt wurde. Als Alvarez mit seinem sonderbaren Holzstück und den Daumenabdrücken nach La Plata zurückkehrte, erregte sein Bericht Aufsehen – in der Polizeidirektion sowohl als bei der Presse. »Ich wage es fast nicht zu glauben«, schrieb Vucetich damals an einen Freund in Dolores, »aber es ist Wahrheit. Zweifellos werden meine Gegner von einem Zufall sprechen. Aber ich habe einen Trumpf in der Hand, um ihnen zu begegnen. Ich hoffe, daß es bald mehrere Trümpfe sein werden ...«
Er behielt recht. Bald danach konnte er einen unbekannten Selbst-

mörder identifizieren. Nachdem er seine Fingerabdrücke abgenommen hatte, stellte er innerhalb von fünf Minuten in seiner Kartei fest, daß es sich um einen Vorbestraften handelte, dessen Fingerabdrücke er wenige Monate vorher im Gefängnis von Sierra Chica sichergestellt hatte. Kurz darauf gelang die Überführung des Mörders Audifrasio Gonzales, der den Kaufmann Don Rivas in La Plata hinter seinem Ladentisch ermordet hatte. Gonzales' Fingerabdrücke waren auf dem Tisch zurückgeblieben.

Um die gleiche Zeit identifizierte Vucetich an einem einzigen Tag dreiundzwanzig rückfällige Verbrecher durch den Fingerabdruck – durchweg hatte die Bertillonage bei ihnen versagt.

Jetzt unternahm Vucetich den Versuch, seine Vorgesetzten von den Vorteilen des Fingerabdrucksystems zu überzeugen. Doch die in jenen Tagen weit verbreitete Vorstellung, daß alles, was aus Paris kam, vollendet sein müsse, war auch in La Plata so tief verwurzelt, daß sie nicht zu erschüttern war. Vucetich verfaßte Denkschriften. Auf eigene Kosten ließ er ein Buch ›Allgemeine Anleitung zum anthropometrischen und Fingerabdruckverfahren‹ drucken, in dem er die eindeutige Überlegenheit des Fingerabdrucks nachwies. Vergebens. Im Juni 1893 wurde ihm die Fortsetzung seiner Arbeit durch die Polizeidirektion verboten: Er habe sich ausschließlich der Meßtechnik zu bedienen. Die Enttäuschung über so viel Unverständnis traf Vucetich, den bis dahin Urgesunden, so tief, daß er an Magengeschwüren erkrankte, die ihn fortan bis ans Ende seines Lebens peinigten.

Insgeheim arbeitete er jedoch weiter und schrieb unter äußerst deprimierenden Umständen an seinem nächsten Buch ›Sistema de Filiación‹ (System der Personenerkennung). Man beschuldigte ihn, er vernachlässige die Anthropometrie. Man drohte ihm mit Entlassung. Vucetich mußte seine kleine Privatbibliothek verkaufen, um mit dem Erlös die zweite Schrift drucken zu lassen. Unerschütterlich glaubte er an seine Sache – so fest war sein Glaube, daß er sich auch auf seine Frau und seine Kinder übertrug. »Die Leute«, erklärte er seinen Kindern, wenn es ihnen an den nötigsten Kleidungsstücken fehlte, »werden das Geld noch in Säcken in unser Haus tragen, wenn mein System anfängt, allen Ländern Vorteile zu bringen.«

Vier Monate später erhielt die Polizeidirektion einen neuen Chef, Narciso Lozano. Er erlaubte Vucetich, weiterzuarbeiten, und 1894 war die Überlegenheit der Daktyloskopie über die Bertillonage so eindeutig, daß man sie anerkennen mußte.

Das erste Anzeichen für diese Anerkennung war ein Beschluß der

Deputiertenkammer der Provinz Buenos Aires vom 22. Juni 1894; es wurde ein Sonderfonds in Höhe von 5000 Goldpesos bewilligt, mit dem Vucetich für seine persönlichen Ausgaben bei der Entwicklung der Daktyloskopie entschädigt werden sollte. Allerdings setzten sich kurz darauf noch einmal die Anhänger Bertillons durch: Durch einen Beschluß des Senats verhinderten sie, daß die Summe ausgezahlt wurde. Anderthalb Jahre später jedoch, im Juni 1896, schaffte die Provinzpolizei das gesamte anthropometrische Verfahren ab und führte statt dessen die Daktyloskopie ein.
Damit war eine grundlegende Entscheidung gefällt und Argentinien das erste Land der Erde, in dem der Fingerabdruck zur einzigen Grundlage des polizeilichen Erkennungsdienstes geworden war. Vucetich, nunmehr achtunddreißig Jahre alt, ganz auf sich gestellt, hatte die erste Stufe des Erfolges erklommen. Der errungene Erfolg ließ ihn alle Qual und Mühsal vergessen. Im Jahre 1901, nach fünfjähriger, unbestreitbar erfolgreicher Weiterarbeit an der Daktyloskopie in Argentinien, durfte er als Delegierter der Provinzialpolizei von Buenos Aires auf dem Zweiten Wissenschaftlichen Kongreß Südamerikas in Montevideo sprechen. Ohne Widerspruch zu finden, konnte er ausrufen: »Ich kann Sie versichern, daß wir in all den Jahren, in denen wir das anthropometrische System anwandten, trotz aller Anstrengung nicht in der Lage waren, die Identität eines Menschen durch Messung nachzuweisen. Immer fanden sich irgendwelche Meßdifferenzen bei den gleichen Personen. Das war der Grund, der uns den Fingerabdruck einführen ließ.«
Möglicherweise übertrieb er im Gefühl des Erfolges. Vielleicht hatte er auch recht. Vielleicht hatte Macé in Argentinien eine späte Rechtfertigung für sein Argument erfahren, daß Bertillons Meßverfahren zu viel Unsicherheiten in sich berge, sobald die Messung nicht unter Bertillons persönlicher eiserner Disziplin vorgenommen werde. Vielleicht hatten sich die Vorbehalte der Engländer bestätigt. Jedenfalls legte Vucetichs Auftreten auf diesem Kongreß sowie auf dem folgenden Südamerikanischen Polizeikongreß von 1905 die Grundlagen dafür, daß die südamerikanischen Staaten nacheinander sein System in ihren Polizeiapparat einführten: 1903 Brasilien und Chile, 1906 Bolivien, 1908 Peru, Paraguay und Uruguay.
Stunden über Stunden des Triumphes. Doch Vucetich war sich gar nicht bewußt, wie sehr es Stunden des Triumphes waren. Er hatte nicht genug Informationen aus Europa, um zu übersehen, in welchem Maße er der Alten Welt vorausgeeilt war. Er besaß zu wenig Bewegungsfreiheit, um seine Ideen nach Europa hinüberzutragen. Noch führten die Wege, auf denen wissenschaftliche Entdeckungen

sich von Kontinent zu Kontinent ausbreiteten, in umgekehrter Richtung, von der Alten zur Neuen Welt. Seiner Entdeckung den Weg nach Europa zu bahnen – dazu gehörte mehr Macht, als Vucetich jemals zur Verfügung stand. Nicht einmal bis zu den Vereinigten Staaten drang die Kunde von seiner Leistung.

Dafür ließ ihn sein rastloser Geist in Argentinien selbst neuen Zielen entgegeneilen, kaum daß er sein erstes erreicht hatte. Vor seinen Augen sah er bereits andere Möglichkeiten, um deren Verwirklichung andere Männer in anderen Ländern erst Jahrzehnte später kämpfen sollten. Er dachte an die Registrierung der gesamten Bevölkerung mit Hilfe des Fingerabdrucks. Sie mußte nicht nur die Aufdeckung von Verbrechen erleichtern, die jetzt nur möglich war, wenn der Täter, der am Tatort ein Fingerbild hinterließ, schon einmal registriert worden war. Sie mußte vielmehr von allgemeiner Bedeutung sein, nicht zuletzt bei der Identifizierung von Opfern einer Katastrophe, von unbekannten Verstorbenen und Verunglückten. Und noch weiter griff Vucetichs Phantasie aus: Er dachte bereits – lange bevor man in Europa mit der Verwirklichung des Traumes von einer internationalen polizeilichen Zusammenarbeit begann – an interkontinentale Identifizierungsbüros in Südamerika, Nordamerika, Europa. Diese Büros sollten jeder Polizeibehörde der Welt zur Verfügung stehen, sobald sie über die Grenzen des eigenen Landes hinaus nach Verbrechern, aber auch nach Vermißten fahndete.

In den Stunden des Erfolges ahnte Vucetich noch nicht, daß der Kampf um seine neuen Ziele seinen Triumph in Bitterkeit, seinen Erfolg in Enttäuschung, den Dank des Vaterlandes endgültig in Undank verwandeln würde. Sein Weg hatte erst begonnen. Wir werden noch von ihm hören, auch wenn die Entscheidung für den Sieg des Fingerabdrucks nicht von ihm errungen wurde und der Funke der Idee nicht aus Südamerika nach Europa übersprang.

Dieser Funke kam doch aus dem Fernen Osten – aus Indien.

12

Gegen Ende des Jahres 1896 beobachtete ein junger britischer Offizier in einem Abteil des planmäßigen Schnellzuges nach Kalkutta einen Mitreisenden, der ihm durch sein sonderbares Verhalten auffiel.

Dieser Mitreisende war ein großer, schlanker und außerordentlich gepflegt aussehender Mann von etwa fünfundvierzig Jahren, mit schmalem, gut geschnittenem Kopf, vollem, gescheiteltem Haar und dunklem Schnurrbart – ganz sicher ein höherer Beamter oder Offizier. Er hatte fast eine Stunde lang, ohne sich zu regen, zum Fenster hinausgeblickt, als er plötzlich in seine Brusttasche griff, einen goldenen Schreibstift hervorholte und sodann die anderen Taschen seines Anzuges durchsuchte, anscheinend vergeblich. Denn jetzt zog er die weißgestärkte Manschette aus dem linken Ärmel seines Rokkes hervor und begann auf ihr zu schreiben. Am überraschendsten war, daß er nicht nur schrieb, sondern auch sonderbare bogenförmige Zeichnungen anfertigte. Er unterbrach seine Arbeit einige Male und blickte nachdenklich vor sich hin, bis er den ersten Zeichnungen neue hinzufügte. Seine Manschette war mit Notizen und Skizzen bedeckt, als er in Kalkutta – von mehreren Dienern empfangen – den Zug verließ und in einer eleganten Kutsche davonfuhr.

Der junge Offizier konnte noch nicht wissen, daß er Zeuge eines außerordentlich bedeutsamen Vorganges gewesen war. Er wußte nicht einmal, wer sein Gegenüber war: der Generalinspekteur der britisch-indischen Provinz Bengalen, Edward Henry. Auf seiner Manschette aber hatte Henry an jenem Tage die Grundzüge für sein umfassendes Klassifizierungssystem des Fingerabdrucks aufgezeichnet.

Henry, Sohn eines Arztes, stammte aus Shadwell im Osten Londons. Mit dreiundzwanzig Jahren war er 1873 nach Indien gekommen und in die indische Zivilverwaltung eingetreten. Seit 1891 bekleidete er den Posten des Generalinspekteurs der Polizei von Bengalen. Obwohl noch verhältnismäßig jung, war er eine außergewöhnliche Erscheinung, klug, gebildet, liebenswürdig, mit reger Phantasie begabt, und doch gleichzeitig ein organisatorisch ordnender, mathematisch denkender Geist. Als er sein hohes Amt in Kalkutta antrat, hatte er sofort die Bertillonage bei der Polizei eingeführt. Mit Rücksicht auf das sehr niedrige Bildungsniveau der damaligen indischen Polizeiangestellten und ihre Unerfahrenheit auf dem Gebiet der europäischen Maßsysteme mußte auch er allerdings die Zahl der Bertillonschen Messungen auf sechs beschränken. Entsprechend dem Gutachten des Troup-Committee in London wurden schließlich auf den Meßkarten auch einige Fingerabdrücke als besondere Kennzeichen festgehalten.

Die Erfolge der Bertillonage ließen sich – wenn man sie mit den Ergebnissen der vorangegangenen Zeiten verglich – nicht leugnen. Im Jahre 1893 gab es in Bengalen unter den Neuverhafteten 23 Identifizierungen von Vorbestraften. 1894 waren es 143 und 1895 bereits 207. Im gleichen Jahre war die Sammlung von Meßkarten in Kalkutta schon auf mehr als 100 000 angewachsen. Dabei aber hatten sich erschreckende Fehlerquellen des Meßverfahrens gezeigt. Es bereitete ungeheure Schwierigkeiten, die indischen Polizisten und das Gefängnispersonal so zu unterweisen, daß die Messungen wenigstens einigermaßen zuverlässig waren. Die Ausfertigung jeder Meßkarte dauerte nahezu eine Stunde. Zur Kontrolle wurde jedes Maß dreimal genommen. Zwei Millimeter mußten als zulässige Meßfehler einkalkuliert werden. Da aber der Unterschied in den Maßen zwischen einzelnen Personen oft genug kaum zwei Millimeter betrug, war es notwendig, in den verschiedensten Registraturfächern zu suchen, um eine Meßkarte mit Grenzwerten nicht zu übersehen. Und zum Suchen einer Karte benötigte man ebenfalls mindestens eine Stunde.

Es gehört abermals zu den schicksalhaften Umständen, die in unserer Geschichte eine so große Rolle spielen, daß Henry in Bengalen arbeitete, also in der gleichen Provinz, in der William Herschel anderthalb Jahrzehnte vorher seine Experimente mit dem Fingerabdruck vorgenommen hatte. Henry lebte in der gleichen Umgebung wie Herschel und empfing die gleichen Eindrücke. Jedenfalls wurde Henry unabhängig von Herschel schon 1892 (also noch vor der Entscheidung des Troup-Committee) auf den Fingerabdruck aufmerksam. 1893 gelangte Galtons ein Jahr zuvor erschienenes Buch ›Fingerprints‹ in seine Hände. 1894 erfuhr er im Zusammenhang mit dem Bericht des Troup-Committee, daß es Galton nicht gelungen sei, das Problem einer in der Praxis verwendbaren Registrierung zu lösen. Zum ersten Male stellte er sich die Frage: Sollte dieses Problem wirklich nicht zu lösen sein?

Wenige Monate später begab Henry sich auf Heimaturlaub. Kaum in London angekommen, besuchte er Galton in dessen Laboratorium in South Kensington. Der nun mehr als siebzig Jahre alte Galton empfing ihn ohne Vorbehalte, ohne Hintergedanken an bedrohte Prioritäten oder an Prestigeverluste, und unterrichtete ihn über all seine Bemühungen. Henrys Phantasie entzündete sich an der geheimnisvollen Welt der Papillarlinienmuster. Grübelnd und mit einem Koffer voller fotografischer Fingerabdruckmuster kehrte er nach Kalkutta zurück. Dort ließ er weitere Musterblätter anlegen und fotografieren. Auch er verglich und ordnete – bis zum Dezember 1896, bis zu jener Eisenbahnfahrt, während der ihm der Einfall kam, die Lösung des Problems, Fingerabdrücke so zu registrieren, daß man sie jederzeit und ohne Mühe wieder auffinden konnte.

Genaugenommen erwuchs diese Idee aus einer Kombination der wissenschaftlichen Grundlagenforschung Galtons mit dem praktischen Organisationstalent Henrys.

Niemals verschwieg Henry, welchen Dank er Galton schuldete. Niemals später, als er die Zusammenhänge besser kannte, auch die Verdienste von Herschel und Faulds. Doch wie dem auch sei – in jenen letzten Wochen des Jahres 1886 fand er den Weg, wie sich Millionen von Fingerabdruckblättern so vollkommen katalogisieren ließen, daß jedes einzelne Blatt in kürzester Zeit zu finden war. Er legte die Zahl der Grundmuster mit fünf fest und präzisierte jedes dieser Muster aufs genaueste. Es gab einfache Bögen, tannenartige Bögen, Radialschlingen, Ulnarschlingen und Wirbel. (Die Radialschlinge lief nach der Handseite, an der die Speiche [Radius] des Unterarms liegt, also zum Daumen hin, die Ulnarschlinge zur Elle [Ulna] und damit zum kleinen Finger.) Die Muster ließen sich in Formeln, wie wir sie schon von Vucetich kennen, mit den Buchstaben A, T, R, U und W erfassen. Und dann folgte – und das war das Entscheidende für eine Massenregistrierung – eine weitgehende Teilung in Untermuster. Die Grundlage hierzu bildete die Präzisierung jenes Gebildes, das Galton als Dreieck oder Delta bezeichnet hatte. Dieses Dreieck konnte z. B. durch die Gabelung einer einzelnen Papillarlinie oder durch das Auseinanderlaufen zweier Linien entstehen. Henry legte dafür bestimmte Anhaltspunkte fest, die er ›äußere Termini‹ nannte. Innerhalb der sogenannten Schlingenmuster gab es ebenfalls bestimmte Punkte, welche den Namen ›innere Termini‹ erhielten. Verband man die jeweiligen äußeren und inneren Termini durch gerade Striche und zählte die Papillarlinien, die durch diese Striche gekreuzt wurden, so ergaben sich verschiedene Linienzahlen und damit verschiedene Gruppierungen, die sich in Ziffern ausdrücken ließen. Diese Ziffern bildeten zusammen mit den Buchstaben für die Grundmuster Formeln, nach denen die einzelnen Abdruckblätter eingeordnet werden konnten.

Was dem Unerfahrenen als kompliziertes System erscheinen mag, war in Wirklichkeit eine in kürzester Zeit zu erlernende Einteilungsmethode, zu deren Praktizierung man nichts weiter benötigte als ein Vergrößerungsglas und eine Nadel zum Zählen der Linien.

Anfang Januar 1896 bereits erließ Henry eine Verordnung für die Polizei in Bengalen, nach der neben den Bertillonschen Meßkarten Fingerabdruckblätter anzulegen waren, und zwar stets für alle zehn Finger. Henry war entschlossen, sein System an einer großen Zahl von Blättern zu erproben. »Sollte dieses Registrierverfahren sich als zuverlässig erweisen«, schrieb er, »so halte ich es für wahrscheinlich, daß die Anthropometrie nach und nach abgeschafft wird ...«

Ein Jahr später, im Januar 1897, war Henry sich seiner Sache sicher. Er wandte sich an den britischen Generalgouverneur von Indien

und schlug vor, eine unabhängige Kommission zu ernennen, die darüber entscheiden möge, ob es nicht an der Zeit sei, die Registrierung der Fingerabdrücke an die Stelle der Bertillonage zu setzen. Henry jubelte trotz aller sonstigen Zurückhaltung laut, als der Generalgouverneur seinem Vorschlag folgte. Unter dem Vorsitz des Generalmajors C. Shahan, ›Surveyer General of India‹, trat die Kommission am 29. März 1897 in Henrys Dienstsitz in Kalkutta zusammen. Der Bericht, den sie zwei Tage später, am 31. März, erstattete, bedeutete für Henry einen großartigen Erfolg. »Nachdem wir das anthropometrische System und seine Fehler gesehen hatten, wurde das Fingerabdrucksystem sorgfältig geprüft. Das erste, was uns auffiel, war die Leichtigkeit, mit der die Abdrücke genommen werden können, und die Deutlichkeit derselben. Geübte Arbeiter und Instrumente sind nicht vonnöten. Es wurde uns dann die von Mr. Henry erdachte Klassifizierungsmethode erklärt. Dieselbe ist so einfach, daß wir ... die Originale von zwei der schwierigsten Karten ... mit Leichtigkeit und Sicherheit finden konnten ... Ein Fall, der anscheinend besonders schwierig lag, da die Abdrücke sehr undeutlich waren, wurde in zwei Minuten erledigt ...«
Schon am 12. Juli 1897 ordnete der Generalgouverneur die Beendigung der Messungen und die Einführung der Daktyloskopie für ganz Britisch-Indien an. 1898 wurden mit ihrer Hilfe allein in Bengalen 345, im Jahre 1899 bereits 569 Kriminelle identifiziert, von denen nahezu zwei Drittel der Anthropometrie entgangen waren. Unterdessen beschäftigte Henry sich schon damit, auch die Beweiskraft des Tatort-Fingerabdrucks nachzuweisen. Dabei ging es ihm ähnlich wie Vucetich: Zufall oder Schicksalsfügung lieferten ihm sozusagen den Mordfall, den er benötigte.
Zeit: August 1898. Schauplatz: das abgelegene Grenzgebiet zwischen Bengalen und Bhutan. Als der britische Polizeichef des Distrikts Julpuguri mit zwei indischen Begleitern Ende des Monats eine Teeplantage besuchte, fand er die Pflanzung verdächtig öde und still vor. Niemand kam ihm entgegen, als er sich dem Hause des Verwalters näherte. Die Tür war geöffnet. Im Schlafzimmer fand er auf dem Bett liegend den Verwalter – tot, seine Kehle mit einem Messerschnitt durchtrennt. Alle Papiere im Schreibpult waren durchsucht, die Geldkassette geöffnet und beraubt. Es stellte sich heraus, daß die Dienerschaft aus Angst die Flucht ergriffen hatte. Auch die eingeborene Geliebte des Verwalters war davongelaufen. Schließlich wurden diese Frau und der Koch gefunden. Die Frau war zur Zeit der Tat nicht im Hause gewesen. Der Koch hatte im Abenddunkel einen Mann davonlaufen sehen, ohne ihn zu erkennen. Der

Polizeichef von Julpuguri entdeckte schließlich die Brieftasche des Verwalters. Alles Geld fehlte, doch in einem Fach war ein gedruckter bengalischer Kalender zurückgeblieben. Auf seinem hellblauen Einband ließ sich ein schwacher bräunlicher Schmutzfleck erkennen. Der Polizist besaß kein Vergrößerungsglas, vermutete aber, daß es sich um einen Fingerabdruck handelte, und berichtete den Vorfall nach Kalkutta.

Henry erteilte ihm die Anweisung, die Fingerabdrücke des Ermordeten und aller Leute, mit denen der Tote zu tun gehabt hatte, zu sichern und sofort nach Kalkutta zu bringen. Dort war es eine Angelegenheit von wenigen Minuten, festzustellen, daß der Schmutzfleck den Abdruck eines Fingers der rechten Hand, wahrscheinlich des Daumens, darstellte. Er stammte nicht von der Hand des Toten. Er stammte auch nicht von einem Menschen aus der Umgebung des Ermordeten. Nach neuerlichen Vernehmungen in Julpuguri stellte sich heraus, daß der Ermordete Ende 1895 seinen damaligen Diener Charan wegen Diebstahls angezeigt hatte. Charan war verhaftet und in Kalkutta abgeurteilt worden. Bei seiner Verhaftung hatte er dem Verwalter Rache geschworen.

Henry ließ nach den Fingerabdrücken Charans suchen. Vielleicht befanden sie sich schon auf einem Blatt jener Fingerabdruckskartei, die er seit Anfang 1896 neben der Meßkartei hatte anlegen lassen. Wenn nicht, dann bestand immer noch die Möglichkeit, daß man Charans Daumenabdruck auf den älteren Meßkarten fand, die bereits mit einzelnen Fingerabdrücken versehen worden waren. An Hand eines Namensregisters ließ sich Charans Meßkarte finden. Und in der Tat – sein rechter Daumenabdruck war vorhanden. Er entsprach dem Daumenabdruck auf dem Kalender!

Aus Anlaß des diamantenen Regierungsjubiläums der Königin Viktoria hatte man den Diener zusammen mit zahlreichen anderen Häftlingen 1897 amnestiert. Seitdem war er verschwunden. Es dauerte Wochen, bis man ihn verhaften und in Kalkutta vor Gericht stellen konnte. Zum ersten Male sahen sich Richter und Beisitzer mit dem Fingerabdruck als Beweismittel konfrontiert. Charan leugnete standhaft. Von Ungewißheit gepeinigt, entschied sich das Gericht schließlich für einen Kompromiß. Charan wurde wegen Raubes, nicht aber wegen des Mordes verurteilt. Die Todesstrafe auf Grund eines Daumenabdrucks auszusprechen – dazu konnte sich das Gericht nicht durchringen. Alles war noch zu neu, zu ungewiß, zu revolutionär für Männer, die ihre Urteile bisher nur auf Grund persönlicher Zeugenaussagen gefällt hatten.

Als das Urteil gesprochen wurde, war Henry indessen schon mit neuen Projekten beschäftigt. Er schrieb ein Buch ›Classification and Uses of Fingerprints‹, das auf Kosten der britischen Verwaltung in Druck gegeben wurde. Gleichzeitig entwickelte er auf Grund der Erfahrung mit dem Fall Charan den Plan für eine neue, eigene Art von Fingerabdruckregistratur. Er wollte einzelne Fingerabdrücke sammeln und ordnen, um auf diese Weise die Identifizierung von Einzelabdrücken nach der Art dessen, der in Julpuguri gefunden wurde, zu erleichtern.

Zu diesem Zeitpunkt wußte außerhalb Indiens noch niemand von der revolutionären Entwicklung, die sich in Bengalen vollzog.

Der Weg von Indien nach London war weit, und die Bürokratie arbeitete langsam, aber immerhin, sie arbeitete, und so gelangte denn auch der Bericht der Kommission unter General Shahan von Kalkutta nach London. Er traf zu einem Zeitpunkt im Staatssekretariat des Innern ein, als Scotland Yard durch die Auswirkungen des Burenkrieges in eine neuerliche Krise geriet. Arbeitslosendemonstrationen beunruhigten London. Die Woge der Verbrechen stieg an. Der amtierende Polizeipräsident, Sir Edward Bradford, war nach dreizehn Dienstjahren verbraucht. Sir Robert Anderson, der Chef der Kriminaluntersuchungsabteilung, stand vor der Pensionierung. Was den Identifizierungsdienst anbelangte, so hatte Melville Macnaghten nichts Überzeugendes zu berichten. Es war nicht so, daß die Bertillonage vollständig versagt hätte, sie hatte durchaus Fortschritte gebracht. Aber die Unentschlossenheit des Troup-Committee wirkte sich noch immer belastend auf die Arbeit des Meßbüros aus. Zudem brachte Galton ein neues Buch ›Fingerprint Directory‹ heraus, das erkennen ließ, wie sehr die Lösung des Registrierungsproblems immer näher rückte. So fielen die Berichte aus Indien auf einen günstigen Boden.

Am 5. Juli 1900 trat in London ein neues Komitee unter dem Vorsitz von Lord Belper zusammen. Henry wurde nach London beordert, um Bericht zu erstatten. Auch Galton war als Sachverständiger geladen, außerdem alle Beamten von Scotland Yard, die fünf Jahre lang mit der Bertillonage (und dem Fingerabdruck-›Anhängsel‹) gearbeitet hatten. Zu ihnen gehörten Macnaghten, Stedman, Collins, aber auch Dr. Garson, der 1895 mit so viel Nachdruck für die Anthropometrie eingetreten war.

Henrys Erscheinen wurde zu einem glänzenden Erfolg. Francis Galton bewies die innere Größe seines Wesens, als er keinen Augenblick lang darüber rechtete, was und wieviel Henry ihm an Anregungen zu verdanken hatte, sondern Henrys System als *die* praktische Lösung anerkannte. Neben ihm wirkte Dr. Garson wie ein kleiner Streber, der plötzlich begriffen hatte, daß er auf das neue Pferd setzen müsse, auf den Fingerabdruck. Völlig überraschend pries er ein Klassifizierungssystem an, das er selbst entwickelt haben wollte. Aber sein System war so unzulänglich, daß das Komitee ohne viele Worte darüber hinwegging. Nach sorgfältiger Beratung empfahl Lord Belper im November 1900, die Bertillonage auch in England aufzugeben und die gesamte Identifizierung der Verbrecher auf Henrys Fingerabdrucksystem aufzubauen.

Aber damit nicht genug – der Staatssekretär des Innern ernannte Henry selbst zum Stellvertretenden Polizeipräsidenten von London und Chef der Kriminaluntersuchungsabteilung. Im März 1901 trat Henry sein neues Amt an. Sein erster Gang in Scotland Yard führte ihn in den höchst bescheidenen Raum, in dem Inspektor Stedman, Sergeant Collins und dessen Assistent Hunt arbeiteten. Stedman war schon von Krankheit gezeichnet. Collins und Hunt trugen die Hauptlast der Arbeit. Aber gemessen an den Erfahrungen, die Henry von Kalkutta mitbrachte, erschienen die ihren beklagenswert gering. Die Abdrücke, die sie gesammelt hatten, technisch schlechte, unsaubere, mangelhaft geordnete Abdrücke, fand Henry in den engen Schubfächern eines Haushaltsschrankes. Aber Henry war der Mann, der es verstand, seine Leidenschaft für die Daktyloskopie auf Collins und Hunt zu übertragen. Er stellte ihnen zuverlässige Unterlagen aus Indien zur Verfügung. Er selbst zeigte ihnen, wie die Muster sich unterscheiden ließen. Seine Fähigkeiten als Lehrer waren so groß, daß Collins sich in kürzester Zeit zum bedeutendsten englischen Fingerabdruckfachmann jener Tage entwickelte. Innerhalb eines einzigen Jahres, bis zum Mai 1902, identifizierte die neue Fingerabdruckabteilung 1722 Vorbestrafte. Das war das Vierfache der Höchstzahl, die vorher mit dem Meßverfahren erzielt worden war. Aber Henry wußte genau, daß er mehr brauchte, um der Daktyloskopie in England den Weg zu bahnen. Er brauchte Erfolge, die vor Gericht bestätigt wurden und damit ins Bewußtsein der Öffentlichkeit drangen.

Die ersten kleineren Gelegenheiten dazu boten sich noch im Jahre 1902 während des Derbys in Epsom. Melville Macnaghten erinnerte sich später: »Als der erste Tag des Derbys herankam, fürchteten wir, nicht schnell genug zu sein. Um sechs oder sieben Uhr abends transportierte die Polizei alle Kriminellen (Wettbetrüger, Taschendiebe), deren sie während des Derbys hatte habhaft werden können, ins Gefängnis. Schon am nächsten Morgen um 9 Uhr 30 wurden sie (vom Einzelrichter) abgeurteilt. Wir sandten deshalb einige ausgebildete Leute nach Epsom hinaus. Sie nahmen die Abdrücke von

45 Verhafteten und brachten sie nach Scotland Yard. Zwei Männer der Fingerabdruckabteilung überprüften die Abdrücke noch in der Nacht, mit dem Ergebnis, daß 29 der Verhafteten als ›vorbestraft‹ entlarvt wurden. Die Karteikarten der Sünder wurden am frühen Morgen durch den Chefinspektor (Collins war mittlerweile Chefinspektor geworden) nach Epsom gebracht. Als die Übeltäter vor dem Richter erschienen, sahen sie sich ihrer früheren Verurteilungen überführt und erhielten doppelt so hohe Strafen. Der erste von ihnen behauptete, sein Name sei Green aus Gloucester. Er versicherte, niemals vor Gericht gestanden zu haben. Die Rennbahn sei bisher eine unbekannte Welt für ihn gewesen. Als der Chefinspektor ihm mitteilte, sein richtiger Name sei Benjamin Brown, er stamme aus Birmingham und habe ein hübsches Register an Vorstrafen, fluchte er: ›Vermaledeite Fingerabdrücke. Ich habe ja gewußt, daß sie mich hineinlegen werden ...‹«
Noch im gleichen Jahr ergab sich eine zweite, schon bedeutungsvollere Gelegenheit für Henry. Diesmal ging es um den Fingerabdruck am Tatort. Im August 1902 fand Collins nach einem Einbruch in Denmark Hill auf einem frischgestrichenen Brett die deutlich erkennbaren Fingerabdrücke eines Mannes, der, wie die Kartei sofort zeigte, erst kurz zuvor eine Gefängnisstrafe für einen anderen Einbruch verbüßt hatte. Sein Name war Jackson. Er wurde verhaftet und ins Brickstone-Gefängnis überführt. Dort nahm Collins zur Sicherheit noch einmal seine Fingerabdrücke ab. Kein Zweifel: Jackson war zur Zeit des Einbruchs in dem Hause in Denmark Hill gewesen.
Einbruch – das war ein Fall, der nicht vor einem Einzelrichter, sondern vor dem berühmten ›Old Bailey‹, dem Londoner Kriminalgericht, und vor Geschworenen verhandelt werden mußte. Henry war entschlossen, diese seine Chance zu nutzen und alles zu tun, um einen Erfolg zu erringen. Er wußte, daß nur ein aufgeschlossener, angesehener und ungewöhnlich fähiger Ankläger in der Lage sein konnte, die Barriere des Mißtrauens und der Vorbehalte zu überwinden, die sowohl bei den konservativen englischen Richtern wie bei den Geschworenen zu erwarten waren.
Der beste Mann war für Henry: Richard Muir. Der fünfundvierzigjährige Muir hatte bereits die angesehenste Position unter den jüngeren Londoner Anwälten errungen, die als Ankläger für die britische Krone auftraten. Bald sollten Mordfälle, wie der weltberühmte Crippen-Fall, den Namen Muirs über die Grenzen Englands hinaustragen.
Vom Bankangestellten und Verkäufer in einer Zuckerhandlung

hatte Muir sich zum Juristen emporgearbeitet. Er war ein harter Kämpfer, der weder fröhliche Gesellschaft noch Erholung kannte. Vom frühen Morgen bis in die Nacht saß er – die Beine auf einen Tisch gelagert – in seinem Büro und sammelte Fakten, die er mit verschiedenen Farbstiften auf zahlreichen kleinen Karten notierte. Eine Farbe für die normale Vernehmung, eine Farbe für das Kreuzverhör! Sein Auftreten vor Gericht nannte man das ›Kartenspiel‹. Er schlief nie mehr als fünf Stunden und war bei seinen Angestellten ebenso gefürchtet wie bei den Beamten von Scotland Yard, die Beweismaterial für ihn zusammentrugen. Niemals sprach er eine Anerkennung aus. Wehe demjenigen, der wagte, das Wort ›unmöglich‹ auszusprechen. »Unmöglich?« war seine Antwort, »ich kenne dieses Wort nicht!« Er hegte auf Grund seiner Erfahrungen ein abgrundtiefes Mißtrauen gegenüber der Identifizierung durch Augenzeugen und witterte stets die Gefahr eines Justizirrtums, wenn als einzige Belastung eines Angeklagten seine Identifizierung durch solche Zeugen vorgebracht wurde. Deshalb war er ›Henrys Mann‹.

Nach einer Rücksprache mit Henry begab Muir sich selbst nach Scotland Yard. Vier Tage lang examinierte er Collins auf die unerbittliche Weise, die ihm eigen war. Vier Tage lang überprüfte er die Methodik der Daktyloskopie, die Registratur und die bisherigen Ergebnisse. Dann war er überzeugt – und zwar so fest überzeugt, daß er auch einen noch unbedeutenderen Fall als den Fall Jackson übernommen hätte, wenn er damit Henry und dem Fingerabdrucksystem zur öffentlichen Anerkennung verhelfen konnte.

Am 2. September 1902 stand Jackson vor dem Central Criminal Court in Old Bailey. Die Geschichte hat keinen genaueren Bericht über das Verfahren überliefert. Sie hat nur das Ergebnis überliefert: Muir brachte das Wunder fertig, die konservativ-mißtrauischen Geschworenen von der absoluten Zuverlässigkeit des Fingerabdrucks zu überzeugen. Sie sprachen Jackson schuldig. Der Richter verurteilte ihn zu sechs Jahren Zuchthaus.

So erlebte Henry den ersten öffentlichen Erfolg auf englischem Boden. Aber er wußte, daß auch dieser Erfolg nur ein Anfang sein konnte. Einen wirklichen Sieg erwartete er erst von einem großen, ganz England bewegenden Mordprozeß. Doch bevor es dazu kam, spielte sich in London ein menschliches Drama ab, das die Unzuverlässigkeit der alten Identifizierungsmethoden für Millionen von Menschen auf schockierende Art und Weise enthüllte. Das Vorspiel dieses Dramas hatte schon viele Jahre vorher begonnen, noch im letzten Jahrzehnt des versunkenen letzten Jahrhunderts, am 16. Dezember 1896. Das Drama selbst ging als ›der Fall Beck‹ in die Annalen der Kriminalistik ein.

13

Am Nachmittag dieses Tages, gegen vier Uhr, trat ein grauhaariger, schnurrbärtiger Mann von etwa fünfundfünfzig Jahren aus der Eingangstür des Hauses 139 in der Victoria Street in London. Er trug Gehrock und Zylinder. Vor der Tür hielt er für einige Sekunden an, als wolle er sich schlüssig darüber werden, wohin er sich wenden sollte.

Die Dämmerung sank eben herab. Am Rande des Gehsteigs wurden die Gaslaternen angezündet. Ein leichter Nebel hing in der Luft. Gerade wollte der Mann weitergehen, als ihm eine Frau den Weg verstellte.

»Mein Herr, ich kenne Sie!« rief sie aus.

»Verzeihung, was wünschen Sie?« fragte der Mann.

»Ich will meine zwei Uhren und die Ringe ...«

Der Mann stieß die Aufdringliche zur Seite und überquerte die Straße. Als die Frau ihm folgte, trat er auf einen Konstabler zu und erklärte diesem, eine Fremde belästige ihn. Niemals zuvor habe er sie gesehen. Er wisse nicht, was sie von ihm wolle. Unterdessen aber hatte die Frau ihn eingeholt und berichtete dem Polizisten in großer Erregung, der Mann, der mit ihm spreche, habe sie betrogen und bestohlen. Sie verlange, daß er sofort verhaftet werde. Der Konstabler brachte beide in die Polizeistation Rochester Bow.

Hier gab der Mann seinen Namen als Adolf Beck an. Die Frau nannte sich Ottilie Meissonnier. Wenn man ihren zornigen Anklagen Glauben schenken konnte, hatte Beck sie vor ungefähr drei Wochen in der Victoria Street angesprochen. Sie war Sprachlehrerin, lebte allein und befand sich an jenem Tag gerade auf dem Weg zu einer Blumenausstellung. Es hatte ihr geschmeichelt, als Beck sich erkundigte, ob sie nicht vielleicht Lady Everton sei. Als sie verneinte, bat Beck um Entschuldigung und fügte hinzu, die Blumenausstellung sei einen Besuch nicht wert. Er selbst verstehe einiges von Blumen, denn auf seinem Besitz in Lincolnshire arbeiteten nicht weniger als sechs Gärtner. Als Ottilie Meissonnier erwiderte, auch sie sei Blumenliebhaberin und pflege zu Hause ihre Chrysanthemen mit großer Liebe, erkundigte sich Beck, ob er ihre Blumen wohl einmal sehen dürfe. So hatten sie sich für den folgenden Tag zum Tee in ihrer Wohnung in Foulham verabredet. Beck war pünktlich

erschienen. Er stellte sich, so berichtete Ottilie Meissonnier weiter, als Lord Salisbury vor, erzählte beiläufig, daß er ein Jahreseinkommen von 180 000 Pfund habe, und lud die mehr und mehr Geschmeichelte schließlich ein, ihn an Bord seiner Jacht auf einer Fahrt an die Riviera zu begleiten. Allerdings – diese Bedingung hatte er gestellt – müsse sie sich, sofern sie zustimme, eine elegantere Garderobe zulegen.
Ottilie Meissonnier stimmte zu, und ihr Besucher nannte ihr eine Reihe von Kleidungsstücken, die sie kaufen solle. Er schrieb sogar mit eigener Hand eine Liste der anzuschaffenden Kleider und stellte für den Kauf einen Scheck über 40 Pfund auf den Namen Meissonnier aus. Dann hatte er Ottiliens Armbanduhr und ihre Ringe betrachtet und sie gebeten, ihm Uhr und Ringe zu überlassen, damit er nach deren Maßen wertvolleren Schmuck erwerben könne. Als Beck sich nach anderthalb Stunden verabschiedet hatte, stellte die Sprachlehrerin fest, daß eine zweite Uhr fehlte. Sie schöpfte Verdacht und eilte zur Unionbank, um den Scheck einzulösen. Dort erfuhr sie, daß der Scheck wertlos war. Es existierte kein Konto auf den Namen eines Lord Salisbury. Ottilie Meissonnier hatte begriffen, daß sie auf einen Betrüger hereingefallen war. Seither suchte sie nach ›Lord Salisbury‹ – bis zu diesem unfreundlichen Nachmittag des 16. Dezember, an dem sie immer wieder versicherte, sie könne beschwören, daß Adolf Beck der Mann sei, der sich ihr als Lord Salisbury vorgestellt habe.
Der Bericht über die Vernehmung gelangte noch am gleichen Abend von der Polizeistation Rochester Bow nach Scotland Yard; Inspektor Waldock, der die örtlichen Verhältnisse kannte, wurde mit der Ermittlung beauftragt. Es stellte sich heraus, daß seit dem Dezember des Jahres 1894 zahlreiche Anzeigen alleinstehender Frauen gegen einen älteren, grauhaarigen Herrn vorlagen, der sich entweder Lord Wilton oder Willoughby nannte und bei seinen üblen Betrügereien die gleiche Taktik angewandt hatte wie ›Lord Salisbury‹.
Insgesamt meldeten sich zweiundzwanzig Frauen. Unter anderem hatte der ›Lord‹ Anfang Dezember 1894 bei einer gewissen Fanny Nutt zwei Ringe und eine Brosche entwendet, Anfang Januar 1895 bei Evelyn Miller einen Ring, am 18. Februar des gleichen Jahres bei Alice Sinclair zwei Ringe, am 7. März bei Annie Townsend einen Ring und zwei Armbänder, am 11. März bei Juliette Kluth einen Ring, am 3. April bei Minnie Lewis einen Ring, am 23. Juni bei Kate Brakefield zwei Ringe, am 6. Juli bei Daisy Grant zwei Ringe und sonstigen Schmuck. Beim Abschied hatte sich der ›Lord‹ gelegentlich auch noch das Kleingeld für eine Droschke geliehen –

mit der Begründung, sein Diener habe vergessen, ihm Geld in den Anzug zu stecken.

Die Frauen wurden eine nach der anderen mit Beck konfrontiert. Man stellte Beck zu diesem Zweck in eine Reihe mit zehn oder fünfzehn Männern, die man einfach auf der Straße aufgelesen hatte, und zwar, wie üblich, ohne Rücksicht darauf, ob sie Beck einigermaßen ähnelten oder nicht. Meist war Beck der einzige grauhaarige und schnurrbärtige Mann in der ›Identifizierungsparade‹, so daß sich die Blicke der Frauen von vornherein auf ihn konzentrieren mußten. Sämtliche Frauen – mit einer einzigen Ausnahme – erklärten, Beck sei der Mann, der sie betrogen habe. Fanny Nutt rief aus: »Ich könnte ihn unter Tausenden herausfinden ... Ich erkenne ihn von vorn und von hinten, vom Kopf bis zum Fuß.« Alice Sinclair: »Ich bin vollkommen sicher, daß er der Mann ist ... Ich habe ihn unter den anderen Leuten wiedererkannt. Sie hatten nicht die geringste Ähnlichkeit mit ihm. Ich bin ganz sicher ...« Und Kate Brakefield gab an: »Sobald ich ihn sah, erkannte ich ihn. Ich habe von den anderen Männern gar nicht Notiz genommen.«

Beck schwor, keine einzige der Frauen jemals in seinem Leben gesehen zu haben. Er beteuerte, er lebe von den Erträgnissen einer Kupfermine in Norwegen und habe es nicht nötig, seinen Lebensunterhalt dadurch zu bestreiten, daß er alleinstehende Damen betrüge und bestehle. Seinen Angaben zufolge war er 1841 in Norwegen geboren und 1865 als Schiffsmakler nach England übergesiedelt. Sein Leben war von da an allerdings ziemlich bewegt gewesen. In Aberdeen trat er als Sänger auf, 1868 wanderte er nach Südamerika aus, veranstaltete Konzerte, betrieb Vermittlungsgeschäfte in Buenos Aires, erwarb ein Vermögen als Heereslieferant in Peru und reiste 1884 wieder nach Norwegen, wo er eine Kupfermine erwarb. Im Jahre darauf kehrte er nach London zurück, lebte zunächst im Covent-Garden-Hotel und später in einer möblierten Wohnung in der Victoria Street, dort, wo das Schicksal ihn in Gestalt von Ottilie Meissonnier ereilt hatte. Beck konnte durch einen Sekretär, der für ihn gearbeitet hatte, nachweisen, daß er die Kupfermine tatsächlich besaß. Gleichzeitig stellte sich allerdings heraus, daß er im Covent-Garden-Hotel 600 Pfund schuldig geblieben war. Auch seinen Sekretär hatte er um ›Darlehen‹ bitten müssen. Im Umgang mit Frauen war er nicht besonders wählerisch gewesen. Diese Umstände belasteten ihn. Aber er beharrte bei der Beteuerung, er sei vollkommen unschuldig.

Da – am 18. Dezember – erhielt Scotland Yard einen anonymen Brief, in dem daran erinnert wurde, daß im Jahre 1877 im Old Bai-

ley ein Mann namens John Smith zu einer Strafe von fünf Jahren Gefängnis verurteilt worden war, weil er sich auf genau die gleiche Weise wie nunmehr Beck alias Lord Salisbury alias Lord Willoughby alias Lord Wilton an alleinstehende Frauen herangemacht hatte. Auch Smith war als Lord Willoughby aufgetreten, hatte den Frauen Stellungen als Hausdamen in seinem großen Schloß versprochen, ihnen wertlose Schecks ausgehändigt und ihre Schmucksachen an sich genommen. Am 20. April 1877 war er von einer der Betrogenen, Louisa Howard, erkannt und der Polizei übergeben, am 10. Mai 1877 durch Richter Forrest Fulton zu der genannten Strafe verurteilt worden, nachdem die Geschworenen ihn schuldig gesprochen hatten. Vier Jahre später, am 14. April 1881, war er entlassen worden und seither verschwunden. Man müsse wohl annehmen, so schloß der Schreiber des anonymen Briefes, daß Beck niemand anderer sei als Smith, der seine Tätigkeit als Betrüger wiederaufgenommen habe.
Scotland Yard forschte nach den Akten über John Smith. Sie fanden sich. Und tatsächlich – die Übereinstimmung seiner Taten mit denjenigen, deren Beck verdächtigt wurde, war so vollständig, wie sie nur sein konnte. Doch mehr als das. Die beiden Polizeibeamten, die Smith im Jahre 1877 verhaftet und seinen Fall bearbeitet hatten, waren noch am Leben: Konstabler E. Spurrel und Inspektor Redstone. Beck wurde den beiden gegenübergestellt. Seit ihrer Begegnung mit Smith waren rund neunzehn Jahre vergangen. Aber Spurrel erklärte vor dem Polizeigerichtshof von Westminster (der darüber zu entscheiden hatte, ob Beck unter Anklage zu stellen war), Beck sei mit Smith identisch. Er beschwor seine Aussage: »Der Angeklagte ist der Mann. Es gibt keinen Zweifel daran. Er ist der Mann. Ich weiß, was von meiner Aussage abhängt, und kann ohne Zweifel sagen, er ist der Mann.«
Auch Inspektor Redstone hatte Smith seit dem Jahre 1877 niemals wieder zu Gesicht bekommen. Doch auch seine Aussagen deckten sich mit denen seines Kollegen. Beck war totenbleich, schlug die Hände vor dem Gesicht zusammen und rief verzweifelt aus, er sei im Jahre 1877 überhaupt nicht in England gewesen. Er könne Zeugen aus Südamerika bringen, angesehene Bürger, die beschwören würden, daß er 1876 und 1877 in Südamerika seinen Geschäften nachgegangen sei. Die Frauen irrten sich. Die Polizisten irrten sich. Er wisse nicht, wer Smith sei. Er habe niemals von ihm gehört und ebensowenig habe er eine Stunde in einem britischen Gefängnis verbracht. »Ich schwöre bei meinem Schöpfer: Die Frauen irren, und die Polizeibeamten irren.«

Der Londoner Schriftsachverständige Gurrin verglich unterdessen die Listen der Garderobestücke, die der Betrüger des Jahres 1894/95 bei den Frauen zurückgelassen hatte, mit den Listen, die von John Smith im Jahre 1877 geschrieben worden waren, und mit der Schrift Adolf Becks. Sein Urteil: Die Schrift des Betrügers von 1877 stimme mit derjenigen des Betrügers 1894/95 überein. Becks Schrift weise zwar andere Kennzeichen auf, trotzdem habe Beck diese Listen geschrieben, nämlich – mit ›verstellter Handschrift‹.

Die Identifizierung Becks durch die Frauen und die beiden Polizeibeamten schien so überzeugend, daß der ›Chief Clerk‹ der Anklagebehörde, F. J. Sims, der mit der Vorbereitung der Anklage Becks vor dem Old Bailey betraut wurde, es nicht mehr für nötig hielt, die Personalbeschreibung des John Smith, die sich bei den Strafakten befinden mußte, mit der äußeren Erscheinung Adolf Becks zu vergleichen. Inspektor Waldock machte Sims zwar darauf aufmerksam, daß bei Smith seines Wissens damals braune Augen vermerkt worden seien, während Beck blaue Augen habe, doch ging Sims über diesen Hinweis hinweg. Die persönliche Identifizierung schien ihm wichtiger als die Personalbeschreibungen, deren Oberflächlichkeit in der Tat bekannt genug war. Als Inspektor Waldock bei seinen Zweifeln beharrte, wurde er von der Untersuchung des Falles dispensiert. An seine Stelle trat Chefinspektor Froest.

Froest war ein Mann der alten Schule, ein Athlet, der ein Paket Spielkarten zwischen den Fingern zerreißen konnte. In einer Zeit, in der es noch kaum internationale Zusammenarbeit bei der Fahndung gab, waren Auslandsaufträge seine Spezialitäten. In seinem Büro in Scotland Yard lag der Revolver eines amerikanischen Eisenbahnräubers, den er über den Atlantik hinweg gejagt und schließlich im Restaurant ›Gatti's‹ in London mit bloßen Händen verhaftet hatte. Mit den gleichen ›bloßen Händen‹ hatte er auch den berüchtigten ›Cowboy-Mörder‹ Kuhne festgenommen, der nur in schwarzer Kleidung auftrat und jeden Mord auf seinem Revolver mit einer Kerbe verzeichnete. Froest vertraute fest auf das ›fotografische Gedächtnis‹ des Polizisten als bestes Mittel der Identifizierung und war überzeugt, daß Spurrel und Redstone recht hatten.

Die Anklage gegen Beck wurde durch Horace Avory vertreten. Avory, ein hagerer, asketischer kleiner Mann, der unfähig war, irgendeine innere Regung zu zeigen, wurde später zuweilen ›der hängende Richter‹ genannt, und es hieß von ihm: »Avory spart mit dem Fett für seinen Körper. Er spart mit Komplimenten, aber niemals an der Zahl der Verurteilten.«

Möglicherweise war Avory selbst nicht ganz davon überzeugt, daß Beck identisch mit John Smith sei. Die vorbereitende Anklageschrift enthielt zwar einige Punkte, die auf die angebliche frühere Verurteilung Becks im Jahre 1877 Bezug nahmen. Aber Avory ließ sie nicht, wie man sich unter Juristen ausdrückt, ›zum Gegenstand der Gerichtsverhandlung werden‹, die am 3. Mai 1896 in Old Bailey begann.

Als Richter fungierte der gleiche Mann, der 1877 John Smith abgeurteilt hatte: Forrest Fulton. Wenn man seinen späteren Erklärungen glauben konnte, erinnerte er sich an den früheren Fall nicht mehr. Becks Verteidiger war C. F. Gill, ein erfahrener Anwalt. Gill sah seine größte Chance darin, den Schriftsachverständigen Gurrin, sobald dieser als Belastungszeuge für die Anklage aufgetreten war, ins Kreuzverhör zu nehmen. Wenn Gurrin beschwor, daß die Schriften der Täter von 1877 und 1894/95 identisch wären, in beiden Fällen also der gleiche Täter am Werk gewesen sein mußte, dann war Gill entschlossen, durch Zeugen aus Südamerika zu beweisen, daß Beck sich im Jahre 1877 in Südamerika und nicht in London aufgehalten hatte, deshalb die Betrügereien von 1877 nicht begangen haben und somit auch nicht der Täter von 1894/95 sein konnte. Aber Avory hatte dies vorausgesehen. Er befragte Gurrin gar nicht nach seiner Ansicht über die Schrift aus dem Jahre 1877. Gurrin sagte infolgedessen lediglich aus, daß Beck mit verstellter Handschrift die Kleiderlisten geschrieben habe, die er 1894/95 bei den betrogenen Frauen zurückließ.

Gill sprang auf und ersuchte den Richter um Erlaubnis, Gurrin nach der Schrift des Täters von 1877 befragen zu dürfen. Aber es gehörte zu den Eigenarten des britischen Gerichtsverfahrens, daß frühere Vergehen und Verurteilungen eines Mannes, der wegen eines neuen Vergehens vor Gericht stand, in dem Verfahren so lange nicht erwähnt werden durften, bis die Geschworenen ihren Spruch über das neue Vergehen abgegeben hatten. Damit sollte, theoretisch wenigstens, verhindert werden, daß die Geschworenen gegen einen Angeklagten, der schon einmal verurteilt worden war, voreingenommen würden. Diese Bestimmung machte sich Avory zunutze, als Becks Verteidiger die Vernehmung des Schriftsachverständigen beantragte. Avory erhob Einspruch und erklärte, das Ersuchen des Verteidigers müsse zurückgewiesen werden, weil es vergangene Dinge berühre, die nicht in das Verfahren hineingehörten. Gill protestierte leidenschaftlich. Er rief, die Vergangenheit gehöre sehr wohl in das Verfahren hinein, sie bilde das Fundament seiner ganzen Verteidigung. Aber Richter Fulton entschied mit der Macht des britischen Richters, daß keine Fragen über die Ereignisse des Jahres 1877 gestellt werden dürften. Die Anklage mußte nunmehr zwar auch auf die Identifizierung Becks durch die Polizeibeamten Spurrel und Redstone verzichten. Aber sie konnte es sich leisten. Denn als Avory nun die betrogenen Frauen aufmarschieren und durch sie Beck identifizieren ließ, erzielte er bei den Geschworenen eine durchschlagende Wirkung.

Erschienen waren zehn von jenen zweiundzwanzig Zeuginnen, die Beck schon bei der Voruntersuchung als ihren betrügerischen ›Gönner‹ wiedererkannt haben wollten – von Fanny Nutt bis Ottilie Meissonnier. Eine nach der anderen erklärte, auf Beck zeigend: »Er war es! – Er war es! Er war es!« Niemand achtete auf gewisse Unsicherheiten. Annie Townsend sagte zwar: »Er ist derselbe Mann«, aber auch: »Wenn ich ihn sprechen höre, bin ich nicht mehr sicher, in meiner Wohnung sprach er Yankee-Slang.« Und Lilli Vincett sagte in einem Nebensatz: »Als er mich besuchte, war sein Schnurrbart länger und pomadisiert ...« Niemand achtete auch darauf, daß gerade diese Zeugin mit ihrer Aussage enthüllte, welch zweifelhafte Methode die ›Identifizierungsparade‹ mit allzu verschieden aussehenden Männern war. Lilli Vincett erklärte nämlich: »Ich wußte, es war ein Mann in Haft, und wenn es der Täter war, mußte es ein älterer Mann mit grauen Haaren sein.« Vergeblich versuchte der Verteidiger, die Geschworenen auf diese Aussage aufmerksam zu machen. Ohne Erfolg protestierte er auch, als Ottilie Meissonnier aussagte: »Er (der Täter) hatte eine kleine Narbe an der rechten Seite des Halses unter dem Ohr. Es ist eine kleine Narbe, ähnlich einem Muttermal.« Gill forderte die Zeugin auf, das Mal unter Becks Ohr zu zeigen. Daraufhin mußte sie erklären: »Ich sehe es jetzt nicht ...«

Das englische Recht jener Tage erlaubte nicht, daß Beck selbst in den Zeugenstand trat, um in eigener Sache auszusagen. Gill erwirkte nur, daß Beck eine persönliche Erklärung abgeben durfte, um nachzuweisen, daß er nicht mit Akzent sprach, wie fast alle Zeuginnen behauptet hatten. Beck benutzte die Gelegenheit, um leidenschaftlich zu bekennen: »Ich habe mit dieser furchtbaren Anklage vom Anfang bis zum Ende nichts zu tun. Ich bin vollkommen unschuldig ...«

Alles war vergebens. Am 5. März erklärten die Geschworenen Beck für schuldig, und Richter Fulton verurteilte ihn zu sieben Jahren Zuchthaus. Noch einmal richtete Beck sich auf und rief: »Ich bin unschuldig, vollkommen unschuldig.«

Sein Ruf verhallte ungehört.

Einen Tag später trat Beck seine Strafe an. Obwohl vor Gericht ausdrücklich keine Beziehung zu den Vergehen des John Smith und zu dessen Verurteilung im Jahre 1877 hergestellt worden war, erhielt Beck die gleiche Gefangenennummer, die Smith seinerzeit zugeteilt worden war: D 523. Ja, noch mehr, man fügte dieser Nummer den Buchstaben w hinzu, das Zeichen für den Vorbestraften. Von 1896 bis 1901 reichte Beck zehn Gesuche um Überprüfung seiner Verurteilung ein. Aber noch kannte England keine Berufungsinstanz, und Beck stand nur der Weg der Petition offen. Ständig wiederholte Beck, er sei 1877 in Südamerika gewesen. Er könne die Taten von John Smith gar nicht begangen haben. Wahrscheinlich sei es jener Smith, der auch im Jahre 1895 die Frauen betrogen habe, die ihn ins Zuchthaus gebracht hätten.

Becks Anwalt bat darum, die Beschreibung der Körpermerkmale in der Strafakte John Smith einsehen zu dürfen. Seine Bitte wurde abgelehnt. Immerhin erkundigte sich am 12. Mai 1898 ein Beamter vom Staatssekretariat des Innern bei der Gefängnisverwaltung nach Smith' Personalbeschreibung. Dabei stellte er fest, daß Smith jüdischen Glaubens und beschnitten gewesen war. Bei Beck aber konnte von einer Beschneidung keine Rede sein. Das Staatssekretariat wandte sich an Richter Fulton mit der Bitte um Stellungnahme. Aber Fulton war von den Identitätsbeweisen durch die Frauen so beeindruckt, daß er merkwürdigerweise erwiderte, unter diesen Umständen könne Beck zwar nicht Smith sein, er glaube jedoch nach wie vor nicht, daß Beck in Südamerika gewesen sei. Nichts geschah; lediglich den Buchstaben w entfernte man aus Becks Gefangenennummer. Erst am 8. Juli 1901 wurde Beck ›auf Bewährung‹ entlassen.

Leidenschaftlich versuchte er jetzt, seine Unschuld zu beweisen. Er verbrauchte den Rest seines Vermögens für Rechtsanwälte und ahnte nicht, daß bereits ein neues Verhängnis über ihm schwebte.

Am 15. April des Jahres 1904 verließ Beck seine Wohnung an der Tottenham Court Road, die er einige Zeit vorher bezogen hatte. Als er auf den Gehsteig hinaustrat, lief eine jüngere Frau auf ihn zu. »Sie sind der Mann«, rief sie, »der meine Schmucksachen und meinen Sovereign genommen hat.« Beck wich unwillkürlich an die Hauswand zurück. Er glaubte zu stürzen. »Nein«, rief er, von panischem Entsetzen erfaßt, »nein, ich bin es nicht. Ich kenne Sie nicht. Ich habe Sie noch nie in meinem Leben gesehen ...« Die Frau: »Sie sind der Mann, der meinen Schmuck genommen hat, und es ist jemand da, der auf Sie wartet ...« In panischer Furcht begann Beck davonzulaufen, versuchte, einem unbegreiflichen Schicksal zu entfliehen, das ihn offenbar von neuem ergreifen wollte. Aber nach wenigen Schritten schon trat ihm Detektivinspektor Ward in den Weg, verhaftete ihn und brachte ihn in die Polizeistation Paddington.

Wer hatte diese neuerliche Verhaftung veranlaßt? Am 22. März 1904 war eine Hausgehilfin, Pauline Scott, bei der Polizei erschienen, um eine Anzeige zu erstatten. Ein grauhaariger, vornehm aussehender älterer Herr hatte sie auf der Straße angesprochen, ihr Komplimente gemacht und ihr schließlich eine Stelle als Hausdame angeboten. Alles Weitere war nach dem Schema abgelaufen, das man in Scotland Yard vom Jahre 1896 her kannte. Inspektor Ward schloß daraus, daß Beck abermals mit seinen gewohnten Betrügereien angefangen habe, und schickte Pauline Scott über Mittag in ein Restaurant, in dem Beck seinen Lunch einnahm. Obwohl sie sich in Becks Nähe aufhielt und ihn mehr als eine Stunde beobachten konnte, erkannte sie ihn nicht als den Täter. Ward gab jedoch keineswegs auf. Er beorderte Pauline Scott in die Nähe von Becks Haustür, und zwar zu einer Zeit, zu der Beck gewöhnlich das Haus verließ. Die Frau erhielt den Auftrag, darauf zu achten, ob der Betrüger vielleicht an ihr vorübergehe; dann solle sie ihn ansprechen. So war es zu Becks abermaliger Verhaftung gekommen.

Beck machte den Eindruck eines Mannes, der die Welt nicht mehr begriff. Er rief: »Bei Gott, meinem Schöpfer, ich bin unschuldig! Kein Wort der Anklage, die gegen mich erhoben wird, ist wahr!« Als die Zeitungen über seine Verhaftung berichteten, meldeten sich vier weitere Frauen. Rose Reece, Grace Campbell, Lily King, Caroline Singer, die ebenfalls Schmuck und Geld eingebüßt hatten. Sie alle waren bereit zu beschwören, daß Beck der Mann war, der sie hintergangen hatte. Es fruchtete nichts, daß Beck sich verzweifelt gegen alle Anschuldigungen zur Wehr setzte und vor dem Polizeigericht in beschwörendem Ton erklärte: »Ich habe keine dieser Frauen gesprochen oder gesehen, bevor sie von den Kriminalbeamten gegen mich aufgehetzt wurden. Ich kann viele Zeugen bringen, die bestätigen, daß ich ehrlich meinen Geschäften nachgegangen bin ... Es ist mir unbegreiflich ...«

Am 27. Juni 1904 stand Beck abermals als Angeklagter im Old Bailey. Diesmal besaß Beck nicht einmal die Mittel, einen erfahrenen Anwalt zu engagieren. Der Anwalt Leicester, der als sein Verteidiger auftrat, hatte nur vier Tage Zeit, sich flüchtig mit der Materie zu beschäftigen. Beck war zu erschöpft und zu verwirrt, um ihn richtig zu informieren. So brach das Verhängnis zum zweitenmal über ihn herein. Die Zeugen identifizierten ihn unter Eid: »Seine Nase ist ganz charakteristisch«, erklärte Rose Reece, »ich würde sie aus tausend anderen herausfinden.« Auch diesmal beachtete niemand Unklarheiten und Widersprüche in den Aussagen der Frauen. Die eine berichtete, der Täter habe ein Monokel getragen, eine andere behauptete hingegen, nichts dergleichen gesehen zu haben. Aber diese Feinheiten bedeuteten nichts gegenüber den massiven Wiederholungen: »Er war es ... er war es ... er war es ...«

Seit dem Jahre 1896 hatte sich einiges im britischen Gerichtsverfahren geändert: Dieses Mal konnte Beck in eigener Sache aussagen. Aber was fruchtete es, daß er den Geschworenen flehend zurief, er kenne die Frauen nicht, er müsse das Opfer eines Doppelgängers sein. Die Geschworenen sprachen Beck noch an dem gleichen Tag, an dem das Verfahren begonnen hatte, schuldig. Der Richter Grantham, der diesmal über Beck zu Gericht saß, mochte allerdings irgendwelche Zweifel fühlen. Er vertagte die Verkündung des Urteils und ließ Beck zunächst in Untersuchungshaft zurückführen.

Trotzdem wäre Beck seinem Schicksal nicht entgangen, hätte sich nicht zehn Tage später ein Ereignis vollzogen, das seinen Fall in das grelle Licht der Öffentlichkeit rückte und in London einen Sturm der Empörung hervorrief.

Am Abend des 7. Juli 1904 betrat der Detektivinspektor Kane die Polizeistation Tottenham Court Road. Es handelte sich um einen Routinebesuch. Der diensttuende Beamte erzählte ihm, sie hätten einen Mann verhaftet, während er zwei Ringe verkaufte, die er am Nachmittag zwei arbeitslosen Schauspielerinnen abgegaunert hatte. Kane, der mehr oder weniger zufällig mit dem Fall Beck vertraut war, verlangte nähere Auskünfte. Zu seiner Verwunderung vernahm er die gleiche Geschichte, die alle Zeuginnen während der Verfahren gegen Beck berichtet hatten. Da waren der wohlhabende Lord, der eine Hausdame suchte, die Kleiderliste, der wertlose Scheck ...

Kane begab sich in die Zelle, in welcher der Verhaftete saß. Bei seinem Anblick hielt er unwillkürlich den Atem an. Der Mann, der vor ihm stand, war grauhaarig, auf die gleiche Weise grauhaarig wie Adolf Beck, er hatte ungefähr die gleiche Größe, und gewisse Züge erinnerten an Becks Gesicht. Aber Beck war jünger und nicht so kräftig wie dieser Mann hier.

Der Häftling hatte angegeben, William Thomas zu heißen, und behauptete, keinerlei andere Schwindeleien begangen zu haben. Aber Kane war überzeugt, John Smith vor sich zu haben, den Mann, wegen dessen Taten Beck auf seine Verurteilung wartete.

In höchster Eile verständigte er Scotland Yard. Die fünf Frauen, die Beck am 27. Juni identifiziert hatten, wurden William Thomas gegenübergestellt. Fassungslos starrten sie ihn an. Dann stieß Rose Reece, die so fest behauptet hatte, Becks Nase sei die des Betrügers, die Worte hervor: »Mein Gott, das ist er, das ist er ...« Die anderen schlossen sich ihrer Aussage an.

Melville Macnaghten eilte persönlich zu der einzigen Frau, die im Jahre 1896 ausgesagt hatte, Beck sei nicht der Mann gewesen, der sie betrogen habe. Sie arbeitete in einem öffentlichen Haus und mißverstand zunächst Macnaghtens Besuch. Als sie jedoch erfuhr, um was es ging, begleitete sie ihn unverzüglich zur Polizeistation in der Bow Street, wohin Thomas inzwischen gebracht worden war. Dort erklärte sie: »Das ist der Halunke, der mich vor neun Jahren hereingelegt hat.«

Auch die anderen Zeuginnen des Jahres 1896 wurden vorgeladen, sofern sie noch erreichbar waren. Sie bekannten ihren Irrtum, verlegen und nach Erklärungen und Entschuldigungen suchend. Thomas hatte genau die Narbe unter dem Ohr, die man bei Beck nicht gefunden hatte. Er war beschnitten. Alle Kennzeichen der Personalbeschreibung von John Smith aus dem Jahre 1877 trafen auf ihn zu. Als dann auch der Hauswirt, bei dem John Smith 1877 gewohnt hatte, in dem angeblichen William Thomas seinen ehemaligen Mieter erkannte, brach der Verhaftete zusammen. Wenige Stunden später war seine ganze Geschichte bekannt und damit der Hintergrund des furchtbarsten Identifizierungs- und Justizirrtums, den England um die Jahrhundertwende erlebte.

Ja, Thomas war John Smith. Er hatte die Betrügereien begangen, für die er 1877 verurteilt worden war. Er behauptete, 1839 in Lincolnshire geboren zu sein. Früh sei er mit seinen Eltern nach Rußland ausgewandert, habe in Wien Medizin studiert, dem König von Hawaii als Generalarzt gedient und schließlich eine Plantage in Honolulu betrieben. Völlig sicher aber war, daß Thomas alias Smith 1876 in London unter dem Namen William Weiss gelebt und sich als österreichischer Militärpensionist ausgegeben hatte. Nach Verbüßung seiner ersten Strafe war er im Jahre 1881 nach Südaustralien ausgewandert. 1894 nach London zurückgekehrt, wurde er sehr bald unter dem Namen Meyers festgenommen, weil er beschuldigt wurde, auf einen gefälschten Kreditbrief 300 Pfund erschwindelt zu haben. Es fehlten jedoch die Beweise, um ihn zu verurteilen. Daß der angebliche Meyers mit John Smith identisch war, wurde (und dies war bezeichnend für die Unzulänglichkeit des ganzen Identifizierungsverfahrens) nicht entdeckt. 1894 hatte Smith seine Schwindeleien bei Frauen wieder aufgenommen und so lange betrieben, bis er aus den Zeitungen erfuhr, daß Adolf Beck an seiner Stelle verhaftet worden war. Er legte sich daraufhin den Namen Dr. Marsh zu und begab sich nach Amerika. Bis zum Jahre 1903 praktizierte er in den Vereinigten Staaten unter dem Namen Dr. W. A. Wyatt als ›Arzt‹. Als Fünfundsechzigjähriger war er schließlich im August 1903 nach London zurückgekehrt, bereit, seine alten Betrügereien wieder aufzunehmen. Und er nahm sie wieder auf, in einem Umfang, der sich erst jetzt übersehen ließ: Die fünf Frauen, die am 27. Juni 1904 ausgesagt hatten, bildeten nur einen geringen Teil all derer, die er wirklich betrogen und bestohlen hatte. Bei der Unionbank, auf die der Gauner seine wertlosen Schecks ausgestellt hatte, waren 20 bis 25 derartige Schecks vorgelegt worden. Die meisten Frauen hatten sich lediglich geschämt, eine Anzeige zu erstatten, um nicht in aller Öffentlichkeit genannt zu werden. Zweifellos wäre Smith alias Weiss alias Meyers alias Dr. Marsh alias Dr. Wyatt alias William Thomas auch diesmal seiner Strafe entgangen, hätte er nicht den Fehler begangen, sich nach Becks neuerlicher Verhaftung an weitere Frauen heranzumachen.

Das Staatssekretariat des Innern beeilte sich, Beck in Freiheit zu setzen. Am 19. Juli 1904 wurde er bedingungslos begnadigt. Er erhielt eine Entschädigung von 5000 Pfund. Aber sein Fall hatte die Öffentlichkeit so sehr erregt, daß es zu lauten Anklagen gegen Scotland Yard, gegen das Staatssekretariat, gegen den Ankläger Avory und den Richter Fulton kam. Die Anklagen waren so heftig, daß Sir Forrest Fulton gezwungen war, sich in einem offenen Brief an die ›Times‹ zu rechtfertigen. Die Regierung setzte einen Untersuchungsausschuß ein, der in seinem Bericht trotz sehr vorsichtiger Formulierung zu vernichtenden Urteilen über die Geschehnisse um Beck und John Smith gelangte. Horace Avory mußte sich von Beck vor dem Ausschuß sagen lassen: »Ich habe nicht das Vergnügen gehabt, diesen ehrenwerten Herrn seit 1896 wiederzusehen, als er im Old Bailey mit einem so vergnügten und ironischen Lächeln auf mich herabsah, als wollte er sagen: ›Du bist der Schuldige.‹« Aber sicherlich ging das, was Beck sagte, Avory nicht unter die Haut.

Dafür blieb die Wirkung auf die britische Regierung nicht aus: Zum ersten Male in der Rechtsgeschichte Großbritanniens wurde ein Berufungsgerichtshof geschaffen. Vor allem aber wurde durch den Fall Beck das ohnehin bereits wankende Vertrauen in die alten Methoden der polizeilichen Identifizierung zutiefst erschüttert. Die Frage, wie sich derartige Irrtümer vermeiden ließen, wurde zu einem öffentlichen Problem. Henry und Collins wußten die Antwort ... Durch die Daktyloskopie. Doch ihr stand die große öffentliche Bewährung erst bevor. Nicht ganz ein Jahr nach dem Ende der Affäre Adolf Beck, aber noch unter ihrem Schatten, ergab sich die große (und, wie sich zeigen sollte, entscheidende) Gelegenheit, den Beweis für die Zuverlässigkeit des Fingerabdruckverfahrens zu führen, wiederum vor den Schranken des Old Bailey. Aber diesmal ging es um eine Bluttat. Als Fall der ›Deptford-Mörder‹ ging dieses Ereignis in die Geschichte ein.

14

›Abscheu, Abscheu, Abscheu‹ – das war es, was Richard Muir, der Ankläger, den Mördern von Deptford gegenüber empfand. Und ›Abscheu, Abscheu, Abscheu‹ erfüllte jeden in London, der am Montag, dem 27. März 1905, die ersten Nachrichten über den Deptford-Mord in den Zeitungen las.
Die Straßen von Deptford, einem düsteren Stadtteil im Osten Londons auf dem Südufer der Themse nahe Greenwich, waren noch menschenleer, als gegen 7.15 Uhr am Morgen des gleichen Tages ein Milchmann in der High Street zwei junge Burschen aus einem kleinen Farbladen im Hause Nr. 34 stürzen und in einer Nebenstraße verschwinden sah. Sie hatten es eilig – so eilig, daß sie nicht einmal die Ladentür hinter sich ins Schloß zogen.
Der Milchmann ließ jedoch die jungen Männer junge Männer und die Tür Tür sein. In Deptford kümmerte man sich möglichst wenig um die Angelegenheiten anderer. Der Kampf um das eigene nackte Leben war hart genug.
Etwa zehn Minuten später ging ein kleines Mädchen die High Street entlang. Das Kind beobachtete einen blutüberströmten Mann, der seinen Kopf aus der Tür des Farbladens steckte, gleich darauf aber wieder verschwand und die Tür von innen verschloß. Doch das Kind fand diesen Anblick nicht ungewöhnlich. Blut floß in den Schlachthäusern von Deptford in Mengen – blutige Gesichter und Kittel waren hier eine alltägliche Erscheinung.
Erst um 7.30 Uhr schlug ein junger Bursche Alarm. Er arbeitete als Lehrling in dem Farbgeschäft. Als er seinen täglichen Dienst antreten wollte, fand er die Tür, ganz gegen die Gewohnheit, verschlossen. Farrow, sein Chef, ein alter, gütiger Mann von mehr als siebzig Jahren, stand stets sehr früh auf, um die Maler zu bedienen, die oft schon auf dem Weg zur Arbeit vorbeikamen, um Farben oder Gerätschaften zu kaufen. Deswegen war die Ladentür immer schon geöffnet, wenn der Lehrling kam. An diesem Morgen aber

war sie versperrt. Nichts regte sich, als der Lehrling läutete. Schließlich kletterte der Junge über ein Nachbargrundstück in den Hof des alten Häuschens. Ein Blick durch das rückwärtige Fenster ließ ihn laut um Hilfe rufend in den nächstgelegenen Laden stürzen.
Detektivinspektor Fox erschien innerhalb von zwanzig Minuten mit einigen Beamten in der High Street; kurze Zeit später traf auch Melville Macnaghten vor dem Haus Nr. 34 ein.
Der kleine Raum hinter dem Laden, der als Lager und Büro diente, bot ein Bild völliger Verwüstung. Sämtliche Möbel waren umgestürzt, die Schubladen herausgerissen. Überall fanden sich Blutflecke und Blutspritzer. Der alte Farrow lag auf dem Fußboden – ein zusammengeschlagenes, kaum noch zu erkennendes Bündel Mensch. Sein blutüberströmter Kopf ruhte in der Feuerstelle des Kamins. Farrow trug unter der Hose und Jacke noch sein Nachthemd. Aus den zahlreichen Blutspuren im Laden und an der schmalen Treppe, die ins Obergeschoß führte, schloß Fox, daß Farrow aus seinem Schlafzimmer herabgekommen war, um einen vermeintlichen frühen Kunden zu bedienen. Dabei hatte man ihn überfallen und zunächst im Laden niedergeschlagen. Anscheinend konnte sich der alte Mann aber doch noch einmal aufraffen, um dem Täter (oder waren es mehrere gewesen?) den Weg nach oben zu versperren, wo Mrs. Farrow schlief. Eine große Blutlache an der Treppe deutete darauf hin, daß Farrow hier zum zweiten Male zusammengebrochen war. Doch so unglaublich es erscheinen mochte – der Greis hatte sich noch einmal erhoben, diesmal, nachdem der oder die Mörder den Laden verlassen hatten. Er war an die noch offene Tür gekrochen und hatte hinausgeblickt. Vielleicht hatte er um Hilfe rufen wollen. Da aber auf der Straße kein Mensch zu sehen war, hatte er die Ladentür von innen verriegelt – vielleicht auch aus Furcht, der oder die Mörder könnten noch einmal kommen. Dann mußte er sich in das Hinterzimmer geschleppt haben. Dort, vor dem Kamin, hatte ihn der Tod ereilt.
Im oberen Stockwerk, im Schlafzimmer, lag Mrs. Farrow, eine schwache, vom Lebenskampf zermürbte Greisin, mit eingeschlagener Schädeldecke auf dem Bett. Sie atmete noch und wurde in das Krankenhaus von Greenwich gebracht, wo sie vier Tage später starb, ohne auch nur ein Wort gesprochen zu haben.
Unterdessen hatte Fox zwei Gesichtsmasken entdeckt, hergestellt aus alten schwarzen Damenstrümpfen. Er schloß daraus, daß zwei Täter am Werk gewesen sein mußten. Zunächst sah es so aus, als hätten sie keine weiteren Spuren hinterlassen. Aber dann fand sich unter Mrs. Farrows Bett eine kleine Geldkassette. Sie war aufge-

sperrt und bis auf ein Sixpence-Stück ausgeplündert. Aus einer Abrechnung konnte man entnehmen, daß die Beute nicht mehr als neun Pfund betragen hatte. Macnaghten – eng verbunden mit der Entwicklung der Daktyloskopie – untersuchte die Geldkassette und ihren Einsatz sofort auf Fingerabdrücke. Er stutzte, als er auf der glatten Lackfläche des Einsatzes einen kleinen schweißigen Fleck bemerkte. Sofort befahl er Fox und seine Beamten sowie Farrows Lehrling, der völlig verstört im Erdgeschoß wartete, zu sich. Er erkundigte sich, ob irgend jemand die Geldkassette berührt habe. Schließlich meldete sich betreten ein junger Sergeant. Ja, er hatte die Kassette weiter unter das Bett geschoben, damit die Krankenträger, die Mrs. Farrow abholten, nicht darüberstolperten.
Macnaghten ließ die Kassette sorgfältig verpacken und schnellstens zu Chefinspektor Collins bringen. Der junge Sergeant wurde ebenfalls in die Fingerabdruckabteilung geschickt. Um ganz sicher zu sein, ließ Macnaghten auch die Fingerabdrücke des Lehrlings und der beiden Toten sicherstellen. (Es war dies das erstemal, daß in London einem Toten Fingerabdrücke abgenommen wurden.) Schließlich informierte Macnaghten seinen Vorgesetzten Henry. Beide warteten voller Spannung auf das Ergebnis der Untersuchung.
Collins brauchte bis zum nächsten Morgen. Dann berichtete er, bei dem Abdruck auf der Geldkassette handele es sich um den eines Daumens. Es bestehe keinerlei Übereinstimmung mit den Abdrücken des Lehrlings, der Toten oder der an der Untersuchung Beteiligten. Ein Vergleich mit den rund 80 000 zu diesem Zeitpunkt registrierten Fingerabdruckblättern habe ergeben, daß der Daumenabdruck bisher nicht erfaßt sei. Collins' Bericht schloß, wie Macnaghten später erzählte, mit dem Satz, der Abdruck auf der Kassette ergebe in fotografischer Vergrößerung ein ausgezeichnetes Bild. Es bestehe nicht die geringste Schwierigkeit, die Person, deren Daumen diesen Abdruck hinterlassen habe, zu identifizieren, sobald man der Tat verdächtige Personen verhaftet habe.
Mittlerweile hatte Fox begonnen, die Nachbarschaft des Farrowhauses zu durchforschen. Er stieß dabei auf eine junge Frau namens Ethel Stanton. Ungefähr zur gleichen Zeit wie der Milchmann hatte sie zwei unbekannte junge Burschen die High Street entlanglaufen sehen. Der eine trug einen braunen Mantel. Fast gleichzeitig meldete einer von Fox' Beamten, er habe in einer Deptforder Kneipe eine Unterhaltung belauscht, bei der von dem Raubmord die Rede gewesen war und von zwei Brüdern, Alfred und Albert Stratton, denen man die Tat ›zutrauen könnte‹.

Alfred und Albert Stratton waren in Scotland Yard nicht ganz unbekannt, obwohl man sie bis dahin noch niemals verhaftet und registriert hatte. Der eine war zweiundzwanzig, der andere zwanzig Jahre alt. Sie galten als ausgesprochene Faulenzer, die noch niemals geregelte Arbeit verrichtet hatten, sondern sich von Mädchen und Frauen aushalten ließen. Immer wieder wechselten sie ihre Adressen. Fox fand jedoch innerhalb weniger Tage heraus, daß Albert Stratton in einem alten, dunklen Haus in der Knott Street als Untermieter bei einer Mrs. Kate Wade hauste, einer alten Frau, die vom Zimmervermieten lebte und sich, wie sich bei ihrer Vernehmung herausstellte, vor Albert Stratton fürchtete. Sie hatte einmal im Zimmer des Burschen aufgeräumt und unter der Matratze mehrere Gesichtsmasken entdeckt, die aus schwarzen Strümpfen angefertigt waren. Fox erfuhr noch mehr: Albert Strattons Bruder Alfred hatte eine Geliebte namens Hannah Cromarty. Er fand das Mädchen in einem ärmlichen Zimmer, im Erdgeschoß eines Hauses an der Brookmill Road. Das einzige Fenster führte auf die Straße hinaus. Man sah dem Mädchen an, daß Alfred Stratton sie geprügelt hatte. Vor Wut darüber ›packte sie aus‹: Jawohl, sie kannte Alfred Stratton. Ja, er kam, wann es ihm gefiel, und zwang sie zu tun, was er wollte. Ja, er hatte in der Nacht vom Sonntag auf Montag bei ihr geschlafen. Am Sonntagabend war ein Mann am Fenster erschienen. Alfred hatte mit ihm verhandelt. Später wurde noch einmal ans Fenster geklopft, und Alfred Stratton hatte sich angezogen. Darüber war sie eingeschlafen. Als sie erwachte, war es bereits hell, und Alfred stand voll angezogen im Zimmer. Alfred Stratton, so sagte die Cromarty weiter aus, verschwand oft bei Nacht durch das Fenster und kam auf demselben Wege zurück. Diesmal hatte er ihr eingeschärft, jedem, der fragen sollte, zu erklären, daß er die ganze Nacht von Sonntag auf Montag in ihrem Bett verbracht habe und erst am Montagmorgen nach neun Uhr fortgegangen sei. Noch etwas erzählte Hannah Cromarty: Seit Dienstag war Alfreds brauner Mantel verschwunden. Als sie wissen wollte, wo er sei, hatte Alfred barsch geantwortet, er habe ihn einem Freund geschenkt. Außerdem hatte er seine braunen Schuhe schwarz gefärbt.

Macnaghten gab daraufhin Anweisung, die Brüder Stratton zu verhaften, wo immer man sie fand. Ein erster Versuch, sie im Kristallpalast bei einem Fußballspiel zu überraschen, mißlang. Sie blieben unauffindbar. Auch Hannah Cromarty verschwand aus ihrer Wohnung. Aber am folgenden Sonntag wurde Alfred und am Montag Albert in einer Kneipe überrascht – beides breitschult-

rige Burschen mit brutalen Gesichtern. Sie protestierten johlend, als man sie in die Polizeistation Tower Bridge brachte.
Macnaghten war sich sehr wohl klar darüber, daß die Belastungsmomente, die Fox zusammengetragen hatte, niemals ausreichen würden, um die beiden vor Gericht zu stellen. Aber er wollte ihre Fingerabdrücke haben. Wenn keiner ihrer Daumenabdrücke mit dem Abdruck auf Farrows Geldkassette übereinstimmte, hatte man keine Möglichkeit, sie festzuhalten. Wenn es aber eine Übereinstimmung gab ...
Der alte Polizeirichter, der darüber zu entscheiden hatte, ob die Strattons in Haft behalten werden sollten oder nicht, zeigte sich in der Tat von Fox' Argumenten wenig beeindruckt. Was brachte Fox schon vor: das Gerede einer alten Zimmervermieterin! Geschwätz einer rachsüchtigen Geliebten! Erst nach langem Hin und Her erklärte er sich bereit, die Verhafteten für acht Tage festzuhalten und ihre Fingerabdrücke sicherstellen zu lassen. Von der Daktyloskopie hatte er erst gerüchtweise gehört. Collins eilte mit seinen Gerätschaften herbei. Die Strattons wollten sich ausschütten vor Lachen, als er ihre Finger schwärzte und auf die Karteikarten drückte. Ahnungslos behaupteten sie, es ›kitzele‹ so ...
Collins aber fuhr mit der Karte nach Scotland Yard.
»Ich war«, so berichtet Macnaghten in seinen Lebenserinnerungen, »am Vormittag in mein Büro zurückgekehrt und werde niemals die dramatischen Umstände vergessen, unter denen der Fingerabdruckexperte (Collins) ein oder zwei Stunden später zu mir hereinstürzte. ›Großer Gott‹, sagte er in begreiflicher Erregung, ›ich habe herausgefunden, daß der Abdruck auf der Geldkassette genau mit dem Abdruck des Daumens des älteren Häftlings übereinstimmt.‹«
Der Ältere – das war Alfred Stratton. Henry (inzwischen Polizeipräsident von London) wurde sofort informiert und setzte sich noch am gleichen Tag mit Richard Muir in Verbindung. Henry wußte nur zu gut, daß jetzt die Gelegenheit gekommen war, dem Fingerabdruck als Beweismittel endgültig zum Sieg zu verhelfen. Ein Prozeß gegen die Brüder Stratton würde unter den Augen ganz Londons, ja ganz Englands stattfinden. Ein Fingerabdruck im Mittelpunkt dieses Prozesses ...! Der Daktyloskopie konnte keine größere Chance geboten werden!
Richard Muir begab sich selbst – wie im Falle Jackson – nach Scotland Yard und ließ sich von Macnaghten und Collins unterrichten. Er kam gerade zurecht, um zu erfahren, daß die Brüder Stratton dem Milchmann gegenübergestellt worden waren, der am Morgen des Mordtages zwei Burschen aus Farrows Laden hatte

flüchten sehen. Der Milchmann hatte die beiden nicht wiedererkannt. Ethel Stanton dagegen war bereit zu beschwören, daß Alfred Stratton einer der beiden Flüchtigen gewesen war. Die eine Aussage schwächte, die andere verstärkte die Beweismittel, die außer dem Daumenabdruck Alfred Strattons vorhanden waren.
Muir sah noch klarer als Macnaghten, wie schlecht es mit diesen Beweismitteln aussah. Den Kernpunkt der ganzen Beweisführung bildete die Fingerabdrucksfrage. Mit ihr stand und fiel die Anklage. Mit der Anerkennung oder Ablehnung des Fingerabdrucks als eines hinreichenden Beweises durch die Geschworenen stand und fiel das Urteil. Muir überdachte seine Entscheidung zwei Tage lang. Dann erklärte er sich bereit, die Anklage gegen Alfred und Albert Stratton zu übernehmen.
Daß es einen Kampf um den Fingerabdruck geben würde, war klar, als am 18. April die in England übliche Vorverhandlung über die Erhebung der endgültigen Klage über die Bühne des Polizeigerichtshofes Tower Bridge ging. Auf Muirs Tisch stand die erbrochene Geldkassette. Sie war von zwei Polizisten bewacht. Muir selbst wich nicht von dem Tisch. Er wußte, daß Richter und Geschworene noch zu wenig vom Fingerabdruckverfahren verstanden, um eine Fotografie des Daumenabdrucks allein als Beweis anzuerkennen. Er brauchte das Original. »Nicht berühren!« grollte seine Stimme. »Es sind Fingerabdrücke darauf.«
Neben Muir wartete Collins, bereit, Auskünfte zu erteilen. Der Anwalt, der die Strattons vertrat, kündigte an, er werde, wenn es zur Hauptverhandlung komme, zwei Sachverständige in den Zeugenstand rufen. Diese würden beweisen, daß Henrys Fingerabdrucksystem unzuverlässig sei. Die Namen der Sachverständigen blieben zunächst ungenannt. Muir und Collins zerbrachen sich vergeblich die Köpfe darüber, wer diese geheimnisvollen Gegner wohl sein könnten. Aber allein die Ankündigung angeblicher Sachkundiger veranlaßte sie, sich auf jede Überraschung vorzubereiten.
Am 5. Mai erschienen Alfred und Albert Stratton in der Anklagebank des Old Bailey. Richter Channell saß über sie zu Gericht. Nie zuvor hatte er sich mit der Daktyloskopie beschäftigt. Nie zuvor waren auch die Geschworenen mit dem neuen Phänomen in Berührung gekommen. Booth, der Anwalt der Angeklagten, hatte für sie zwei Verteidiger gewonnen, Curtiss Bennet und Harold Morris, von denen zumindest der erste in den kommenden Jahrzehnten in die Reihe der leuchtenden Sterne am Himmel der britischen Rechtsprechung aufsteigen sollte. Ihr Auftreten berührte Muir jedoch

nicht sonderlich. Sein Blick war auf zwei andere Männer gerichtet, die bei den Verteidigern Platz genommen hatten. Das Geheimnis um die Sachverständigen der Verteidigung war kein Geheimnis mehr. Da saßen sie. Da war als erster Dr. Garson, der so lange für die Bertillonage eingetreten war, dann sein eigenes, völlig unzulängliches Fingerabdrucksystem entwickelt und im Wettstreit mit Henry den kürzeren gezogen hatte. Wollte er Rache an Henry nehmen? Wollte er gegen das System zu Felde ziehen, das besser gewesen war als sein eigenes?

Neben Garson aber saß Dr. Henry Faulds! Durch eine Folge unglücklicher Umstände war der Name des Mannes, der als erster den Tatort-Fingerabdruck benutzt hatte, von den Namen Herschels, Galtons und Henrys überschattet, ja verdrängt worden. Seit Galton ausschließlich Herschel als Entdecker des Fingerabdrucks gefeiert hatte, kämpfte Faulds einen erbitterten Kampf um den Ruhm, der erste gewesen zu sein. Mehr und mehr glaubte er an eine Verschwörung, die ihn um sein Erstrecht betrügen wollte. Im Laufe der Jahre hatte er jedes Maß verloren; mit Artikeln, offenen Briefen und Broschüren stritt er nicht nur um seine Priorität bei der Entdeckung des Tatort-Fingerabdrucks, die ihm ohne jeden Zweifel zustand, sondern auch bei der Entdeckung des Fingerabdrucks überhaupt. Hatte auch er die Absicht, aus blinder Rachsucht gegen Henry und damit im Grunde gegen seine eigene Entdeckung anzutreten?

Muir blickte grimmig zu ihnen hinüber, und sein Blick verriet, daß er gerüstet war, die Klinge mit ihnen zu kreuzen. Als er das Wort ergriff, wurde es totenstill. »In den Hunderten von Mordfällen«, so schrieb später Muirs Biograph Felstead, »in denen er als Ankläger der Krone aufgetreten ist, hat Muir niemals eine solche Abscheu gegenüber Angeklagten gezeigt wie im Falle der beiden Strattons. Er sah in ihrer Tat das brutalste Verbrechen, das ihm bis dahin begegnet war. Er erklärte, die Art, wie die Gesichter des armen alten Ehepaares zugerichtet gewesen seien, gestatte nicht das geringste menschliche Empfinden für die Mörder ... Er sprach wahrscheinlich noch langsamer und überlegter als sonst, aber mit einer tödlichen Wirkung. Die Angeklagten starrten zu ihm hinüber, als ob nicht der Richter, sondern Muir jeden Augenblick ihre Hinrichtung anordnen würde ...« Und eine Sonntagszeitung schrieb über Muir: »Seine Worte klangen, als ob schon die Hinrichtungsglocke im New-Gate-Gefängnis läutete.«

Muir beherrschte das Kampffeld des Gerichtssaales gut genug, um zunächst alle Zeugen in den Stand zu rufen, die, wie Kate Wade oder Ethel Stanton, die Strattons belasteten. Ihre Aussagen ermöglichten es ihm, ein geschlossenes Bild des Doppelmordes, seiner Vorbereitung und seines Ablaufs zu geben. Erst dann ›erschien‹ wie eine Zeitung sich ausdrückte, ›der Fingerabdruck vor Gericht‹.

Muir zeigte auf die Kassette und erklärte: »Es gibt nicht den Schatten eines Zweifels daran, daß der Daumenabdruck auf dieser Geldkassette, die einmal dem ermordeten Mr. Farrow gehörte, vom rechten Daumen des Angeklagten Alfred Stratton stammt.«

Dann rief er Collins in den Zeugenstand. Hinter Collins war eine große Tafel aufgestellt, an der sich so, daß jeder Geschworene leicht folgen konnte, das Prinzip des Vergleichs von Fingerabdrücken erklären ließ. Collins wirkte noch überzeugender als vor drei Jahren im Falle des Einbrechers Jackson. Er zeigte die stark vergrößerten Fotografien des Daumenabdrucks an der Kassette und des Originalabdrucks von Alfred Stratton und wies elf Übereinstimmungen in den beiden Abdrücken nach. »Der ganze Gerichtssaal«, so schrieb später Superintendent Cherrill, der berühmteste unter Collins' Nachfolgern in der Fingerabdruckabteilung von Scotland Yard, »war still vor Spannung, während Collins sprach und dann (von der Verteidigung) ins Kreuzverhör genommen wurde.«

Das Kreuzverhör durch Booth und Bennet verriet nach wenigen Sätzen die Schwäche ihrer Position. Selbst ohne Erfahrung auf dem Gebiet der Daktyloskopie war ihnen weder Faulds' Haß noch Garsons Geltungsdrang aufgefallen. Ahnungslos und guten Glaubens steuerten sie auf eine Theorie zu, die Faulds ihnen eingegeben hatte. Sie lautete: Die Aufnahmen Collins zeigten Verschiedenheiten, die jedem sorgfältigen Beobachter sofort ins Auge springen müßten und eine unverantwortliche Leichtfertigkeit Scotland Yards verrieten.

Die Verschiedenheiten, mit denen die Verteidigung operierte, waren nichts anderes als einige der unvermeidlichen kleinen Differenzen, wie sie sich beim Abnehmen der Fingerabdrücke einstellten, weil es unmöglich war, die Finger stets mit dem gleichen Druck abzurollen. Muir und Collins reagierten sofort. Collins nahm den Geschworenen mehrfach hintereinander die Abdrücke ihrer rechten Daumen ab und führte dann der ganzen Geschworenenbank die ›Verschiedenheiten‹ vor, welche die Verteidigung bei Alfred Strattons Daumenabdruck ins Treffen geführt hatte. Jeder Geschworene konnte sich mit eigenen Augen überzeugen, daß diese Differenzen nichts mit den charakteristischen Mustern zu tun hatten, auf die allein es ankam. Das sinnlose Argument der Verteidigung war zerschlagen. Es kam daraufhin zu einer heftigen Auseinandersetzung

zwischen Dr. Booth und Dr. Faulds, der mit verbissenem Gesicht vor sich hinstarrte.
Unsicher geworden, offenbar von ersten Zweifeln an der Sachlichkeit und Zuverlässigkeit ihrer Sachverständigen überfallen, schienen Booth und Bennet unschlüssig, ob sie Dr. Garson in den Zeugenstand rufen sollten. Vielleicht auch sahen sie in Muirs Augen den Funken, der verriet, daß er eine Überraschung bewahrte und bereit war, Garson zu vernichten, falls er in den Bereich seines Kreuzverhörs geraten sollte. Als sich die Verteidigung in Ermangelung anderer Mittel schließlich entschloß, Garson aufzurufen, erlebte sie tatsächlich eine noch schlimmere Niederlage als in dem Augenblick, in dem sie den Ratschlägen Dr. Faulds' gefolgt war.
Muir zog einen Brief hervor. Ob Dr. Garson, so rief er, diesen Brief an ihn, den Ankläger, geschrieben habe? Ob Garson sich in diesem Briefe der Anklage als Sachverständiger für Fingerabdrücke angeboten habe, bevor er sich der Verteidigung zur Verfügung stellte? Wie Garson diese Doppelzüngigkeit erklären könne? Es blieb unausgesprochen, aber jedermann begriff, daß mit diesen Worten Garson beschuldigt wurde, er sei bereit gewesen, als Zeuge der Anklage genau das Gegenteil von dem auszusagen, was er soeben für die Verteidigung vorgebracht hatte – sofern nur die Anklage bereit gewesen wäre, seine Dienste anzunehmen und sein Geltungsbedürfnis zu befriedigen. Garson blickte bleich um sich, dann antwortete er trotzig: »Ich bin ein unabhängiger Zeuge.« Weiter kam er indessen nicht, denn Richter Channell schaltete sich ein: »Ich würde sagen«, erklärte er grimmig, »ein absolut unglaubwürdiger Zeuge ...«, und forderte Garson auf, den Zeugenstand zu verlassen.
»Das war Muirs Sieg«, berichtete ein zeitgenössischer Beobachter. »Die Verteidigung hatte im Kampf um den Fingerabdruck verloren. Richter Channell mußte bei der Belehrung der Geschworenen trotz aller Zurückhaltung feststellen, daß der Fingerabdruck zweifellos in gewissem Maße beweiskräftig sei. Spät abends gegen 10 Uhr, nach zweistündiger Beratung, kamen die Geschworenen in den Gerichtssaal zurück. Noch einmal herrschte eine spannungsgeladene Stille. Dann vernahmen die Anwesenden den Spruch der Jury. Er lautete auf ›Schuldig‹ für Alfred und Albert Stratton. Das Urteil sprach Richter Channell aus: ›Tod durch Erhängen.‹ Und die Flut gegenseitiger Beschuldigungen, die nun aus den beiden Verurteilten hervorbrach, zeigte, wie berechtigt die Strafe war.« Die Strattons büßten ihr Verbrechen mit dem Tode.
Der Stratton-Prozeß aber bedeutete die erste, entscheidende Station

auf dem Wege der Daktyloskopie zu voller Anerkennung in der Rechtsprechung.
Henrys System verbreitete sich über Großbritannien, Schottland, Irland, die britischen Dominien und Kolonien. Und zur gleichen Zeit trat es seinen Weg nach Europa und über die ganze Erde an.

15

Zweifellos ist es eine menschliche Tragödie, wenn ein Entdecker, kaum daß seine Entdeckung die Welt erobert hat, sich durch eine neue Entdeckung überflügelt sieht, die sein Werk zum Untergang verdammt. Dies, genau dies war das Schicksal, das Alphonse Bertillon von dem Augenblick an erwartete, in dem die Daktyloskopie feste Wurzeln in England geschlagen hatte.
Eine andere Persönlichkeit hätte vielleicht die Größe aufgebracht, das Unvermeidliche nicht nur zu erkennen, sondern auch anzuerkennen – und dies um so leichter, als sein Platz in der Geschichte ohnehin gesichert war. Bertillon war und blieb der Mann, der wissenschaftlichen Ideen den Weg in die Kriminalistik gebahnt hatte. Er war und blieb ein Pionier der kriminalistischen Fotografie. Und er war und blieb der Begründer des ersten kriminaltechnischen Laboratoriums der Welt. Aber seinem starren Charakter fehlten Einsicht und Größe. Vor Bertillons Augen gingen plötzlich die Positionen verloren, die sein Meßverfahren sich in einem scheinbar triumphalen Siegeszug errungen hatte.
Den ›Abfall‹ Argentiniens und so vieler Staaten Südamerikas hatte er verschmerzen können, wenn auch mit Bitterkeit, vor allem aber mit jener Art von Hochmut, den man in Europa der Neuen Welt gegenüber nicht selten empfand. Aber nun drang Henrys Fingerabdrucksystem auf dem Wege über England in die europäischen Bastionen der Bertillonage ein. Schon im Jahre 1902 kam es zum ›Abrall‹ in Budapest; die Anthropometrie mußte in Ungarn dem Fingerabdruck weichen. Im gleichen Jahre begann man von Wien aus mit der Einführung der Daktyloskopie in Österreich. Zwar dauerte es noch einige Jahre, bis die Anthropometrie endgültig zu den Akten gelegt war. Aber daß man sie ad acta legen würde, war schon gewiß.
Im gleichen Jahre 1902, am 18. April, setzte Dänemark auf das System Henrys. Es folgte Spanien, das bei der Arbeit mit der Bertillonage ›horrende Irrtümer‹ erlebt hatte. Moríz Aquilera, Professor für Anatomie in Madrid, erhielt den Auftrag, das spanische Identifizierungssystem zu reorganisieren. In Genf, wo das

erste Meßkabinett der Schweiz entstanden war, behielt man die Körpermessungen noch einige Zeit bei, registrierte aber auch den Abdruck des linken Daumens, linken Zeigefingers, rechten Daumens, Zeige-, Mittel- und Ringfingers. Bald entstanden Fingerabdrucksammlungen in Aarau, Basel, Genf, Luzern und Zürich. In Deutschland setzte sich Dresden, dessen entschlußfreudiger Kriminalpolizeichef (und nunmehriger Polizeipräsident) Koettig im Jahre 1895 durch sein Beispiel so viel zur schnellen Ausbreitung der Anthropometrie in Deutschland beigetragen hatte, nun auch mit dem Übergang zur Daktyloskopie an die Spitze der deutschen Polizeiverwaltungen.

Im Hintergrund dieser Wandlung stand ein damals zwanzigjähriger junger Mann, der sich in den kommenden Jahrzehnten zu einer der bedeutendsten Persönlichkeiten der deutschen Kriminalistik entwickeln sollte: Robert Heindl.

Heindl, Student der Rechte in München, hatte in einer englischen Zeitschrift durch Zufall einen Bericht über Henrys Arbeit in Indien gelesen. Er schrieb nach Kalkutta, erbat Unterlagen über die Daktyloskopie und sandte, als er sie erhielt, ausführliche Memoranden an die Polizeipräsidenten aller großen deutschen Städte. Darin empfahl er, die Bertillonage über Bord zu werfen und sich dem Fingerabdruck zuzuwenden.

Polizeipräsident Koettig nutzte die Gelegenheit, die ihm eine große Ausstellung in Dresden bot, um die Idee der Daktyloskopie zu propagieren. Eine Gruppe lebensgroßer Figuren zeigte das Abnehmen des Fingerabdrucks. Heindl nannte diese Gruppe später ›das Grabdenkmal für die Anthropometrie‹. Als während der Ausstellung ein Süßwarendieb, der am Schauplatz seiner Tat die Abdrücke seiner von Zucker klebrigen Finger hinterlassen hatte, in kürzester Zeit verhaftet werden konnte, trug dies wesentlich dazu bei, das öffentliche Interesse für die Daktyloskopie zu wecken. Schon am 24. Oktober 1903 führte ganz Sachsen das Fingerabdruckverfahren ein. Im gleichen Jahre begannen Hamburg und Berlin mit der Sammlung daktyloskopischer Karten. In Bayern ging Nürnberg voran. In München dauerte es noch ein paar Jahre, bis einige Mordfälle die Unzulänglichkeit des bestehenden Identifizierungssystems aufzeigten. Heindl erhielt den Auftrag, das erste Fingerabdruckkabinett der bayerischen Hauptstadt einzurichten.

Selbstverständlich regten sich hier und da noch Widerstände. Vor allem hörte man die These, der Fingerabdruck sei von zweifelhaftem Wert, weil die Kriminellen ganz gewiß Mittel und Wege finden würden, um die Papillarlinien an ihren Fingern zu verändern. Derartige Argumente verstummten erst, als durch praktische Versuche nachgewiesen wurde, daß selbst nach schweren Verbrennungen, Verätzungen und Verbrühungen auf der nachwachsenden Haut der Fingerspitzen die ursprünglichen Papillarlinien wieder erschienen. Heindl pflegte eine Warze vorzuzeigen, die sich auf einer seiner Fingerspitzen bildete. Selbst auf der Warze blieben die Papillarlinien deutlich erkennbar.

Mittlerweile war die Anthropometrie in so gut wie allen europäischen Ländern gestürzt. In Belgien war es Dr. Stockis, der nun auch der Daktyloskopie den Weg bereitete. Die Verhaftung eines belgischen Anarchisten, der sich 1904 durch Fingerabdrücke auf anonymen Briefen verriet, förderte die Entwicklung. Noch wirkungsvoller war die Entlarvung eines Mörders, der kurz nach dem Mord an seiner Frau, von Gewissensqualen gepeinigt, in die Leichenhalle einbrach, um die Tote um Verzeihung zu bitten. Dabei ließ er seine Fingerabdrücke zurück. In Norwegen eröffnete die Stadt Christiania im Jahre 1906 den Reigen. Schweden begann im April des gleichen Jahres mit der Daktyloskopie. In Italien war es wiederum Professor Ottolenghi, der trotz seiner langjährigen Begeisterung für die Bertillonage und das ›Portrait parlé‹ nun für den Fingerabdruck eintrat. Rußland richtete am 30. Dezember 1906 Fingerabdruckkabinette in allen großen Gefängnissen ein. Im Ministerium des Innern in St. Petersburg entstand eine Zentrale für Fingerabdrücke, und im Oktober 1912 verurteilte ein Schwurgericht der russischen Hauptstadt den ersten Mörder, der sich durch Fingerabdrücke auf einem Stück Holz verraten hatte. Am Ende gab es außer Monaco und Luxemburg nur noch ein einziges nichtfranzösisches Land, das der Anthropometrie die Treue hielt: Rumänien.

Bertillons System war auf Frankreich zurückgeworfen, auf das Land, in dem es entstanden war und dem es die führende Position in den ersten Anfängen der wissenschaftlichen Kriminalistik verschafft hatte. Daß man das Meßverfahren in Europa abschaffte, erschien vielen politischen und wissenschaftlichen Kreisen in Paris nicht nur als eine Niederlage Bertillons. In diesen Jahren, in denen der französische Nationalismus (genauso wie der deutsche und russische) eine Hochblüte erlebte, erhielt die Abschaffung der Bertillonage den Charakter eines nationalen Affronts. Vor einem solchen Hintergrund verteidigte Bertillon die französische Festung der Anthropometrie verbittert und uneinsichtig – und schließlich starr bis zur Blindheit.

Es wird immer ein Geheimnis bleiben, wie lange Bertillon ernsthaft daran geglaubt hat, daß ›winzige Fleckchen‹ an den menschlichen Fingerspitzen (wie er sagte) niemals zur Grundlage eines zuverlässigen Identifizierungssystems werden könnten, und von wann ab er wider besseres Wissen handelte oder einfach die Augen vor der Wahrheit verschloß.

Als Francis Galton sich an ihn wandte und vorschlug, Versuche mit der Daktyloskopie zu unternehmen, nahm er das neue Phänomen so wenig ernst, daß er summarisch erwiderte, die Abnahme der Fingerabdrücke sei zu kompliziert für Polizeibeamte, und es gebe zu viele Schwierigkeiten für die Praxis. (Zu diesen Schwierigkeiten zählte er das Säubern der Finger von der verwendeten Druckerschwärze!) 1893 schrieb er in seinem ›Lehrbuch der Anthropometrie‹: »Es steht fest, daß die Hautzeichnungen zu ungenügend markierte Abstufungen zeigen, um sie als Grundlage für eine Registratur benützen zu können.« Im Jahre 1894 nahm er insgeheim einige Fingerabdrücke in seine Kartei auf, und zwar den Abdruck von Daumen, Zeige-, Mittel- und Ringfinger der rechten Hand als ›besondere Kennzeichen‹. Er konnte nicht umhin, dem Fingerabdruck als ein vom Tatort stammendes Zeichen eine gewisse Bedeutung zuzubilligen, und versuchte auf die genannte Weise, einen Mangel seines Meßverfahrens, den auch er nicht leugnen konnte, zu beheben. Er mochte es dabei als Infamie betrachten, daß das Schicksal ihn im Jahre 1902 dazu ausersah, durch eine zufällige Überprüfung von Tatortabdrücken den ersten Mordfall auf dem Kontinent zu bearbeiten, dessen Aufklärung überhaupt auf solche Abdrücke zurückging.

Widerwillig genug folgte Bertillon am Vormittag des 17. Oktober 1902 der Bitte des Untersuchungsrichters Joliot, sich in die Rue du Faubourg Saint Honoré Nr. 157 zu begeben und den Schauplatz eines Mordes zu fotografieren. Weder Joliot noch die beteiligten Kriminalbeamten dachten ursprünglich an Fingerabdrücke. Es ging ihnen lediglich um die Fotografie des Tatorts.

In dem verwüsteten Salon eines Zahnarztes namens Alaux fand sich die Leiche von Alaux' Diener Joseph Reibel. Ein Schreibtisch und ein Glasschrank waren aufgebrochen. Es war allerdings so wenig gestohlen, daß sofort der Gedanke auftauchte, der Raub sei nur vorgetäuscht, um andere Mordmotive zu verdecken. Aber wie dem auch sein mochte – während der fotografischen Arbeit stieß Bertillon auf eine Glasscheibe mit den fettigen Abdrücken mehrerer Finger (Daumen, Zeige-, Mittel- und Ringfinger). Was Bertillon dazu bewegte, diese Glasscheibe in sein Laboratorium mitzunehmen, war keineswegs der Gedanke an eine Fingerabdruck-Identifizierung, sondern die Neugier des Fotografen: Ihn interessierte die Frage, wie man solche Abdrücke am besten fotografieren konnte. Er nahm schließlich das Glas vor einem dunklen Hintergrund und im Licht einer Bogenlampe auf.

Als die Bilder aber vorlagen und jede einzelne Papillarlinie sich erkennen ließ, reizte es ihn, in seiner Kartei nach den Abdrücken zu suchen. Vielleicht war es eine Art Spiel mit dem Feind seines Lebenswerkes, und nichts, aber auch gar nichts sprach dafür, daß sich die Abdrücke des Mörders auf den verhältnismäßig wenigen Meßkarten befanden, die auch mit Fingerabdrücken versehen worden waren. Da die Karten nicht nach Fingerabdruckmustern, sondern nach Körpermaßen geordnet waren, mußten Bertillon und einige seiner Mitarbeiter in tagelanger, mühseliger Arbeit Karte für Karte (immerhin einige Tausend) mit den Abdrücken vom Tatort vergleichen. Dabei ereignete sich das völlig Unwahrscheinliche: Sie fanden die Abdrücke, die genau denen vom Tatort entsprachen! Es war, als habe das Schicksal Bertillon geradezu auf die Bedeutung des neuen Phänomens hinweisen wollen. Nur Daumen, Zeige-, Mittel- und Ringfinger der rechten Hand waren auf seinen Karten festgehalten. Und der Mörder hatte die Abdrücke genau der gleichen Finger auf der Glasplatte hinterlassen! Sie gehörten zu einem Vorbestraften namens Henri Leon Scheffer, geboren am 4. April 1876. Kurze Zeit später stellte Scheffer sich in Marseille der Polizei und gestand.

Bertillons Bericht über seinen Fund enthielt keinerlei Hinweis darauf, daß ihm die Bedeutung des Fingerabdrucks bewußt geworden wäre. Er sprach zwar von einer »überzeugenden Ähnlichkeit und Gleichheit in einer Anzahl von Punkten ...«, seine Untersuchung zeigte jedoch, daß er die entscheidenden Übereinstimmungen nicht einmal gefunden hatte. Nur durch einen glücklichen (und in seinem Falle zugleich hämischen) Zufall war er zu einem richtigen Vergleichsergebnis gelangt.

Der Fall Scheffer ließ – als wollte das Schicksal seine Infamie auf die Spitze treiben – in Frankreich die Legende entstehen, Bertillon sei der Entdecker des Fingerabdrucks, von dem in der übrigen Welt so viel geredet wurde. Es reizte Bertillon bis aufs Blut, als Pariser Karikaturisten ihn als einen Mann darstellten, der überall nach Fingerabdrücken fahndete, und kalter Zorn schüttelte ihn, als er in ›L'Assiette au Beurre‹ eine Zeichnung fand, die ihn in einer primitiven Toilette zeigte, während er mit dem Vergrößerungsglas Abdrücke untersuchte, die von kotbeschmierten Händen an den Wänden hinterlassen worden waren.

Für ihn war der Fall Scheffer nichts als eine ungewollte Episode, der er keinen Einfluß auf sein Denken gestattete. Für Bertillon blieb der Fingerabdruck ein allenfalls geduldetes Anhängsel des Meßsystems, bis das Jahr 1911 ihn in eine Krise stürzte, die jeden anderen aufgerüttelt hätte. Doch auch von ihr blieb Bertillon unberührt.

Am 22. August dieses Jahres 1911 überraschten die Pariser Zeitungen ihre Leser mit einer Nachricht, die in den Augen vieler Franzosen der Meldung einer nationalen Katastrophe gleichkam. Am Tage zuvor, einem Montag, war Leonardo da Vincis weltberühmtes Meisterwerk, die ›Mona Lisa‹ (man hielt das Bild für das Porträt der Gattin des florentinischen Edelmannes del Giocondo und nannte es deshalb auch ›La Gioconda‹), aus dem Salon Carré des Louvre verschwunden. Zunächst suchte man nach harmlosen Erklärungen für den Vorfall (etwa der Art, das Bild sei zu einem Fotografen gebracht worden). Doch bald mußte die Direktion des Museums sich der Erkenntnis beugen, daß das einmalige Kunstwerk, der Stolz des Louvre, von Unbekannten entwendet worden war.

Um irgend etwas als völlig unmöglich hinzustellen, hatte man in Paris oft den Ausdruck gebraucht: »Das wäre so, als wollte man die Mona Lisa stehlen.« Jetzt war die Mona Lisa gestohlen, und die nationale Erregbarkeit jener letzten Jahre vor dem ersten Weltkrieg ließ den Vorgang zeitweise zu einem politischen Skandal werden. Es kam zu den absurdesten Beschuldigungen, Anklagen, Vermutungen. So wurde der deutsche Kaiser, Wilhelm II., verdächtigt, den Diebstahl veranlaßt zu haben, um Frankreichs Stolz zu treffen. Deutsche Zeitungen, wie der ›Berliner Lokalanzeiger‹, zahlten mit der gleichen Münze heim, wenn sie schrieben: »Der Diebstahl der Gioconda ist nichts als ein Kunstgriff der französischen Regierung, die in der deutsch-französischen Krise die Gemüter der Bevölkerung verwirren will.«

Die gesamte französische Polizei wurde alarmiert, für alle Grenzen und Häfen strengste Überwachung angeordnet. Der Innenminister, der Generalstaatsanwalt Lescouvé, der Polizeipräsident Lépine, der nunmehrige Chef der Sûreté Hamard und Bertillon fanden sich am Tatort ein. Das auf eine Holztafel gemalte Bild war mit dem Kasten, in dem es gehangen hatte, von der Wand entfernt worden. Der Kasten selbst lag auf einer Nebentreppe, die nur vom Personal des Louvre und von Handwerkern benutzt wurde. Das Bild war aus dem Kasten herausgenommen worden. Es schien unbegreiflich, wie es dem Dieb gelungen war, die Holztafel an den Pförtnern vorüber aus dem Museum zu tragen.

Hunderte von Verdächtigen wurden überprüft. Man kontrollierte die Irrenanstalten, weil dort Geisteskranke lebten, die von einem Liebesverhältnis mit der Mona Lisa phantasierten. Künstler wie der junge Picasso gerieten in den Verdacht, an dem Diebstahl beteiligt zu sein. Da kam plötzlich die Nachricht, Alphonse Bertillon habe eine Spur gefunden – den Abdruck menschlicher Finger, der auf der Glasscheibe des Schaukastens zurückgeblieben war.

Die Nachricht entsprach der Wahrheit.

Bertillon hatte einen Fingerabdruck gefunden. Es war, als wolle sich der Fall Scheffer des Jahres 1902 wiederholen. Aber er wiederholte sich nicht. Die ersten enthusiastischen Hoffnungen, die auf Bertillon und den Fingerabdruck gesetzt wurden, erwiesen sich als trügerisch. Man erfuhr nur noch, daß zahlreiche Verdächtige auf ihre Fingerabdrücke hin untersucht wurden – ohne Ergebnis. Dann wurde es still um die Fingerspur, und die Sûreté jagte, von der lange nachwirkenden öffentlichen Empörung und Erregung immer wieder angetrieben, von Spur zu Spur, bis ihre Bemühungen nur noch Hohn und Gelächter ernteten.

Am 2. Dezember 1913, fast achtundzwanzig Monate nach dem Diebstahl, bot ein Unbekannter, der sich ›Leonard‹ nannte, dem Florentiner Antiquitätenhändler Alfredo Geri die Mona Lisa zum Kauf an. Der Unbekannte erklärte, er habe nichts anderes im Sinn, als Italien ein Kunstwerk zurückzugeben, das (was nicht der Wahrheit entsprach) von Napoleon gestohlen worden sei. Kurze Zeit darauf erschien er persönlich mit dem Bild in Florenz. Als man ihn verhaftete, enthüllte er das Geheimnis des Diebstahls und erregte damit einen neuen Skandal, der, wäre er damals in die französische Öffentlichkeit gedrungen, das immer noch außerordentlich große Vertrauen in Bertillon hätte zerstören müssen.

›Leonard‹ war selbst der Täter. Sein richtiger Name lautete Vicenzo Perrugia. Er war Italiener und hatte 1911 als Anstreicher in Paris gearbeitet – zeitweilig auch im Louvre. An jenem schicksalhaften Montag des Jahres 1911, an dem die Mona Lisa verschwand, hatte er einen Besuch bei Anstreicherkollegen im Louvre gemacht. Das Museum war an diesem Tag für die Öffentlichkeit geschlossen, aber die Aufseher kannten Perrugia und ließen ihn ein. Niemand kümmerte sich um ihn. In aller Ruhe wartete er einen Augenblick ab, in dem er sich allein im Salon Carré befand, nahm den Kasten mit dem Gemälde von der Wand, suchte die Nebentreppe auf, entfernte das Bild aus dem Kasten und schob es unter seinen Malerkittel. So war er an den Aufsehern vorübergegangen und hatte das Gemälde unter dem Bett seiner elenden Kammer in

der Rue de l'Hôpital Saint-Louis versteckt. Zwei Jahre lang, bis der Sturm in der Öffentlichkeit sich legte.
Wie leicht der Dieb es gehabt hatte, war beschämend genug für die Zustände bei der Bewachung des Louvre. Daß man ihn nicht hatte fassen können, war noch beschämender. Es stellte sich nämlich heraus, daß Perrugia – ein arbeitsscheuer Psychopath – in den Jahren vor dem Diebstahl mehrmals in französischem Polizeigewahrsam gewesen war, zuletzt im Jahre 1909, als er versucht hatte, die Geldbörse einer Prostituierten zu rauben. Damals hatte man ihm auch nach dem Schema, das von Bertillon seit 1894 geschaffen worden war, einige Fingerabdrücke abgenommen. Sie befanden sich als ›besondere Kennzeichen‹ auf Perrugias Meßkarte. Da aber im Jahre 1911 auch die Zahl der mit Fingerabdrücken versehenen Meßkarten zu groß geworden war, als daß man sie, wie im Falle Scheffer, Stück für Stück hätte durchsehen können, war Bertillon außerstande gewesen, einen Vergleich mit dem Tatortfingerabdruck durchzuführen. Der Diebstahl, der innerhalb weniger Stunden hätte aufgeklärt werden können, blieb für mehr als zwei Jahre ein scheinbar unergründliches Geheimnis.
Lépine, der ein Wiederaufflackern der Vorwürfe befürchtete, die nach dem Diebstahl der Mona Lisa gegen die Polizei erhoben worden waren, erwog eine Untersuchung und eine gründliche Reorganisation des Identifizierungsdienstes. Er, dessen erklärtes Ziel es von Anbeginn gewesen war, die Pariser Polizei bei der Bevölkerung beliebt zu machen, scheute nichts so sehr als Vorwürfe. Er scheute sie schließlich mehr als den Gedanken, die nationale Legende Bertillon anzurühren. Doch während er noch seine Entscheidung erwog, erfuhr er, daß Bertillon vom Tode gezeichnet sei und nur noch kurze Zeit zu leben habe. So beschloß Lépine, Bertillons Ende abzuwarten.
Zu Bertillons alten Magen- und Darmbeschwerden und den schweren Migräneattacken hatten sich im Jahre 1913 beängstigende Erscheinungen von Müdigkeit und Untertemperatur gesellt. Er fröstelte ständig. Zeitweilig war es unmöglich, in einem Raum mit ihm zu leben, weil die Öfen bis zur Rotglut geheizt werden mußten; selbst dann noch war Bertillon in Decken gehüllt. Als sein Sehvermögen nachließ, gab es für die Ärzte keine Zweifel mehr: Er litt an perniziöser Anämie (bösartiger Blutarmut), einem Leiden, das damals einem Todesurteil gleichkam. Die Vorahnung des nahenden Endes machte den Niedergang der Anthropometrie noch unerträglicher für den unheilbar Kranken. Er fühlte, daß sein Tod das Ende auch der Bertillonage in Frankreich bedeuten könnte.

In dieser Situation bescherte ihm das Schicksal im Herbst 1913 eine Begegnung, die das Maß seiner Verbitterung bis zur Unerträglichkeit steigerte. Sein Sekretär überbrachte ihm die Karte eines Fremden, der Bertillon zu sprechen wünschte. Es handelte sich um eine etwas ›lebhafte‹ Karte mit vielen Schnörkeln, wie man sie besonders in Südamerika liebte. Der Name, der inmitten dieser Schnörkel stand, lautete: Juan Vucetich, La Plata.
Bertillons Gesicht verlor den letzten Rest von Farbe, der ihm noch geblieben war. Vucetich! Der Mann, der vor siebzehn Jahren in Argentinien als erster die Bertillonage zu Fall gebracht hatte! Vucetich, der im Jahre 1901 die zweifellos einseitigen, für Bertillon einen Affront sondergleichen bedeutenden Worte gesprochen hatte: »Ich kann Sie versichern, daß wir von 1891 bis 1895, während der Jahre, in denen wir das anthropometrische System benutzten, trotz all unserer Anstrengungen niemals in der Lage gewesen sind, mit Bestimmtheit die Identität einer Person festzustellen!« In Bertillons grollender Seele stieg der Verdacht auf, Vucetich habe seinen Besuch mit Vorbedacht auf dieses düstere Schicksalsjahr 1913 gelegt, um sich an seinem drohenden Niedergang zu weiden und den eigenen Triumph zu genießen. Vucetich wagte es, unangemeldet vor seiner Tür zu erscheinen! Vucetich erwartete, von ihm empfangen zu werden!
Er ließ Vucetich warten, in der Absicht, ihn zu verletzen – so lange warten, bis er vermeinte, nun habe er ihm erst einmal den nötigen Respekt beigebracht. Dann trat er an die Tür, die zum Treppenabsatz hinausführte, und öffnete sie mit vor Zorn und körperlicher Schwäche zitternder Hand. Als Vucetich ahnungslos auf ihn zuschritt und ihm seine Hand entgegenstreckte, maß er ihn mit einem Blick eiskalten Hasses. Dann stieß er hervor: »Mein Herr, Sie haben versucht, mir eine Menge Übles anzutun«, und schleuderte die Tür vor Vucetichs Gesicht ins Schloß.
Vielleicht hätte Bertillon seiner Bitterkeit weniger die Zügel schießen lassen, wenn er geahnt hätte, daß auch auf den Mann, der schweigend den Justizpalast verließ, ein enttäuschendes persönliches Schicksal wartete. An dem Tage der Begegnung in Paris glaubte Vucetich noch fest an seinen Erfolg. Nicht mehr fern schien der Tag, an dem sich sein Traum von einer daktyloskopischen Erfassung der gesamten argentinischen Bevölkerung verwirklichen sollte. Im Jahre 1911 hatte die Provinzialregierung von Buenos Aires das Gesetz Nr. 8129 erlassen. Es ordnete die Schaffung eines Stammrollen- und Wahlregisters für die erwachsene Bevölkerung an. Als Grundlage war das Fingerabdrucksystem vorgesehen, und

Vucetich erhielt den Auftrag, das Register einzurichten. Anfang 1913 war seine Aufgabe erfüllt. Im Hochgefühl des Geleisteten hatte er beschlossen, eine Reise nach Europa, nach Nordamerika und nach Ostasien anzutreten, um an Ort und Stelle zu erleben, was er bis dahin nur Zeitschriften und Zeitungsartikeln hatte entnehmen können: die erfolgreiche Entwicklung der Daktyloskopie. Zweifellos drängte es ihn aber auch, festzustellen, wie weit der Ruf seines eigenen Werkes und seines Namens gedrungen war.
Er ließ seinen Anspruch auf Pensionierung als Beamter gegen eine einmalige Zahlung von 25 000 Pesos ablösen, um davon seine Reisekosten zu bestreiten, und trat dann die große Fahrt ins Unbekannte an.
Er besuchte Indien, Japan und China. Überglücklich konnte er feststellen, daß man seinen Namen sogar in China kannte. Mit Orden ausgezeichnet, reiste er nach Europa und stand schließlich an jenem Schicksalstag vor der Tür Bertillons, arglos und mit nichts anderem im Sinn als dem Wunsch, einem Mann die Hand zu reichen, dessen Werk er zwar nicht akzeptiert hatte, den er aber achtete.
Das Verhalten Bertillons versetzte ihm einen Schlag, den er im Grunde seines Herzens niemals verwand. Es trieb ihn von Europa in die Neue Welt zurück. Im Januar 1915 betrat er wieder argentinischen Boden. Ein neues Glücksgefühl überkam ihn, als er erfuhr, daß die Regierung von Buenos Aires inzwischen beschlossen hatte, ein Generalregister der gesamten Bevölkerung, aufgebaut auf dem Fingerabdrucksystem, zu schaffen. Vor ihm lag die Erfüllung seines größten Traumes. Er erhielt den Auftrag, einen Entwurf vorzulegen. Am 20. Juli 1916 – an Vucetichs achtundfünfzigstem Geburtstag – nahmen beide Kammern des Provinzialparlamentes diesen Entwurf an und verfügten seine Durchführung. Ausschließlich von dem Gedanken an die Vollendung seines Lebenswerkes erfüllt, überhörte Vucetich die Stimmen, die sich gegen das Register erhoben. Die gleichen Argumente wurden vorgebracht, die in den kommenden Jahrzehnten gegen alle ähnlichen Bestrebungen in anderen Ländern und Kontinenten immer wieder vorgebracht worden sind. Sie ließen sich in der einen Frage zusammenfassen: Einwohner von Buenos Aires, wollt ihr euch wie Verbrecher registrieren lassen?
Im Mai 1917 stellte die argentinische Regierung die Provinz Buenos Aires unter Staatsaufsicht. Der Beauftragte der Bundesregierung, Cantilo, setzte am 28. Mai das Provinzialgesetz über das Generalregister außer Kraft, untersagte Vucetich die Fortsetzung seiner Arbeit und zwang ihn, alle Dokumente, Apparate und selbst das

Mobiliar seines Büros der Polizei zu übergeben. Mit einem Gnadengehalt von 300 Pesos jährlich verbannte man Vucetich in die Heimatstadt seiner Frau, die sinnigerweise den Namen Dolores (Schmerzen) trug.

Von Armut bedrängt, wandte Vucetich sich an die Regierungen der südamerikanischen Staaten, die sein Fingerabdrucksystem eingeführt hatten, und bat um Hilfe. Doch er empfing nichts als hinhaltende Antworten. Durch Tuberkulose geschwächt, arbeitete er an einer ›Zusammengefaßten Geschichte der Identifizierung‹. Aber 1921 vernichtete er in einem Anfall von Schwermut das Manuskript. Resignation und Krankheit überschatteten die letzten Jahre seines Lebens. Der Magenkrebs fraß auf, was die Tuberkulose ihm an Kraft gelassen hatte. In der Morgenfrühe des 28. Juli 1925 schloß er seine Augen für immer.

Wie gesagt, vielleicht wäre Bertillon weniger ausfallend gewesen, hätte er etwas von Vucetichs Schicksal geahnt. Aber das war nur eine Hypothese, die in seinem Wesen wenig Stützen fand.

Nach Vucetichs Besuch schwanden Bertillons Kräfte rasch dahin. Der Gewohnheit eines ganzen Lebens folgend, schleppte er sich in sein Büro, solange ihn die Füße trugen. Mit der Überempfindlichkeit des Todgeweihten spürte er, daß einige Mitarbeiter innerlich von der Anthropometrie abrückten. Sein Argwohn entlud sich in Zornesausbrüchen, die ihn nur noch weiter schwächten. Als die vollständige Erblindung drohte, griffen die Ärzte zu dem einzigen Mittel, das ihnen damals zur Verfügung stand: zur Blutübertragung. Aber auch die Transfusion zählte im Jahre 1913 noch zu den gefährlichsten Eingriffen. Zunächst erholte Bertillon sich überraschend. Seine furchtbare Müdigkeit verschwand. Seine Körpertemperatur stieg von abnormal niedrigen Werten auf normale. Sein Sehvermögen stellte sich wieder ein. Noch einmal kehrte er in sein Büro zurück. Aber die Erholung war nur vorübergehend. Innerhalb von drei Monaten wurde er so krank wie zuvor, und zwei weitere Blutübertragungen brachten nur noch kurzfristige Besserung.

Aber noch in den letzten Wochen seines Lebens, als er nahezu erblindet auf einer Chaiselongue lag, verließ sein Trotz ihn nicht. Noch immer war er nicht bereit, einen Irrtum einzugestehen. Vor zwanzig Jahren schon war ihm von der französischen Regierung das rote Band der Ehrenlegion verliehen worden, die begehrte Rosette jedoch hatte er noch nicht erhalten. Auf die Nachricht von seinem bevorstehenden Ende hin beschloß man im französischen Innenministerium, Bertillon die so heiß begehrte Auszeichnung zu verleihen – allerdings unter einer Bedingung: Man wünschte, daß er sich endlich zu einem folgenschweren Irrtum bekannte, der in keinem Zusammenhang mit dem Meßverfahren stand.

Angesteckt von dem weitverbreiteten Glauben, deutschfreundliche Verräter trieben in der französischen Armee ihr unheilvolles Wesen, hatte Bertillon sich im Oktober 1894 bereitgefunden, als Sachverständiger in der Affäre Dreyfus aufzutreten, die Frankreich jahrelang zutiefst erschütterte. Durch ein grotesk falsches Schriftgutachten, also durch ein Gutachten auf einem Gebiet, das ihm fremd war, hatte Bertillon dazu beigetragen, daß der französische Hauptmann Dreyfus als deutscher Spion verurteilt und auf die Teufelsinseln verschickt wurde. Im Jahre 1906 war der zu Unrecht Verurteilte in vollem Umfang rehabilitiert worden. Dies hatte Bertillon nicht dazu bewogen, seinen verhängnisvollen Irrtum anzuerkennen. Und obwohl der Beauftragte des Innenministeriums, der nun an Bertillons Sterbelager erschien, sein Ansinnen in denkbar diplomatische Worte kleidete, war der fast Blinde nicht umzustimmen. Sein Gesicht verzerrte sich vor Zorn, als er rief: »Nein«, und noch einmal »Nein.« Einige Tage darauf war er völlig blind. Am 13. Februar 1914 tat er seinen letzten Atemzug.

Wenige Wochen später versammelte sich in Monaco eine ›Internationale Polizeikonferenz‹, die ihren Namen allerdings nur in begrenztem Maße verdiente. Ihre Teilnehmer bestanden zum überwiegenden Teil aus französischen Kriminalisten, Anwälten und Richtern. In dem noch ungebrochenen nationalistischen Hochgefühl jener Tage vor Ausbruch des ersten Weltkrieges schrien sie jeden nieder, der versuchte, eine andere als die französische Sprache zu sprechen. Im Mittelpunkt der Verhandlungen standen lebhafte Diskussionen über die Frage, wie man die Fahndung nach reisenden internationalen Verbrechern beschleunigen und vereinfachen könne. Als es um das Problem ging, welches Identifizierungsverfahren dabei angewandt werden müsse, Daktyloskopie oder Anthropometrie, meldete sich Bertillons vorläufiger Nachfolger, David, zu Wort. Und was er als internationales Identifizierungsmittel vorschlug, war nicht mehr die Anthropometrie, sondern – der Fingerabdruck.

Mit Bertillons Tod sank sein Meßverfahren in der Tat dahin. An Stelle der Bertillonage wurde der Fingerabdruck in ganz Europa, einschließlich Frankreich, zum Identifizierungsmittel der Polizei.

An dem Tag aber, an dem David den endgültigen Untergang der Anthropometrie verkündete, war Europa nicht mehr der alleinige Schrittmacher der Welt und des Weltgeschehens. Jenseits des Atlantik, in der Neuen Welt, warf der Aufstieg der Vereinigten Staaten seine Schatten voraus; und zum Zeitpunkt des Grabgesangs der Anthropometrie hatte längst einer der abenteuerlichsten Abschnitte in der Geschichte des Fingerabdrucks und der wissenschaftlichen Identifizierung begonnen – die Eroberung New Yorks.

16

Im Jahre 1887 veröffentlichte George W. Walling, Superintendent der New Yorker Polizei, seine Lebenserinnerungen. Darin konnte man folgendes lesen: »Ich kenne nur zu genau die Macht jener bei uns so verbreiteten Kombination von Politikern und Polizisten. Ich habe versucht, dagegen aufzutreten. Aber das Ergebnis war meistens katastrophal für mich. Die Gemeindeverwaltung in den Vereinigten Staaten wird nicht so geführt wie in der übrigen zivilisierten Welt. Sie beruht auf der Basis allgemeiner Wahlen, und die Wahlkampagnen werden nicht mit Rücksicht auf das geführt, was die Städte benötigen, sondern mit Rücksicht auf die Ziele zweier politischer Parteien ... Ich glaube nicht, daß ein einziger Mensch unter fünfhundert die ideellen Ziele jeder der beiden Parteien erklären kann. Sie ›politisch‹ zu nennen, ist eine Fehlbezeichnung. Denn ihr einziges Prinzip, wenigstens in New York, ist Macht und Ausbeutung. Solange solche Politiker Einfluß auf die Polizei ausüben können, solange werden sie durch Korruption den Polizeiapparat lähmen, der eigentlich den Besitz und die Ehre unserer Bürger schützen sollte ... Die Stadt New York wird praktisch von einigen zwanzigtausend ›Posten‹-Inhabern regiert, von denen die meisten durch die übelsten Elemente der Stadt eingesetzt und kontrolliert werden. Wirkliche Gentlemen sind praktisch von jeder Beteiligung an der Politik ausgeschlossen. Man sieht weder die ehrlichen großen Kaufleute noch die bekannten Journalisten, die Wissenschaftler, die Bürger, die ruhig ihrer Arbeit nachgehen, aber man sieht die brutalen Gesichter derjenigen, die mit Gewalt und ohne Skrupel ihre Ziele verfolgen ... Die wirklich herrschende Klasse in New York bildet ein Gegenstück zum Lande der Hindus, wo die Thugs große Teile des Landes durch nackte Gewalt und Erpressung regieren, obgleich wir glauben, eine Regierung durch das Volk und für das Volk zu haben ... Unsere Anklagevertreter, Juristen und Polizeibeamten werden in großem Maße von den gleichen Elementen gewählt und überwacht, die sie kraft ihres Amtes unschädlich machen und bestrafen sollten. Die Beamten in New York wagen selbstverständlich nicht, diejenigen anzutasten, von denen ihre Existenz abhängt. Nicht selten sind unsere Polizeirichter ... ohne Gesetzeskenntnis und so mangelhaft ausgebildet, daß sie nicht einmal die einfachsten Wörter schreiben können ... Politiker erzwingen die Entlassung von Straffälligen, obwohl diese für schuldig befunden wurden ..., und häufig verlassen Häftlinge als freie Leute den Gerichtssaal, obwohl man sie zu langen Strafen verurteilt hat ... Bei uns sind zwar alle Dinge möglich, doch würde ich es nicht für möglich halten, daß einer unserer Millionäre gehängt wird, auch wenn er einen noch so wohlüberlegten Mord begangen hätte. Diejenigen, die während der letzten Generation gehängt wurden, hatten alle kein Geld und keine politischen Freunde ... Als Nation haben wir die beste Regierungsform der Welt, aber unser Verwaltungssystem in New York gibt den anständigen Bürgern weniger ... Schutz ... als in den meisten Städten Europas, russische Städte nicht ausgeschlossen. Die Öffentlichkeit ist in solchem Maße abgeschreckt, daß sie ... im Polizeibeamten nicht länger den Schützer des Friedens, sondern ... – und mit einigem Recht – einen öffentlichen Feind sieht ... Die einzige Hoffnung auf Rettung in der Zukunft ist, daß die anständigen, die geistig führenden Klassen aufwachen, die Gefahr erkennen, die Dinge nicht treiben lassen, öffentlichen Bürgersinn vor die Geschäfte stellen und ihre Rechte nutzen, Angesicht in Angesicht mit all den Politikern, Gaunern, Dieben und Halunken, mit denen jeder Teil unserer Stadtverwaltung durchsetzt ist. Wir haben genug von der Herrschaft des Raubtiers. Wir sollten es mit der Herrschaft der Gentlemen versuchen ...«

Wallings Worte galten nicht nur für New York und die New Yorker Polizei jener Zeit. Sie galten in mehr oder weniger veränderter oder abgeschwächter Form für zahlreiche andere Staaten, Städte und Institutionen des immer noch gärenden, unfertigen, riesenhaften Landes. Seine denkenden, verantwortungsbewußten Schichten begannen erst zu begreifen, daß das amerikanische Ideal extremer Freiheit zur Gefahr für alle wurde, weil es auch Freiheit für ein politisches, wirtschaftliches und kriminelles Gangstertum bedeutete, wie es die Welt in solchem Umfang noch nie zuvor aufzuweisen hatte. Das Bild, das die New Yorker Polizei in vieler Beziehung bot, war nur ein besonders deutliches und besonders krasses Bild der Polizeiverhältnisse der Neuen Welt.

Die Zustände bei der Polizei waren weithin überschattet durch ein Piratentum in Politik und Wirtschaft, das sich nicht nur durch skrupellose Mittel – vom Wahlbetrug bis zur Erpressung – seinen Einfluß auf die Steuergelder sicherte, sondern auch um die Kontrolle der Polizei kämpfte, damit es ungestört seinen skrupellosen Geschäften nachgehen konnte. Offen oder kaum verhüllt wurden Polizeibeamte bestochen oder durch die Beteiligung an den Gewinnen aus Glücksspiel und Prostitution korrumpiert. Die Grenzen von Recht und Unrecht waren verwischt durch die Verhaftung Unschuldiger, die Beseitigung lästiger Zeugen und den brutalen Druck, der auf pflichtbewußte Polizisten ausgeübt wurde. Eine wirklich erfolgversprechende Arbeit der Polizei wurde durch engstirnige Wahrung der Eigeninteressen von Städten, Counties und Bundesstaaten unmöglich gemacht, deren gewählte Polizeichefs zum großen Teil zuverlässige Parteifreunde, aber weit seltener fähige Polizeibeamte waren. An Zusammenarbeit fehlte es völlig, so daß Verbrecher sich in Sicherheit bringen konnten, wenn sie nur von einem Staat in den anderen hinüberwechselten. Und über allem stand die absolute Machtlosigkeit der Bundesbehörden, einschließlich des Justizministeriums in Washington, und das Fehlen jeglichen großen, zentralen Polizeiapparats.

Nur so war es zu erklären, daß eine unbestechliche private Detektivagentur, die Agentur Allan Pinkertons, seit der Mitte des 19. Jahrhunderts nicht nur zwischen Atlantik und Pazifik eine unvorstellbar große Bedeutung erlangte, sondern weltweiten Ruhm errang und in europäischen Augen oft genug die amerikanische Kriminalpolizei repräsentierte.

Niemand hätte dem armen, irischen Polizistensohn Pinkerton, der 1819 in Glasgow geboren wurde, eine solche Zukunft vorausgesagt. Als Böttcher kam er in die Neue Welt, und als Böttcher arbeitete er in Dundee in Wisconsin, als der Zufall ihn um 1850 auf den Weg der Kriminalistik führte. Reste eines Lagerfeuers auf einer nahe gelegenen Insel ließen ihn die Spur einer Gaunerbande entdecken. Im Handumdrehen fast hatte er sich in einem Staat, dessen stärkste Polizeimacht (in Chicago) elf höchst umstrittene Polizisten zählte, den Ruf erworben, ein großer Detektiv zu sein. Er erkannte seine Chance und gründete ›Pinkerton's National Detective Agency‹. Ihr Geschäftszeichen wurde ein weitgeöffnetes Auge, unter dem der Satz stand: »Wir schlafen nie ...«

Pinkerton und seine zunächst neun Angestellten bewiesen bald die Richtigkeit dieses Satzes. Sie waren glänzende Geschäftsleute, aber unbestechlich und unermüdlich in der Arbeit. Flüchtige Verbrecher jagten sie auf dem Rücken von Pferden mit der gleichen Sicherheit wie auf den Dächern der Eisenbahnzüge, die in den ›Wilden Westen‹ rollten. Mit dem Revolver und dem Schnellfeuergewehr waren sie aufs beste vertraut, zugleich aber waren sie Meister der Psychologie, scharfe Beobachter, Künstler der Maske, unerschrocken und wagemutig. So wurden ›die Pinkertons‹ binnen weniger Jahre die erfolgreichsten Kriminalisten Nordamerikas.

Die Tatsache, daß Allan Pinkerton im Winter 1861, während er in der Maske eines Börsenmaklers die Spur einer Geldfälscherbande verfolgte, eine Verschwörung gegen den amerikanischen Präsidenten Lincoln aufdeckte, trug entscheidend zu seinem frühen Ruhm bei. Aber das war nur eine Episode auf seinem abenteuerlichen Weg. Das gleiche galt für die Rolle seines Büros als Spionageorganisation der Nordstaaten während des amerikanischen Bürgerkrieges. Pinkertons eigentliches Feld aber war und blieb die Kriminalistik.

Unendlich weit dehnte sich nach dem Bürgerkrieg ›der Westen‹ der Vereinigten Staaten. In ihn ergoß sich ein gewaltiger Strom von Einwanderern auf der Suche nach Gold, Silber, Äckern und Viehweiden, und dieser Westen war wirklich der ›Wilde Westen‹. Die Einwanderer begaben sich in ein Land, in dem jahrzehntelang nur ein Gesetz herrschte: das Gesetz des Stärkeren und des schneller schießenden Revolvers. Straßenraub, Postkutschen- und Eisenbahnüberfälle, Pferdediebstähle, Bankraub und bezahlter Mord waren an der Tagesordnung. Es gab Sheriffs, die ihr Amt nur ausübten, weil der Mord auf seiten des Gesetzes ungefährlicher war.

In dieser Welt errangen die Pinkertons ihre ersten Lorbeeren. Für die von Raub und Plünderung bedrohten Eisenbahngesellschaften und Expreß-Kompanien waren sie die einzige Polizeiorganisation, auf die man sich verlassen konnte. Die Methoden der Pinkertons waren die Methoden ihrer Zeit. Spitzel aus der Verbrecherwelt schätzten die Pinkertons allerdings nicht. Dafür begaben sie selbst sich in hundertfacher Verkleidung in die Zentren der großen Banden, in die Wildweststädte, die von ihnen beherrscht wurden. Mitten in Saymour, der Hochburg der Reno-Bande, die am 6. Oktober 1866 den ersten Eisenbahnüberfall im Westen Amerikas verübte, ließ sich ein Pinktertonmann, Dick Winscott, als Barkeeper nieder und freundete sich in wochenlanger Arbeit mit den Renos an. Dann lockte er John Reno genau in dem Augenblick auf den Bahnsteig von Saymour, als Allan Pinkerton und sechs seiner Männer mit einem kleinen Sonderzug in den Bahnhof einrollten. John Reno wurde gepackt – und der Zug mit dem Gefangenen fuhr davon, bevor der Rest der Reno-Bande begriffen hatte, was geschehen war.

Bis zum Jahre 1878 brachen die Pinkertons die Macht einer der mörderischsten Geheimgesellschaften Pennsylvaniens, der irischen Molly-Maguires. Unter dem Einfluß dieser Gesellschaft war aus sozialen Kämpfen im Kohlengebiet von Pennsylvanien die blutige Gewaltherrschaft einzelner entstanden. Einer der besten Männer der Pinkertons, McParland, wurde in Verkleidung Mitglied der

Gesellschaft und blieb es (ständig in Lebensgefahr, denn auf Verrat stand der Tod) drei Jahre lang, bis er vor Gericht als Zeuge gegen die Anführer der Mollys auftreten konnte. Viele Pinkertonleute büßten diese Arbeitsweise mit dem Tode: James W. Whicher schlich sich in die blutgierige Bande von Jesse James ein, deren Spur die Pinkertons über Tausende von Meilen gefolgt waren, wurde erkannt und ermordet. Jesse James selbst lauerte monatelang in Chicago, um Allan Pinkerton, seinen Feind Nummer eins, vor den Revolverlauf zu bekommen.

Doch genauso wie im Wilden Westen waren die Pinkertons in den Städten des Ostens zu Hause. Wahrscheinlich waren sie die ersten, die sich in Amerika der Fotografie zur Aufklärung von Verbrechen bedienten. Als Dick Winscott 1866 die Aufgabe übernahm, die Reno-Bande zu zerschlagen, führte er einen Fotoapparat bei sich. Bei einem Trinkgelage überredete er Fred und John Reno, sich fotografieren zu lassen. Abzüge der Aufnahmen wurden schnellstens und in aller Heimlichkeit an Allan Pinkerton geschickt: Es waren die ersten Bilder, die man von den Renos besaß. Sie erschienen sofort in den Fahndungsmitteilungen der Pinkertons. Allan Pinkerton schuf auch das erste Verbrecheralbum Amerikas, und er trug sogar Bilder und Beschreibungen Tausender von Rennpferden zusammen, um das Unterschieben falscher Pferde bei Rennen zu verhindern. Er und seine Söhne legten die Grundlage für die größte Spezialkartei der Juwelendiebe und Juwelenhehler, welche die Welt jemals besaß. Als Allan Pinkerton 1884 starb, nahm sich seine Organisation inmitten des Chaos der amerikanischen Polizei wie ein Felsen der Zuverlässigkeit aus.

Vierzehn Jahre später, 1898, wurde den Besuchern einer internationalen Ausstellung in St. Louis eine merkwürdige Attraktion aus London geboten. Der Mann, der diese Attraktion vorführte, hieß Ferrier – Polizeisergeant Ferrier von Scotland Yard. Niemand vermochte später zu sagen, wer in London auf die Idee gekommen war, Sergeant Ferrier an den Mississippi zu schicken. Jedenfalls lockte der Name Scotland Yard eine große Schar von Zuschauern vor den Ausstellungsstand, dessen Wände mit fotografischen Vergrößerungen von Fingerabdrücken einiger Häftlinge aus britischen Gefängnissen verziert waren. Ferrier bemühte sich, das neue Phänomen zu erklären, soweit seine eigenen noch geringen Erfahrungen dazu ausreichten.

Die eigentliche Attraktion bestand darin, daß jedermann seine Fingerabdrücke auf Erinnerungskarten pressen konnte.

Falls Ferriers Auftraggeber allerdings gehofft hatten, bei der amerikanischen Polizei Interesse für die Daktyloskopie zu erwecken, waren diese Hoffnungen vergebens. Kein Polizist, nicht einmal ein einziger der stets nach Neuigkeiten jagenden Polizeireporter, fand die Sache interessant genug, um sich ernsthaft damit zu beschäftigen.

So gut wie niemand wußte, daß ein amerikanischer Eisenbahningenieur, Gilbert Thompson, im Jahre 1882 in New Mexico den eigenen Daumenabdruck auf die Lohnanweisungen für seine Arbeiter gedrückt hatte, um Fälschungen zu verhindern. So gut wie niemandem war bekannt, daß drei Jahre später die Bürger von Cincinnati den Vorschlag gemacht hatten, Eisenbahnfahrkarten mit Daumenabdrücken zu versehen, und daß ein Fotograf in San Francisco namens Tabor erwogen hatte, die chinesischen Einwanderer mit Hilfe ihrer Fingerabdrücke zu registrieren. Und nur die Amerikaner, die Bücher lasen, mochten sich daran erinnern, daß ihr berühmter Landsmann Mark Twain 1882 ein Buch ›Leben auf dem Mississippi‹ geschrieben und darin die scheinbar kuriose Geschichte eines Mannes namens Ritter erzählt hatte, dessen Frau und Kind zur Zeit des amerikanischen Bürgerkrieges von marodierenden Soldaten ermordet wurden. Der Mörder der Frau, so war bei Mark Twain zu lesen, hinterließ den blutigen Abdruck eines Daumens. Mit diesem Abdruck machte sich Ritter, getarnt als Handlesekünstler, auf den Weg, um den Mörder zu finden. Er wanderte von Militärlager zu Militärlager, las zahllosen Soldaten die Zukunft aus der Hand und erforschte dabei die Linienbilder auf ihren Daumen. So fand er schließlich den Mörder. Seine Methode erklärte er mit folgenden Worten: »Als ich jung war, kannte ich einen alten Franzosen, der dreißig Jahre als Gefängniswärter gearbeitet hatte. Er erzählte mir, daß es am Menschen ein Ding gäbe, das sich von der Wiege bis zum Grabe niemals ändere – die Linien auf der Innenfläche eines Daumens. Bilder waren nicht gut, denn Maskierungen konnten sie wertlos machen. Der Daumen allein war das einzig Wahre ...«

Niemals konnte geklärt werden, auf welche Weise Mark Twain so früh auf diese Idee verfallen war. War es Zufall, Eingebung, Gespür des Dichters für die noch kaum sichtbaren Entwicklungen der Zeit?

Doch wie immer es um Mark Twains Kenntnis des Fingerabdrucks gestanden haben mochte – jedenfalls fand Ferrier von Scotland Yard bei den Polizeibeamten der Neuen Welt, die nach dem Urteil eines englischen Reporters »hemdsärmelig rauhen Methoden folgten und meist ungebildete, zufällig gewählte Männer waren, die unter Umständen vor ein paar Wochen noch Limonade oder Kaugummi verkauft hatten«, kein Interesse. Der gleiche Reporter meinte dazu, »man müßte in Amerika auf einen sehr weißen Raben stoßen, um Interesse für wissenschaftliche Polizeimethoden zu finden«.

Immerhin hatten vereinzelte amerikanische Polizei- und Gefängnischefs seit 1890 versucht, wenigstens einige Ordnung in das allgemeine Polizeichaos dadurch zu bringen, daß sie Bertillons Meßverfahren anwendeten. Als sich 1896 einige dieser weitsichtigen Polizeichefs auf eigene Initiative in Chicago trafen, um die Zusammenarbeit bei der Verfolgung der von Staat zu Staat wandernden Kriminellen zu besprechen, zeigte es sich, daß immerhin 150 verschiedene Polizeibehörden und Gefängnisse über ein Meßkabinett verfügten. Dies galt auch für die großen Strafanstalten von Sing-Sing und Leavenworth.

Aber alle Polizeichefs und Gefängnisdirektoren klagten über die Umständlichkeit und Ungenauigkeit der Messungen. Auch bei ihnen hatte sich gezeigt, was in Südamerika und Indien zutage getreten war: Wenn die Anthropometrie nicht unter Bertillons eiserner Zucht exerziert wurde, sondern in die Hände von weniger geübten Männern geriet, wurden ihre Fehlerquellen deutlich. Es kam hinzu, daß die Direktoren von Sing-Sing und Leavenworth aus Ersparnisgründen Häftlinge damit beschäftigten, die Messungen durchzuführen und zu registrieren. Diese Häftlinge zeigten verständlicherweise wenig Begeisterung für eine Arbeit, die gegen ihresgleichen gerichtet war, und benutzten jede sich bietende Gelegenheit dazu, falsche Maße einzutragen. Trotzdem wären die Polizei- und Gefängnischefs, die sich mit ihren Bemühungen aus der Masse ihrer Berufsgenossen hervorhoben, notgedrungen bei der Bertillonage geblieben, wenn sich nicht einige Jahre später in Leavenworth etwas sehr Merkwürdiges zugetragen hätte.

Im Frühjahr 1903, fünf Jahre nach Ferriers ›Expedition‹ an den Mississippi, erhielt der Direktor von Leavenworth, McCloghty, von einem englischen Freund Henrys Buch über die Fingerabdrücke, dazu einen Kasten mit dem Gerät, das man zur Abnahme von Fingerabdrücken benötigte. McCloughty las gelegentlich in Henrys Schrift und experimentierte mit Zinnplatte und Druckerschwärze, war aber zunächst noch keineswegs vom Wert der neuen Erfindung überzeugt. Einige Monate später wurde ein Neger namens Will West in das Zuchthaus eingeliefert und in die Meßabteilung gebracht. Als er fotografiert und seine Meßkarte Nr. 3246 ausgefüllt war, blätterte der aufsichtführende Wärter in der Kartei,

um den richtigen Platz für die neue Karte zu finden. Dabei stutzte er.
»Gee«, knurrte er und zog eine andere Meßkarte hervor. »Weshalb wirst du zum zweiten Male gemessen?«
Der Schwarze beteuerte, noch niemals zuvor gemessen worden zu sein, geschweige denn ein Gefängnis von innen gesehen zu haben. Der Wärter aber hielt ihm die Meßkarte 3246 und die Meßkarte 2626, die er soeben in der Kartei gefunden hatte, unter die Augen. »Will West«, polterte er, »und Will West! Zweimal. Sieh dir die Fotografien an. Da bist du, und auf dieser Karte bist du auch. Und die Maße sind praktisch gleich. Du bist Nr. 2626 und seit acht Monaten in unserem Zuchthaus. Willst du weiterlügen? Oder willst du zugeben, daß du einen verdammten Trick gefunden hast, um dich vor der Arbeit zu drücken?« Dem Schwarzen quollen, wie es in einem zeitgenössischen Bericht heißt, »die Augen aus den Höhlen. Ja, da stand zweimal sein Name, und die Fotografien gaben offenbar den gleichen Mann wieder«. Trotzdem wiederholte er, er sei bis zu diesem Tage niemals in Leavenworth gewesen.
Der Wärter drohte mit Strafen. Vergebens. Daraufhin erkundigte er sich bei der Arbeitsaufsicht. Die Antwort, die er von dort bekam, ließ ihn vor Verwunderung verstummen: Der Leavenworth-Häftling Will West Nr. 2626 befand sich nämlich im gleichen Augenblick auf seinem Arbeitsplatz in einer Werkstatt des Zuchthauses – er konnte also auf keinen Fall identisch sein mit dem soeben neu vermessenen Häftling Will West Nr. 3246.
McCloughty wurde alarmiert und erschien wenige Minuten später im Meßbüro. Er ließ Will West Nr. 2626 von seinem Arbeitsplatz herbeiholen und konfrontierte ihn mit Will West Nr. 3246. Sie glichen sich in Aussehen und Einzelheiten wie Zwillingsbrüder. McCloughty kontrollierte noch einmal die Maße der beiden. Es traf zwar nicht zu, daß alle elf Maße (wie später vielfach behauptet wurde) völlig identisch waren. Aber die Differenzen lagen so sehr im Bereich der bei der praktischen Arbeit einkalkulierten Toleranzen, daß McCloughty in der ersten Erregung ausrief, dies sei das Ende der Bertillonage. Unverzüglich ließ er sein Fingerabdruckgerät herbeibringen und sämtliche Finger der beiden Schwarzen einfärben und abrollen. Dann verglich er die Abdrücke miteinander. Er war gewiß noch kein Meister der Daktyloskopie, aber in diesem Falle bedurfte es auch keiner Meisterschaft: Die Verschiedenheit der Abdrücke war absolut eindeutig. Selten, vielleicht niemals zuvor, war die Überlegenheit des Fingerabdrucks über die Bertillonage so schlagend bewiesen worden. McCloughty warf die

Bertillonage noch am nächsten Tage über Bord und ging für Leavenworth zum Fingerabdrucksystem über, obwohl die Justizbehörden ihm lediglich den Betrag von 60 Dollar für die Anschaffung der notwendigen daktyloskopischen Einrichtungen bewilligten.
Die Geschichte der beiden Wests machte von Leavenworth aus die Runde unter den interessierten Polizeichefs. Die Bertillonage hatte einen tödlichen Stoß erhalten. Aber damit war noch nicht der Weg für die Daktyloskopie gebahnt. Dazu bedurfte es im Amerika jener Tage echter Sensationen, bedurfte es der Schlagzeilen in den Massenzeitungen, die das öffentliche Interesse aufrüttelten.
Diese Sensationen lieferte erst drei Jahre später ein Mann, der als unbekannter Polizist in einem kleinen Identifizierungsbüro im Dachgeschoß des skandalumwitterten Hauptquartiers der New Yorker Polizei, 300, Mulberry Street, arbeitete. Es war der Detektivsergeant Joseph A. Faurot. Auch Faurot mühte sich seit längerer Zeit mit dem Meßverfahren ab, ohne sonderliche Erfolge damit zu erzielen. Die Masse der New Yorker Polizisten vertraute lieber ihren althergebrachten Identifizierungsmethoden, die in der Hauptsache von einem Manne stammten, den polizeifreundliche New Yorker Journalisten lange Zeit als den größten Detektiv New Yorks, ja ganz Amerikas, wenn nicht der Welt gefeiert und zu einer legendären Gestalt emporgelobt hatten: Detektivinspektor Thomas Byrnes.
Byrnes war 1842 in Irland geboren und als Kind mit seinen mittellosen Eltern nach New York eingewandert. Später hatte er sich als Installateur von Gasanlagen, dann als einfacher Polizist versucht. Als er als Vierundfünfzigjähriger, 1896, nach einem der größten Skandale, die je die skandalgewohnte New Yorker Polizei jener Zeit erschütterten, aus der Polizei ausschied, geschah es nicht als bescheidener Pensionär mit 3000 Dollar jährlich, sondern als reicher Mann mit einem für einen Polizisten unvorstellbaren Vermögen, darunter einem Mietshaus in der berühmten Fifth Avenue im Wert von mehr als 500 000 Dollar. Niemals war Byrnes, ein breitschultriger, schnauzbärtiger Riese, mit der englischen Grammatik vertraut geworden, und sein Allgemeinwissen war beklagenswert gering. Aber als Polizist hatte er von 1863 bis 1880 die düsteren und düstersten Viertel New Yorks bis in die letzten Winkel kennengelernt: Satans Circus, Hells Kitchen, Five Points, Bowery und die sogenannte Waterfront. Wer zählte sie, die Brutstätten des Lasters und die Schlupfwinkel der Banden von Dieben, Einbrechern, Räubern und Betrügern, die New York nach dem Ende des amerikanischen Bürgerkrieges in ein modernes Gomorra ver-

wandelt hatten. Byrnes kannte die Bowery Boys, die East-man-Bande und die Five Pointers, kannte die Namen und Gesichter der Bandenführer und ihrer Kumpane. Ihm waren die Distrikte vertraut, aus deren finsteren Wohnhöhlen immer neuer Nachwuchs für die Banden kam – Nachwuchs, der von Kindesbeinen an lernte, daß der Mensch nur so viel wert sei, wie er anderen wegnehmen konnte. Er wußte Bescheid um die Quartiere, in denen die Politiker das Stimmvieh für ihre Wahlen anheuerten und sich die Gauner gewannen, die ihnen beim Ausplündern der Stadt und der arbeitenden Bevölkerung behilflich waren. Byrnes hatte noch ›Ma‹ Mandelbaum gekannt, die zweieinhalb Zentner schwere Königin der Hehler, in deren unscheinbarem Laden in der Clinton Street die Gestalten der Unterwelt ebenso ein und aus gingen wie die Politiker. Von 1864 bis 1884 waren hier Güter im Wert von fast zehn Millionen Dollar umgesetzt worden! Er hatte von der Fachschule für Taschendiebe gewußt, die ›Ma‹ Mandelbaum unterhielt, und war darüber im Bilde, auf welche Weise ›Ma‹ die Raubzüge berühmter Halunken wie Shang Draper und Banjo Emerson finanzierte. Und von ihren Anfängen an waren ihm ›Big Bill‹ Howe und ›Little Abe‹ Hummel, die berüchtigsten New Yorker Anwälte, bekannt, die als ›Howe & Hummel‹ seit 1869 nichts anderes taten, als Tausende von Mördern, Dieben, Falschspielern, Hehlern, Bordellbesitzern, Bankräubern, Fälschern und ihre politischen Hintermänner mit raffinierten Tricks, mit Zeugenbestechung und skrupellosen Erpressungen vor der gerechten Strafe zu bewahren.

Als es Byrnes im Jahre 1878 gelungen war, eine Bande von Sparkassenräubern in Manhattan zu verhaften, vertauschte er die Polizistenuniform gegen Cut und steifen Hut. Er wurde Chef der Detektivabteilung der New Yorker Polizei, die bis dahin ein noch kümmerliches Dasein geführt hatte als die ersten Detektive von Scotland Yard. Ihre Geschichte hatte mit dem 1850 verstorbenen High Constable Jacob Hays – ›Old Hays‹ genannt – begonnen, der sich in den allerersten unorganisierten Anfängen der New Yorker Polizei während der ersten Hälfte des 19. Jahrhunderts als Detektiv versucht und 1836 zwölf Polizisten in Zivil zur Überwachung von Dieben (aber auch der Polizei selbst!) angestellt hatte. Hays war der Held vieler simpler Geschichten. Den Mord an einem Schiffskapitän hatte er aufgeklärt, indem er den Wirt eines Seemannslogis, in dem der Tote verschwunden war, ins Leichenhaus schleppte und mit dem Ermordeten konfrontierte. Der Wirt gestand vor Entsetzen, der Mörder zu sein. Einen Einbrecher ermittelte Hays, weil dieser Übeltäter am Tatort seinen alten Anzug zurückgelassen hatte. Hays aber erkannte ihn als die Kleidung eines Mannes, der vierzehn Tage vorher aus Baltimore nach New York gekommen war; innerhalb weniger Stunden konnte er selbst ihn verhaften. Wie gesagt – es waren simple Geschichten. Aber von der ›Hays-Legende‹ zehrten mehrere Generationen der New Yorker Detektive.

Byrnes hatte – das konnten auch seine Feinde nicht bestreiten – ›aufgeräumt‹ und im Jahre 1880 die erste wirklich erfolgreich arbeitende Detektivabteilung New Yorks mit vierzig Detektiven geschaffen. Seine erste ›Meisterleistung‹ hatte ihn allerdings auch schon als den Mann entlarvt, der entschlossen war, seine als schlecht bezahlter Polizist erworbenen Kenntnisse nicht nur als pflichtgetreuer Kriminalist auszuwerten, sondern mit ihnen zugleich Geld zu machen. Da er sehr genau wußte, daß das Finanz- und Juweliersviertel in Wallstreet der beliebteste Tummelplatz der Diebe und Einbrecher war, setzte er neun seiner Detektive in ein Zimmer in Wallstreet und richtete eine Sperrzone ein, die sogenannte ›Todeslinie‹: Er gab Befehl, rücksichtslos jeden Vorbestraften zu verhaften, der diese Linie überschritt und den Bereich von Wallstreet betrat. Für diesen Sonderschutz der Großfinanziers kassierte er von den Beschützten. Der Lohn für eine Arbeit, die zu tun ohnedies seine Pflicht gewesen wäre, wurde geschickt als Börsengewinn deklariert. Aber nicht nur Geldgier beherrschte Byrnes; er wollte es auch an Ruhm mit der Sûreté und Scotland Yard aufnehmen. Deshalb liebte er es, die Leistung seiner Detektive nach der Zahl der Verhaftungen und der Identifizierungen von Verbrechern zu bewerten. Das war auch einer der Gründe dafür, daß besonders der Identifizierung stets seine Aufmerksamkeit gegolten hatte. Auf Byrnes ging eine ›Morgenparade‹ in Mulberry Street zurück: Allmorgendlich um neun Uhr zogen alle, die in den vorangegangenen vierundzwanzig Stunden verhaftet worden waren, an Byrnes' versammelten Detektiven vorüber, damit diese sich ihre Gesichter merken und rückfällig gewordene Verbrecher herausfinden konnten. Byrnes führte auch die Verbrecherfotografie in Mulberry Street ein. Wollte ein Krimineller sich nicht fotografieren lassen, wurde sein Widerstand von den kräftigen Fäusten der Detektive gebrochen. Byrnes zeigte besonders gern ein gestelltes Bild, auf dem er einer solchen Prozedur zusah. 1886 veröffentlichte er die Sammlung ›Berufsverbrecher in Amerika‹, in der er alle ihm bekannten Kriminellen im Foto vorstellte und ihre Arbeitsmethoden beschrieb. Die Sammlung war zweifellos ein für Amerika bedeutsamer Versuch, eine Art ›Handbuch der Unterwelt‹ zu schaffen, und zudem ein weiterer Baustein für Byrnes' Ruhm. Seinem Büro gegenüber ließ er einen großen Raum als eine Art Museum einrichten, das er ›The Mystery Chamber‹ nannte. Mit gutem Instinkt für Publicity führte er dieses ›Museum‹ Journalisten und Besuchern vor. Die Wände waren mit den Bildern aller Verbrecher bedeckt, welche die Detektivabteilung jemals verhaftet hatte. In den Schränken befanden sich Einbruchswerkzeuge, Waffen, Nachschlüssel, Masken, von der Decke herab hing ein Henkerstrick. Mit Vorliebe benutzte Byrnes sein ›Museum‹ als Vernehmungsraum, um den Verhafteten die Aussichtslosigkeit ihrer Situation vor Augen zu führen. Vier Jahre nach seinem Amtsantritt erklärte er: »Während der vier Jahre vor der Organisation der Detektivabteilung durch mich erzielte die Polizei 1943 Verhaftungen und Urteile mit insgesamt 505 Jahren Gefängnis. In den vier Jahren seither wurden 1324 Verhaftungen vorgenommen und Urteile von zusammen 2428 Jahren Gefängnis gefällt.« Als Scotland Yard außerstande war, die Jack-the-Ripper-Morde aufzuklären, verkündete Byrnes mit stolzer Unbedenklichkeit, er hätte Jack the Ripper mit Sicherheit überführt, sobald der Mörder sich in New York hätte sehen lassen. Im Jahre 1894, als er endlich in den Strudel des schon erwähnten Polizeiskandals geriet, verteidigte er sich mit der Erklärung, er habe dafür gesorgt, daß nahezu 10 000 Jahre Gefängnis über amerikanische Verbrecher verhängt worden seien. Das sei mehr, als die Detektivabteilung der Sûreté und Scotland Yard zusammen jemals erreicht hätten.

Ausgelöst wurde der Skandal durch die empörten Kanzelreden eines New Yorker Presbyterianers, Parkhurst, über die Beteiligung der New Yorker Polizei an den Gewinnen von Bordellen und Spielhöllen. Die Folge war, daß 1894 ein unabhängiges Untersuchungskomitee in Aktion trat, einer der ersten jener Ausschüsse, die in den kommenden Jahrzehnten eine bedeutsame Rolle im Kampf des ›besseren Amerika‹ gegen die Unterwelt in Politik und Polizei spielen sollten. Vor diesem Komitee (Lexow-Committee genannt) fand Byrnes zwar vielerlei Ausflüchte für seinen eigenen, außergewöhnlichen Reichtum. Aber er mußte zugeben, daß es in der Polizei gang und gäbe war, Spielhöllen und Bordelle gegen Zahlung von Beteiligungen am Gewinn zu dulden und nur dann zu sperren, sobald die Gelder ausblieben. »Wenn Byrnes«, so schrieb dazu die New Yorker Zeitung ›World‹, »nicht gewußt hat, was jahrein, jahraus unter seiner eigenen Nase geschah – ist er vielleicht nicht Detektiv genug, um Limburger Käse identifizieren zu können, ohne ihn zu essen?«

Byrnes – Propagandaheld, Bluffer, Geldmacher und trotz alledem ein Kriminalist von Geblüt – trat von der Bühne ab. Sein Nachfolger, Captain McClusky, organisierte die Detektivabteilung neu, verharrte aber bei Byrnes' Methoden der Identifizierung, und es war – wenn man von den unzulänglichen Versuchen mit der Bertillonage absah – generell dabei geblieben. 1904 jedoch vernahm der amtierende New Yorker Polizeipräsident McAdoo von den Vorgängen in Leavenworth und beschloß, dem Problem der ›Fingerprints‹ auf den Grund zu gehen, ›damit New York in der Entwicklung nicht zurückstehe‹. Der Detektivsergeant Joseph A. Faurot erhielt den Auftrag, nach London zu reisen, um sich bei Scotland Yard zu informieren. Faurot reiste im Frühjahr 1904 nach London. Chefinspektor Collins erwies sich als ein guter Lehrmeister. Als Faurot jedoch nach New York zurückkehrte, war McAdoo bereits nicht mehr Polizeipräsident. Sein Nachfolger hielt nichts von ›wissenschaftlichen Ideen‹. Er riet Faurot, die Fingerabdrücke in seinem eigenen Interesse so schnell als möglich zu vergessen. Aber Faurot hatte in London ›Feuer gefangen‹ und begann – wie viele Jahre vor ihm Vucetich – auf eigene Faust zu experimentieren. Er nahm den Verhafteten, die er nach einer sonderbaren Mischung von Byrnes' und Bertillons Methoden registrierte, auch die Fingerabdrücke ab. Als er schließlich in den Außendienst versetzt wurde, vergaß er auch hier seine Londoner Erfahrungen nicht. Er legte sich eine private Fingerabdrucksammlung an. So kam das entscheidungsvolle Jahr 1906 heran.
Am 16. April 1906, gegen Mitternacht, erreichte Faurot während einer nächtlichen Streife das weltberühmte Waldorf-Astoria-Hotel. Er entschloß sich, einen Inspektionsgang durch das Haus zu unternehmen, das mit seinen reichen Gästen immer wieder New Yorks Einbrecher und Diebe anzog. Zufall oder Geschick – im dritten Stockwerk stieß Faurot auf einen Mann, der sich im Abendanzug, aber ohne Schuhe, aus einem fremden Appartement schlich. Faurot nahm ihn trotz seiner wütenden Proteste fest und brachte ihn ins Hauptquartier. Dort protestierte der Verhaftete weiter. Mit breitem englischem Akzent versicherte er, James Jones zu heißen, ein angesehener englischer Bürger zu sein und lediglich ein Liebesabenteuer gesucht zu haben. Er verlangte den britischen Konsul zu sprechen und stellte Faurot ein böses Erwachen in Aussicht, falls er ihn nicht sofort freilasse.
Sein Auftreten war so selbstbewußt, daß Faurots Kollegen diesem rieten, den Verhafteten freizulassen und sich unnötigen Ärger zu ersparen. Doch Faurots Instinkt gab ihm, wie er später erzählte,

einen anderen Rat. Er nahm Jones' Fingerabdrücke, legte das Abdrucksblatt in einen Umschlag und schickte es eingedenk von Jones breiter englischer Aussprache an Inspektor Collins von Scotland Yard. Am 17. April ging Faurots Brief nach London ab. Vierzehn Tage voller Zweifel und Ungewißheit folgten.

Doch am 1. Mai fand Faurot auf seinem Tisch einen Brief aus London. Er enthielt Jones' Fingerabdrücke und die Fotografie einer daktyloskopischen Karte aus der Kartei von Scotland Yard. In dem Begleitbrief aber hieß es: »Die Fingerabdrücke von James Jones sind identisch mit den bei uns registrierten Abdrücken von Daniel Nolan alias Henry Johnson, zwölfmal vorbestraft wegen Hoteldiebstahls, gesucht wegen Einbruchs im Hause eines bekannten britischen Schriftstellers und Raubes von 800 Pfund ... Es wird hier vermutet, daß Johnson nach den USA geflohen ist.« Beigefügt waren schließlich zwei fotografische Aufnahmen, die Faurots Häftling zeigten.

Konfrontiert mit dem Bericht aus London, gab Jones seinen Widerstand auf und bekannte, der gleiche Mann wie Henry Johnson und Daniel Nolan zu sein. Er erhielt mit sieben Jahren Gefängnis die bisher längste Strafe seines Lebens.

Schon vorher aber, am 2. Mai, erschienen in den New Yorker Zeitungen die ersten Berichte über Faurots ungewöhnlichen Fall unter dem Titel »Polizeilehren aus Indien ...« Zum ersten Male erkannten amerikanische Polizeireporter, daß der Fingerabdruck echte Sensationen liefern konnte. Ihre Berichte gelangten bis nach San Francisco und Los Angeles, Seattle und New Orleans. Trotzdem dauerte es noch vier Jahre, bis es zum wirklichen Durchbruch der Daktyloskopie auch in New York kam.

Faurot blieb, nachdem er einmal erfolgreich gewesen war, ›am Feind‹. Und die Polizeireporter erkundigten sich bei ihm regelmäßig nach einer neuen ›Story‹. Im Jahre 1908 bekamen sie ihre Story. In einem möblierten Zimmer, im obersten Stockwerk eines Hauses in der East 118th Street, wurde der Leichnam eines hübschen Mädchens gefunden – schwer mißhandelt und blutbefleckt. Es handelte sich um Nellie Quinn, eine Krankenschwester von Welfare Island. Als Faurot in dem Mordzimmer eintraf, waren bereits zahlreiche Reporter versammelt. Da es noch keinerlei Vorschriften der Art gab, daß lediglich die Polizei Veränderungen am Ort eines Verbrechens vornehmen durfte, hatten sie das ganze Zimmer gründlich nach Spuren des Täters durchsucht. Die meisten Gegenstände waren mit Abdrücken von Journalistenfingern buchstäblich übersät. Erst als Faurot unter das Bett der Toten blickte, entdeckte

er eine leere Whiskyflasche, die den Reportern entgangen war. Auf ihr befanden sich Fingerabdrücke.
Nellie Quinn war mit mehreren jungen Männern befreundet gewesen. Auch deren Fingerabdrücke verschaffte sich Faurot. Sie entsprachen jedoch nicht denen auf der Flasche. Faurot suchte weiter, bis er auf einen Klempner namens Georges W. Cramer stieß. Er verglich auch seine Fingerabdrücke mit denen auf der Flasche und wußte: Cramer war ›sein Mann‹. Cramer wurde durch seine plötzliche Verhaftung so überrascht, daß er im ersten Schreck gestand, das Mädchen in einem Anfall alkoholischer Raserei getötet zu haben. Dabei blieb er auch, und der Fall verlor für die Reporter bald an Interesse, weil er nicht mit einer aufsehenerregenden Gerichtsverhandlung endete.
Immerhin benützten einige von ihnen die Gelegenheit, um die Erinnerung an einen New Yorker Mordfall aufzufrischen, der sich in der drückend schwülen und später stürmischen Nacht vom 27. auf den 28. Juli 1870 in einem vornehmen Hause der 23. Straße abgespielt hatte und niemals aufgeklärt worden war. Das Geheimnis dieses Mordes, dem Benjamin Nathan, ein reicher Bankier, zum Opfer gefallen war, faszinierte wegen seiner besonderen Begleitumstände jetzt, vierzig Jahre später, erneut zahlreiche Zeitungsleser. Nathan hatte jene Nacht allein mit zweien seiner Söhne, Fred und Washington, sowie seiner Haushälterin, Mrs. Kelly, in seinem Stadthaus verbracht. Die übrige Familie hielt sich in seinem Landsitz in New Jersey auf. Die beiden Söhne waren erst sehr spät nach Hause gekommen. Bevor sie in ihre Schlafzimmer im dritten Stock hinaufstiegen, hatten sie ihren Vater, auf einem Feldbett im zweiten Stock schlafend, zum letzten Male lebend gesehen. Am frühen Morgen fanden sie den Vater ermordet vor. Er war durch zahlreiche Hiebe mit einem schweren Eisenwerkzeug bis zur Unkenntlichkeit entstellt. Ein Safe war erbrochen, Geld, Schmuck und Gold geraubt. Die Haustür stand offen. An den Wänden des Mordzimmers sah man viele Abdrücke blutiger Finger sowie den Abdruck einer blutbeschmierten Hand. John Jourdan, damals Superintendent der New Yorker Polizei, und James J. Kelso, der vor Byrnes die New Yorker Detektive befehligt hatte, erschienen selbst am Tatort. Eine hohe Belohnung für die Ermittlung der Täter wurde ausgeschrieben. Aus ganz Amerika kamen Briefe mit Ratschlägen und unsinnigen Selbstbezichtigungen. 800 Stromer und andere Verdächtige wurden überprüft. Der stärkste Verdacht fiel schließlich auf Washington Nathan, den zweiten, ungeratenen Sohn des Toten, der sich häufig in zwielichtiger Gesellschaft befand. Aber es gab

keine Beweise gegen ihn. Als Washington sich einer Operation unterziehen sollte, erbot sich sogar ein Chirurg, ihn in der Narkose auszufragen. Doch Washington Nathan verzichtete auf den chirurgischen Eingriff, und das Rätsel des Mordes blieb ungelöst.
Was die Reporter jetzt im Jahre 1908 an diesem Fall interessierte, war der Umstand, daß der Mörder sicherlich gefunden worden wäre, hätte es schon Joseph A. Faurot mit seinem ›Fingerabdruckkasten‹ gegeben. Der Detektiv Kelso hatte im Jahre 1870 zu den blutigen Fingerabdrücken im Mordzimmer lediglich äußern können: »Lange, dünne, damenartige Finger. Der Mörder war ein Gentleman.« Und dabei war es geblieben. Jetzt aber erfuhren die Amerikaner durch ihre Zeitungen, daß derartige Fälle sich nicht wiederholen würden, weil mit der Methode des Fingerabdrucks ungeahnte neue Möglichkeiten heraufzuziehen schienen.
Doch der endgültige Durchbruch des Fingerabdrucks ließ noch einmal auf sich warten. Es dauerte bis zum Jahre 1911. Im Mai dieses Jahres erschien vor einem New Yorker Gericht Caesar Cella, ein berüchtigter Einbrecher. Er wurde beschuldigt, ein Modegeschäft im Zentrum der Stadt zu nächtlicher Stunde ausgeplündert zu haben. Seine Freunde hatten 3000 Dollar für seine Verteidigung aufgebracht, die nicht weniger als fünf Alibizeugen präsentierte. Die Zeugen beschworen, Cella habe in der Nacht des Einbruchs das ›Hippodrom‹ besucht, sei anschließend mit seiner Frau zu Bett gegangen und habe bis zum Morgen das Haus nicht mehr verlassen. Alle Versuche des Anklägers, die Zeugen in Widersprüche zu verwickeln, scheiterten. So blieb schließlich nur ein Mittel übrig, Cella zu überführen. Er rief Faurot in den Zeugenstand. Und nun erfuhr das Gericht folgenden Tatbestand: Auf einem Fenster des Modesalons, durch das der Räuber eingestiegen war, hatte Faurot die Abdrücke mehrerer beschmutzter Finger gefunden und sie fotografiert, anschließend in seiner Kartei nach entsprechenden Abdrücken gesucht – und sie auch gefunden. Es waren die Abdrücke Caesar Cellas! Zum ersten Male stand nun auch in Amerika der Fingerabdruck als einziger Belastungszeuge vor Gericht, als Zeuge gegen einen Mann, der nicht nur leugnete, sondern auch ein scheinbar nicht zu widerlegendes Alibi besaß. Die Entscheidung, welcher Wert dem Fingerabdruck als Beweismittel in einem solchen Fall beizumessen war, lag – wie neun Jahre zuvor in England – bei einem Richter, der nie zuvor etwas von Daktyloskopie gehört hatte, und bei Geschworenen, die genauso ahnungslos waren. In heller Empörung stürzte der Verteidiger, kaum daß Faurot seine Aussage beendet hatte, an den Zeugenstand, bereit, Faurot und die Daktylo-

skopie lächerlich zu machen. Er wußte die Geschworenen in ihrer Abneigung gegen alles, was sich wissenschaftlich nannte, auf seiner Seite. Und fünf Jahre früher wäre Faurot vielleicht unter seinen Attacken zusammengebrochen. Jetzt aber war er vorbereitet. Wie einst Collins hatte er vergrößerte Fotografien zur Hand und ließ sich durch nichts beirren. Trotzdem zweifelte er, als er den Zeugenstand verließ, ob es ihm gelungen war, die Geschworenen zu beeindrucken. In diesem Augenblick rief ihm der Richter ein schneidendes »Halt« zu und befahl dem anwesenden Gerichtsdiener: »Bringen Sie diesen Mann« (und dabei wies er auf Faurot) »in mein Büro und halten Sie ihn unter Bewachung.« Faurot ließ sich verwirrt abführen.

Als sich die Tür des Sitzungssaales hinter Faurot geschlossen hatte, forderte der Richter, dessen Name leider nicht überliefert ist, fünfzehn nicht beteiligte Anwesende auf, vorzutreten. Jeder einzelne mußte sodann seinen rechten Zeigefinger auf eines der Fenster des Saales drücken und sich die Stelle genau merken. Nur einer von den fünfzehn erhielt außerdem den Auftrag, seinen Zeigefinger auch auf eine gläserne Schreibtischunterlage zu pressen. Als dies geschehen war, wurde Faurot wieder in den Saal geführt. »Well«, verkündete der Richter mit scharfer, drohender Stimme. »Zeigen Sie uns, welcher von den Abdrücken am Fenster dem Abdruck auf dieser Schreibunterlage entspricht ...«

Faurot begriff aufatmend, daß er lediglich auf die Probe gestellt werden sollte. Mit ›geöffneten Mündern‹ sahen ihm die Geschworenen zu, während er sich mit einem Vergrößerungsglas an die Arbeit machte. Innerhalb von vier Minuten lieferte er die richtige Lösung. Bewunderung wie nach einem gelungenen Zaubertrick erfüllte den Saal. Einige Zuschauer klatschten Beifall. Cella und sein Verteidiger steckten die Köpfe zusammen. Wenige Minuten später bekannte Cella sich schuldig. Damit schlug er den Weg ein, den Angeklagte vor amerikanischen Gerichten gern beschritten, um in aussichtsloser Lage ein milderes Urteil einzuhandeln. Ja, er war zwar mit seiner Frau zu Bett gegangen, hatte aber nur gewartet, bis sie schlief, um dann das Haus durch ein Hoffenster zu verlassen. Nach dem Einbruch war er auf demselben Weg zurückgekehrt und hatte sich wieder neben die noch Schlafende gelegt.

Ein historischer Augenblick und eine echte Sensation! Zum ersten Male hatte auch auf amerikanischem Boden ein Richter den Fingerabdruck als Beweismittel gelten lassen. Die Reporter eilten in die Redaktionen. Die Zeitungen machten die Geschichte Faurots und den Fall Cella in ganz Amerika bekannt, bis zum letzten Polizeichef des kleinsten Orts, und lenkten damit die allgemeine Aufmerksamkeit auf die gespenstische Neuerung, die von Europa über den Atlantik gekommen war.

Noch aber hielten manche Journalisten Faurots Erfolg für das Ergebnis glücklicher Zufälle. Deshalb versuchten sie wiederholt, den Sergeanten auf die Probe zu stellen. So gewannen einige Reporter zwei nicht zu unterscheidende Zwillinge, Frank und Charles Terry, die in New York in einem Varieté auftraten, für einen Streich. An einem Vormittag erschienen die Journalisten mit Frank Terry in Faurots Büro. »Well, Jo«, erkundigten sie sich mit jener Ungeniertheit, auf welche die meisten europäischen Polizeibeamten zu jener Zeit mit Empörung oder Fassungslosigkeit reagiert hätten, »was macht das Fingerabdruckgeschäft? Glauben Sie, daß Sie diesen Mann hier wiedererkennen, wenn Sie ihm noch einmal begegnen?«

»Er soll seine Finger herzeigen«, antwortete Faurot, nahm Terrys Fingerabdrücke ab und wandte sich wieder seiner Arbeit zu.

Am Nachmittag des gleichen Tages kehrten die Reporter zurück. Diesmal waren sie von Charles Terry begleitet und fragten, ob Faurot ihn erkenne.

Faurot beschäftigte sich kurz mit Charles Terrys Fingern. Dann erwiderte er trocken: »Nein, das ist nicht der gleiche Mann, den ihr mir heute morgen gezeigt habt. Die Fingerabdrücke sind verschieden. Es müssen Zwillinge sein ...«

Soweit die Geschichte Joseph Faurots. Durch ihn fand der Fingerabdruck seinen Weg nach New York und in die amerikanische Polizei.

Die Ereignisse des Jahres 1911 bedeuteten allerdings immer noch erst einen bescheidenen Beginn. Die besten Fingerabdrucksammlungen in New York, in Chicago, in Leavenworth oder Sing-Sing blieben im Grunde wertlos, solange dem Verbrechertum das ganze Land offenstand, die meisten Polizeibehörden keine Abdruckkartei besaßen und eine die ganzen Vereinigten Staaten umfassende Zusammenarbeit auf dem Gebiet des Erkennungsdienstes nicht existierte. Es war bezeichnend für die Situation, daß amerikanische Richter zugunsten von bekannten Verbrechern entschieden, die ein gegen ihren Willen erfolgtes Abnehmen von Fingerabdrücken als Eingriff in ihre persönliche Freiheit bezeichneten und gegen die Polizeibehörde Klage erhoben. (Es sollte noch bis zum Jahre 1928 dauern, ehe der Staat New York die grundsätzliche Sicherstellung der Fingerabdrücke aller Verhafteten als rechtlich zulässig anerkannte.) Weit über ein Jahrzehnt noch blieben zahllose Verbrechen ungeklärt, weil die beteiligten Polizeidienststellen das System der

Daktyloskopie entweder nicht beherrschten oder es, wie jede ›wissenschaftliche Methode‹, verlachten. Andererseits entdeckten Geschäftemacher, welche die kommende Bedeutung des Fingerabdrucks witterten, in der Daktyloskopie einen neuen Beruf und boten sich bei Polizeibehörden, Staatsanwälten und Verteidigern als ›Experten für Fingerabdrücke‹ an, auch wenn sie meist kaum mehr als primitive Kenntnisse besaßen. Es gab aber auch Polizeibeamte, die Fingerabdrücke zu fälschen oder mit Hilfe von Gummistempeln an den Tatort irgendeines Verbrechens zu praktizieren versuchten, um auf diese Weise mißliebige Personen zu belasten.
Trotz Faurots Erfolg schien die Lage für die Daktyloskopie ebenso hoffnungslos wie für die Bekämpfung des Verbrechens überhaupt – so lange, bis George W. Wallings Hoffnung, daß »die anständigen, die geistig führenden Klassen aufwachen«, sich erfüllte, bis der Kampf des ›besseren Amerika‹ um politisch unabhängige Polizeikräfte in den Städten und Einzelstaaten, vor allem aber um eine zentrale Polizeimacht für das gesamte Gebiet der USA, den Boden bereitete, auf dem sich die Daktyloskopie entfalten konnte.
Wahrscheinlich war es kein Zufall, daß im Jahre 1905 der ehemalige New Yorker Polizeichef Theodore Roosevelt, nunmehr Präsident der Vereinigten Staaten, die ersten Versuche unternahm, eine zentrale Behörde zu schaffen, die dafür sorgen sollte, daß die Bundesgesetze geachtet und gewahrt blieben. Roosevelt hatte die Zustände in großen Teilen der amerikanischen Polizei während seiner New Yorker Dienstzeit bis in die tiefsten Abgründe hinein kennengelernt. In den Jahren von 1901 bis 1908, in denen Theodore Roosevelt Präsident der Vereinigten Staaten war, führte er einen erbitterten Kampf gegen Großbetrüger, die im Bunde mit Staatsbeamten riesige staatliche Ländereien in ihren Besitz brachten und mit Millionengewinn verkauften. Aber sein Justizminister, Generalbundesanwalt Charles Joseph Bonaparte, verfügte über keinen einzigen Kriminalbeamten, um die riesenhaften Betrügereien aufzudecken. Von den Bundesbehörden beschäftigten lediglich die Post und das Schatzamt seit dem Ende des Bürgerkrieges eine Anzahl von Detektiven, die Posträubern und Geldfälschern nachzuspüren hatten. Generalbundesanwalt Bonaparte sah sich gezwungen, im Schatzamt Detektive ›auszuleihen‹. Aber die Lobby der Großbetrüger besaß genügend Macht und Einfluß in den Reihen der Kongreßabgeordneten, um einen Beschluß durchzusetzen, nach dem es den Justizbehörden verboten wurde, Detektive aus anderen Ämtern zu beschäftigen. Zornig schleuderte Roosevelt dem Kongreß die Anklage entgegen, er leiste Handlangerdienste für das Verbrecher-

tum, und erteilte Bonaparte im Jahre 1905 den Auftrag, eine eigene Untersuchungsbehörde mit kriminalistisch geschultem Personal zu schaffen, die nur dem Generalbundesanwalt zur Verfügung stehen sollte, das ›Bureau of Investigation‹.

Nahezu ein Jahrzehnt lang blieb auch diese Untersuchungsbehörde ein Quell ständiger Enttäuschung. Es schien auch in Washington unmöglich, Männer zu finden, die gegen Korruption gefeit waren. Und noch in den Jahren nach dem ersten Weltkrieg drohte das Amt in seinem eigenen Sumpf von Bestechung, Postenhandel und Unfähigkeit unterzugehen. Schiebungen bei der Ämterbesetzung und gute Beziehungen brachten Männer wie William J. Burns an die Spitze des Amtes, den Chef einer umstrittenen Privatdetektei, ›Burns International Detectiv Agency‹. Es störte weder Burns noch seine Freunde, daß man sie offen beschuldigte, Zeugen- und Geschworenenbestechung zu betreiben. Zu Burns' Mitarbeitern gehörte eine höchst makabre Gestalt aus der Galerie zeitgenössischer amerikanischer Privatdetektive, Gaston B. Means, ein Mann, der des Mordes an einer reichen Witwe namens King angeklagt gewesen war und der Testamentsfälschung beschuldigt wurde. Means schreckte vor keinem Mittel zurück, wenn es darum ging, gegen gute Bezahlung die Gegner von Politikern und Geldmagnaten zur Strecke zu bringen.

Im Jahre 1924 endlich berief Präsident Calvin Coolidge einen Mann aus Neuengland, Harland Fiske Stone, zum Generalbundesanwalt, der sich wirklich den Namen ›der Unbestechliche‹ verdiente. Er entfernte Burns aus dem Amt und stellte einen damals neunundzwanzigjährigen, mit keinem Politiker versippten Rechtsanwalt, J. Edgar Hoover, an die Spitze des ›Bureau of Investigation‹. Zu allem entschlossen, erteilte er ihm die Vollmacht, alle Beziehungen zu Politikern zu zerschlagen und jeden Angestellten rücksichtslos zu entlassen, der auf Grund solcher Verbindungen in sein Amt gelangt war. Nur noch Juristen und Wirtschaftsprüfer waren einzustellen; jeder von ihnen mußte vorher strengstens durchleuchtet werden; Fachwissen und persönliche Sauberkeit sollten das Fundament des Amtes bilden.

Stone hatte die richtige Wahl getroffen.

Hoover besaß genug Entschlossenheit, aber auch Wendigkeit und Geduld, um so neuartige Grundsätze wie Wissen, Leistung, Sauberkeit inmitten eines politischen Apparates durchzusetzen, für den derartige Prinzipien bis dahin lächerliche Relikte gewesen waren. Angefeindet, mit unqualifizierbaren Mitteln bekämpft, brachte Hoover das Wunder fertig, seine Untersuchungsbehörde inmitten des

Chaos der amerikanischen Polizei zu einer Stätte exakter kriminalistischer Arbeit zu machen. Er konnte warten. Er drängte sich nicht in die eifersüchtig gehüteten Kompetenzen der städtischen und einzelstaatlichen Polizeieinrichtungen ein. Er arbeitete langsam und überzeugte durch Leistung. Er konnte zusehen, wie die innere Konsolidierung der Vereinigten Staaten, die Bildung einer verantwortungsbewußten Oberschicht, die schubweise wachsende, durch schwerere Verbrechen und große Skandale genährte Empörung der Öffentlichkeit gegen die Allgewalt des Verbrechertums und die Wirkungslosigkeit der Polizei für ihn arbeiteten. Er erlebte, daß der Kongreß, in dem sich diese Wandlung ebenfalls spürbar auswirkte, Bundesgesetze verabschiedete, die dem ›Bureau of Investigation‹, das nach einiger Zeit den Namen ›Federal Bureau of Investigation‹ – abgekürzt FBI – annahm, die gesetzliche Grundlage gaben, auch in den Einzelstaaten tätig zu sein. Mehr und mehr Verbrechen – von der Entführung bis zum Bankraub – wurden zu Vergehen gegen den Bund erklärt und damit der Aufklärung durch das FBI anvertraut.

Die erste Maßnahme aber, die J. Edgar Hoover gleich nach seiner Ernennung zum Chef des FBI ergriff, galt der Verbrecher-Identifizierung. Er ging daran, mit der Verzettelung der vorhandenen Fingerabdrucksammlungen über das ganze Land ein Ende zu machen. Zuerst wurden die Sammlungen der Bundesstrafanstalten, zum Beispiel von Leavenworth, nach Washington überführt. Das bot keine Schwierigkeiten. Schwieriger war es, in den Besitz der Sammlungen der Stadt- und Bundespolizeiämter zu gelangen, die sich seit 1911 mit der Daktyloskopie beschäftigt hatten. Lange Zeit war ihre Feindseligkeit gegen jede zentrale Organisation unüberwindlich. Erst 1930 erteilte der Kongreß Hoover die offizielle Genehmigung für die Gründung eines großen, die ganzen Vereinigten Staaten erfassenden Identifizierungsbüros.

Dann allerdings ereignete sich auch ein Wunder: Es entstand ein Erkennungsdienst von einem Ausmaß und einer Präzision, die europäischen Beobachtern der amerikanischen Polizeientwicklung als unerreichbar erschienen waren. Die Vereinigten Staaten wurden zum größten Experimentierfeld für die Daktyloskopie, und auf diesem Experimentierfeld erhielten Bedeutung und Wirksamkeit des Fingerabdrucks eine Bestätigung, wie sie seine Pioniere selbst in ihren kühnsten Träumen nie hatten erhoffen können.

Niemals wurden sich die Historiker und die Soziologen völlig einig in der Beantwortung der Frage, aus welchen Abgründen die gewaltige Woge des Verbrechens aufstieg, die zwischen 1924 und 1936 die Vereinigten Staaten überschwemmte. Was damals in den USA geschah, stellte alles in den Schatten, was die Alte und die Neue Welt jemals an massierter Kriminalität erlebt hatten.
Vielen europäischen Beobachtern schien die Erklärung dieses Phänomens nicht schwerzufallen. Auf drei Ursachen glaubten sie es zurückführen zu können. Da war als erstes der überspitzte amerikanische Liberalismus, der in letzter Konsequenz den krassesten menschlichen Egoismus geradezu zum Kampf nach den Gesetzen des Dschungels herausforderte. Da war weiter jenes allgemeine Alkoholverbot, die sogenannte Prohibition, die ein naives amerikanisches Weltverbesserertum am 16. Januar 1920 zum Gesetz erhob. Die Vorstellung, man könne ein Riesenland wie die USA mit gesetzlichen Bestimmungen ›trockenlegen‹, war so weltfremd und stand in so schroffem Gegensatz zu den naturgegebenen Schwächen des Menschen, daß die Übertretung dieses Verbots von vornherein zu erwarten war. Die Prohibition schuf geradezu den Anreiz und die Möglichkeiten, durch Mißachtung der Gesetze, das heißt durch Schmuggel und geheime Produktion von Alkohol, Hunderttausende, Millionen und Milliarden zu verdienen. Als dritte Ursache schließlich galt die soziale und wirtschaftliche Erschütterung, die Nordamerika nach dem Ende des ersten Weltkrieges heimsuchte. Sie vertiefte die Kluft zwischen den Armen, sozial Schlechtergestellten und den Wohlhabenden, die selbst ein skrupelloses Catch-as-catch-can um Geld und Besitz betrieben und damit den Mittellosen ein böses Vorbild gaben.
Al Capone, Frank Costello, John Dillinger, Alvin Carpis, Namen von Alkoholschmugglern, Bandenchefs, Räubern, Erpressern, Entführern, Mördern, kamen über Nacht zu einer Art von Weltruhm, wie er Verbrechern bis dahin noch nie zuteil geworden war. Es sah zeitweilig so aus, als sei das Gefüge der Vereinigten Staaten ins Wanken geraten und das Verbrechertum auf dem besten Wege, die Macht in ganzen Städten und Bezirken an sich zu reißen.
Die Ereignisse waren in der Tat zutiefst erschreckend. 1926 registrierten die (unvollständigen und mangelhaften) Statistiken mehr als 12 000 Morde, 1933 waren die gleichen Statistiken bei 1 300 000 schweren Verbrechen, Raub und Mord, angelangt, von denen zwei Drittel ungesühnt blieben. Täglich ereigneten sich zwei Banküber-

fälle. 1934 wurden 46 614 Räubereien, 190 389 Einbrüche, 142 823 schwere Diebstähle, 380 000 einfache Diebstähle registriert. Beobachter schätzten, daß die Zahl der bewaffneten Verbrecher größer war als die Zahl der amerikanischen Soldaten im ersten Weltkrieg. ›Bootlegger‹ organisierten Herstellung, Schmuggel und Vertrieb von Alkohol in gewaltigem Ausmaß. Sie bestachen nicht nur Polizisten und Staatsanwälte, sondern auch zahlreiche Agenten neugeschaffener staatlicher Organisationen, welche die Maßnahmen der Prohibition durchführen und überwachen sollten. Konkurrenzunternehmen unter den ›Bootleggern‹ lieferten einander vor den Augen der Öffentlichkeit blutige Schlachten mit Pistolen, Maschinengewehren und Bomben. Bestattungen von Gangstern mit langen Trauerzügen, kostbaren Särgen, bronzenen Urnen, Blumen im Werte von Tausenden von Dollars und mit Zehntausenden von Zuschauern an den Straßenrändern waren durchaus nichts Ungewöhnliches. Die intelligentesten unter den Gangstern, oft illegal eingewanderte Italiener, entdeckten immer neue Wege, durch Verbrechen zu Reichtum zu gelangen. ›Rackets‹ breiteten sich aus. Sie bedrohten ganze Berufszweige legaler, halblegaler und illegaler Art, von Bordellen und Spielhöllen bis zu Restaurants und Wäschereien, mit der Zerstörung ihrer Betriebe, boten sich aber gleichzeitig gegen Zahlung von Gewinnbeteiligungen oder Gebühren als Beschützer gegen solche Zerstörung an. Auf diese Weise kassierten sie Millionenbeträge an regelmäßigen Tributzahlungen. Falls die ›Beschützten‹ nicht zahlten, mußten sie mit dem Verlust ihres Geschäfts, oft auch mit dem ihres Lebens rechnen. Damit noch nicht genug: ›Bootlegger‹ und ›Racketeers‹ hatten ihre schmutzigen Hände auch im Rauschgifthandel, der ungeahnte Ausmaße annahm.
Al Capone, der 1899 geborene Sohn eines Neapolitaner Friseurs, anfangs Mitglied der ›Five-Points‹-Bande in New York, dann Leibwächter des ›Racketeers‹ Colosimo in Chicago, schwang sich von 1925 an zum Herrscher in einem Gangsterreich des Alkohol- und Rauschgiftschmuggels, des Betrugs, der Erpressung und der Gewalt auf. Geldgierige Rechtsanwälte berieten ihn, zahlreiche Polizeibeamte standen in seinem Sold. Seit 1927 regierte er sein Reich von einem Millionärsbesitz in Florida aus. Und er war nur einer unter vielen anderen. Die Barker-Carpis-Bande (lange geführt von einer Frau, Kate Barker, die ihre Söhne von Kindesbeinen an zu Gewalttaten erzog) erbeutete von 1931 bis 1936 durch Raub und Lösegeldzahlungen für Entführte sieben Millionen Dollar. Sie ermordete sieben Menschen und hinterließ an den Schauplätzen ihrer Tat, vor allem in St. Paul und Chicago, zahlreiche Schwerverwun-

dete. John Dillinger und seine Bande, ›Baby-Face‹ Nelson, Homer van Meter, John Hamilton und andere begingen in der kurzen Zeit von September 1933 bis Juli 1934 bei ihren Bankräubereien und anderen Überfällen zehn Morde. Mehrfach brachen sie aus Gefängnissen aus. Am 17. Juli 1934 tötete eine Bande, nur um eines ihrer verhafteten Mitglieder, Frank Nash, zu befreien, vor dem Bahnhof von Kansas City bei hellichtem Tage vier Polizisten und FBI-Agenten im Kugelregen ihrer Maschinenpistolen.

Es war dieser Aufstand des Verbrechens, der die amerikanische Öffentlichkeit stärker aufrüttelte, als es bis dahin alle Berichte über politische und polizeiliche Korruption vermocht hatten. Und es war dieser Aufstand, der J. Edgar Hoover und dem Federal Bureau of Investigation die Möglichkeit lieferte, auf breiter Front in den Kampf gegen das Verbrechertum einzugreifen. Wenn aber in diesem Kampf eine Waffe gegen das Verbrechertum ihre überragende Bedeutung bewies, dann waren es die Fingerabdrücke und der auf ihnen aufgebaute Erkennungsdienst. In einem Land, in dem noch jeder jeden Namen annehmen konnte, Ausweise unbekannt waren, weder Einwohnermeldebehörden noch Hotelmeldezettel existierten, in dem also die Kriminellen eine Bewegungsfreiheit von einem in Europa unbekannten Ausmaß hatten, wurde der Fingerabdruck zum einzigen sicheren Mittel der Identifizierung. Die Anzahl der durch den Erkennungsdienst identifizierten Gangster ging bald in die Tausende. Die Überprüfung von Fingerabdrücken bei Angestellten öffentlicher Dienste führte zur Entlarvung unzähliger Vorbestrafter, die sich dort eingeschlichen hatten. Und mit Hilfe von Tatort-Fingerabdrücken konnten Gewaltverbrecher in ständig wachsender Zahl zur Strecke gebracht werden. Niemals zuvor hatte die Daktyloskopie so eindrucksvoll ihre Bedeutung und ihre Unfehlbarkeit bewiesen – bis es am 6. Januar 1934 zu einem Vorfall kam, der eine ganze Reihe dramatischer Ereignisse einleitete.

Am Nachmittag jenes Tages verbargen sich der Chicagoer Polizeisergeant Healy und drei FBI-Agenten in einem Bungalow in Bellwood. Sie lagen vier Stunden mit bereitgehaltenen Maschinenpistolen auf der Lauer, um einen Bandenchef zu fangen, der innerhalb kürzester Zeit 500 000 Dollar erbeutet und zahlreiche Morde auf dem Gewissen hatte: Jack Klutas – auch der ›hübsche Jack‹ genannt. Klutas, einst Student der Universität von Illinois, hatte sich auf die Entführung und Erpressung von Persönlichkeiten der Unterwelt spezialisiert, bei denen er sicher sein konnte, daß sie das FBI nicht zu Hilfe rufen würden. Doch Anfang Januar war durch ein Mitglied seiner Bande, Julius Jones, der Aufenthaltsort des eigenen Bosses, eben jener Bungalow, verraten worden. Es lohnte sich, daß Sergeant Healy und die FBI-Agenten vier Stunden gewartet hatten – gegen Abend fuhr Klutas in einem Wagen vor. Als er sich der Tür seines Bungalows näherte, wurde diese von innen geöffnet, und Klutas blickte in die Mündungen der Polizeiwaffen. Er machte noch den Versuch, seine eigene Pistole zu ziehen, aber Healy war schneller, und eine Maschinenpistolensalve schleuderte Klutas tot zu Boden.

Es gehörte zur Routine der Kriminalpolizei, auch toten Gangstern die Fingerabdrücke abzunehmen, um Gewißheit darüber zu erlangen, welcher Verbrecher von den langen Listen der noch lebenden gestrichen werden konnte. Als man jedoch Klutas' Hände aufhob, um diese Routinearbeit zu erledigen, kamen dem Beamten des Erkennungsdienstes die Fingerspitzen ein wenig sonderbar vor. Kurz darauf wußte er warum:

Klutas Finger lieferten keine Abdrücke!

Wir erinnern uns: In den Jahren nach 1900, in denen der Fingerabdruck Einzug bei der europäischen Polizei hielt, hatten seine Gegner häufig das Argument vorgebracht, Verbrecher könnten vielleicht in der Lage sein, die Papillarlinien an ihren Fingerspitzen zu verändern oder sogar auszulöschen. Diese Argumente waren schließlich verstummt, weil das europäische Verbrechertum keine nennenswerten Versuche in dieser Richtung unternommen hatte. Zog jetzt, in diesen Januartagen des Jahres 1934, in Chicago ein furchtbares, unvorhergesehenes Verhängnis für die Daktyloskopie herauf? Gerade jetzt, in einem Augenblick, in dem niemand in der Welt mehr an der Zuverlässigkeit des Fingerabdrucks zweifelte? Lehrte der Fall Jack Klutas, daß Fingerabdrücke sich tatsächlich auslöschen ließen? Oder daß es – entgegen allen Erwartungen – Menschen ohne Papillarlinien gab?

Mit großer Hast wurde eine Meldung über den Vorfall nach Washington durchgegeben. Dort alarmierte man Hoover. Zutiefst erschrocken gab er die Anweisung, sofort die Hautspezialisten der North-Western-Universität in Chicago mit einer genauen Untersuchung der Finger des Toten zu beauftragen. Mit nahezu unerträglicher Spannung wartete man in Washington auf das Ergebnis.

Dieses Ergebnis lag zwei Tage später vor. Es löste ungeheure Erleichterung aus. Jack Klutas hatte zwar durch einen unbekannten Arzt die Haut seiner Fingerspitzen abtragen lassen, um auf diese Weise seine Identifizierung unmöglich zu machen, falls er doch einmal verhaftet werden sollte. In der neuen Haut, die sich über den

Wunden gebildet hatte, zeichneten sich jedoch (wie man es vor Jahrzehnten schon in Europa vorausgesagt hatte) schwach, aber bereits erkennbar, die alten Papillarlinien wieder ab. Eine Gefahr, die im ersten Augenblick das ganze Gebäude der Daktyloskopie zu bedrohen schien, war abgewendet. War sie wirklich abgewendet?

Wenige Wochen später, im Mai 1934, sah sich die Barker-Carpis-Bande im Gebiet von Chicago so hart von FBI-Agenten bedrängt, daß Kate Barker beschloß, mit ihren Schützlingen für einige Zeit ›in Deckung‹ zu gehen. Die Mitglieder der Bande verteilten sich auf verschiedene Plätze, färbten ihre Haare, trugen dunkle Brillen. Aber es war ein sicheres Zeichen für die Gefahr, die sie in der Daktyloskopie erblickten, daß Carpis und Freddy Barker beschlossen, darüber hinaus ihre Fingerspitzen zu verändern. Ein befreundeter Gangster empfahl ihnen den Chirurgen Dr. Joseph P. Moran, der seine Praxis im Irving-Park-Hotel betrieb. Moran, einst Musterschüler der Tufts Medical School in Boston, ausgezeichnet als Soldat im ersten Weltkrieg, knapp neununddreißig Jahre alt, war selbst bereits mehrfach vorbestraft. Aus Geldgier hatte er sich 1928 in Spring Valley auf Abtreibungen eingelassen. Im Joliet-Gefängnis war er mit Olly Berg, einem bekannten Gangster, in Berührung gekommen, und dank Bergs Beziehungen zu Polizisten und Beamten hatte Moran nach seiner Entlassung wieder eine Zulassung als Arzt erhalten. Seither betrieb Moran nach außen hin eine normale Praxis. Hinter der Fassade aber behandelte er Gangster, die im Kampf mit der Polizei oder mit Konkurrenten verwundet worden waren. Viele rettete er, andere, die starben, wurden in die Chicagoer Abwasserkanäle oder in den Michigansee geworfen. Moran kassierte große Honorare, ruinierte sich selbst aber durch Alkohol und Morphium derart, daß er 1934 nur noch ein Wrack war. Trotzdem vertrauten Carpis und Freddy Barker sich seinen Händen an.

Moran schnitt ihnen die Haut von den Fingerspitzen, daß sie vor Schmerzen schrien. Kate Barker pflegte die beiden vier Wochen lang in einer geheimen Wohnung und beruhigte die schwer Leidenden mit Morphium. Zu ihrem Entsetzen stellten beide jedoch fest, daß alle Qualen umsonst gewesen waren. Mit der Wundheilung bildeten sich die alten Papillarlinien von neuem. Doktor Moran wurde kurze Zeit später in völlig betrunkenem Zustand auf den Michigansee hinausgefahren und ertränkt.

Ebenfalls im Mai 1934 mußte auch John Dillinger sich verbergen. Doch er war außerstande, längere Zeit in einem Versteck auszuhalten. Von einer unwiderstehlichen Gier nach dem Besuch von

Kinos getrieben, beschloß auch er sein Aussehen zu verändern, um das Versteck verlassen zu können. Da seine Fingerabdrücke ihn bei der ersten Kontrolle durch die Polizei verraten mußten, auch wenn er sein übriges Äußeres noch so sehr verändert hatte, lag ihm ihre Veränderung besonders am Herzen. Ein skrupelloser Anwalt, Louis Piquett, stellte für 5000 Dollar die Verbindung mit zwei Chirurgen her, die bereit waren, einige plastische Operationen vorzunehmen. Es waren dies Dr. Wilhelm Loeser, ein gebürtiger Deutscher, und Dr. Harold Cassedy. Am 27. Mai operierten sie Dillinger in einem Versteck, das ein früherer Alkoholschwarzhändler namens Probasco für rund 40 Dollar pro Tag zur Verfügung stellte. Dillinger starb um ein Haar bei einem Zwischenfall in der Narkose. Was die beiden Ärzte an Änderungen in seinem Gesicht versucht hatten, enttäuschte ihn so sehr, daß er sie in blinder Wut mit der Maschinenpistole bedrohte. Vorsichtig geworden, begnügte Dr. Loeser sich damit, Dillingers Fingerspitzen mit ätzenden Säuren zu behandeln, bis die Papillarlinien nicht mehr sichtbar waren. Das war eine neue Methode. Doch als Dillinger am 22. Juli 1934 vor dem ›Biograph‹-Kino in Chicago von FBI-Agenten gestellt und erschossen wurde, waren die Papillarlinien bereits wieder sichtbar geworden. Abermals schien bewiesen, daß das ›unauslöschliche Siegel‹ wirklich unauslöschlich war.

War es tatsächlich bewiesen? Im Oktober stieß ein Chicagoer Polizeibeamter, der auf einer Straße außerhalb der Stadt patrouillierte, auf einen von Kugeln durchlöcherten Leichnam. Das Gesicht des Toten kam ihm bekannt vor. Es handelte sich um Gus Winkler, der wegen Mordes sowie wegen Bank- und Postraubes gesucht wurde. Es gehörte nicht viel dazu, herauszufinden, auf welche Weise Winkler gestorben war: Ein Rivale hatte schneller geschossen als er. Wie im Falle Klutas gehörte es zu den Routinearbeiten der Polizei, Winklers Fingerabdrücke sicherzustellen und an das Identifizierungsbüro zu senden. Dort aber gab es eine neue große Überraschung. Winklers Finger lieferten einwandfreie Abdrücke, aber ihre Formel führte nicht zu dem Registraturfach, in dem sich von früheren Verhaftungen her Winklers Fingerabdruckkarte befinden mußte. Sie führte ins Nichts. Am Mittelfinger der linken Hand besaß der Tote ein anderes Papillarlinienmuster, als auf seiner Karteikarte vermerkt war. Winkler war zu bekannt, als daß man hätte glauben können, der Tote sei nicht Winkler, sondern ein Unbekannter. Zum zweitenmal wurde Washington alarmiert. Was war hier geschehen? Gab es doch eine Methode, Fingerabdrücke zu ändern und das so mühsam aufgebaute System zu erschüttern? Die

Antwort aus Washington ließ spüren, wie erregt man dort war, denn sie enthielt die Anweisung, den Vorfall aufs strengste geheimzuhalten und wie im Falle Klutas Chirurgen und Dermatologen zu Rate zu ziehen.

Die Untersuchungen der Ärzte nahmen diesmal längere Zeit in Anspruch. Ein Identifizierungsbeamter brachte sie schließlich auf die richtige Spur. Die ursprünglich registrierten Abdrücke Winklers zeigten am linken Mittelfinger zwei Deltas. Jetzt befand sich an Stelle des einen Dreiecks eine winzige Narbe. Der unbekannte Arzt oder wer immer es gewesen war, der Winkler behandelte, hatte sich damit begnügt, nur einen ganz kleinen Teil des Papillarlinienmusters zu ändern, und damit zunächst eine alarmierendere Wirkung erzielt als die anderen Ärzte mit der Abtragung der Haut oder der Verätzung durch Säure.

Das Problem war gelöst. Man mußte in Zukunft bei solchen Fällen unverzüglich nach Narben suchen. Aber die in diesem Fall angewandte Methode war so ingeniös, daß Vertreter des FBI sich in Long Read, Kalifornien, mit bedeutenden Chirurgen, die besondere Erfahrungen mit Hautübertragungen hatten, und mit Dermatologen zusammensetzten, um über die Möglichkeiten einer Veränderung der Papillarlinien zu beraten. Die Konferenz fand hinter verschlossenen Türen statt. Der Chirurg Dr. Howard L. Uppdegraff vom Lebanon-Hospital in Hollywood unternahm ausgedehnte Experimente. Sie ergaben, daß auch die Methode, die bei Winkler angewandt worden war, nur eine vorübergehende Wirkung hatte. Selbst in diesem Fall stellte sich das ursprüngliche Muster der Linien wieder her. Es gab nur eine Möglichkeit, die Fingerspitzen dauernd zu verändern, nämlich die Übertragung von Haut, vor allem aus den Handflächen, auf einzelne Fingerspitzen. Es mußte dabei aber die Haut desselben Menschen sein, an dem die Operation vorgenommen wurde. Die Übertragung und Heilung nahm ungefähr vier Wochen in Anspruch und war relativ schmerzlos. Sie war jedoch für den Erkennungsdienst nicht gefährlich, weil sie an den Rändern der Finger unweigerlich Narben und Brüche in den Papillarlinien hinterließ, die sich beim sorgfältigen Abrollen der Finger deutlich ausprägten. Es war lediglich notwendig, die Beamten des Erkennungsdienstes auf solche Möglichkeiten vorzubereiten. Die Vernarbungen an den Körperstellen, von denen die transplantierte Haut genommen war, lieferten zudem jederzeit den Beweis für einen plastischen Eingriff. Die Entwicklung ließ sich Zeit, bis sie Dr. Uppdegraffs Voraussagen recht gab. Sie ließ sich Zeit – bis zum Jahre 1941, als die wilde Woge der offenen amerikanischen

Gangsterkämpfe verebbt war und einem nach außen hin weniger lauten, mehr untergründigen, nach der Art großer Wirtschaftsunternehmen organisierten Gangstertum Platz gemacht hatte.
Es geschah am 31. Oktober 1941, in der Nähe von Austin in Texas. An diesem Tag wurde ein hochgewachsener, blonder, intelligent aussehender Mann, der sich Robert Pitts nannte, durch eine Polizeistreife aufgegriffen und festgenommen, weil er, obwohl offenbar wehrpflichtig, keine Registrierkarte des ›Selective-Service‹ besaß, der Organisation zur Durchführung der Wehrpflicht. Zur Überprüfung seiner Identität brachte man ihn nach Austin. Ein Beamter des dortigen Fingerabdruckbüros rollte Pitts Finger auf den üblichen Vergleichsblättern ab – den ersten, den zweiten, den dritten, vierten, fünften Finger. Er versuchte es mit der zweiten Hand. Dann blickte er fassungslos auf und sah dabei einen höhnischen Ausdruck in Pitts Gesicht. Der Mann, der sich Pitts nannte, besaß nicht die Spur von Papillarlinien an den Fingerspitzen!
Sieben Jahre waren vergangen, seit der Fall Gus Winkler das FBI zum letztenmal aufgeschreckt hatte. Jetzt war man in Washington nicht mehr unvorbereitet. Die Ergebnisse der daktyloskopischen Versuche wurden angefordert. Man entdeckte sofort die Narben, die auf Hauttransplantationen hinwiesen. Pitts war unterdessen in das Staatsgefängnis von Raleigh überführt worden, und die Gefängnisverwaltung wurde ersucht, seinen Körper auf Narben untersuchen zu lassen. Es dauerte nur wenige Stunden, bis der Untersuchungsbericht vorlag: An beiden Brustseiten des Häftlings befanden sich je fünf deutlich sichtbare Vernarbungen. Kein Zweifel, von dort waren Hautteile auf Pitts Fingerspitzen übertragen worden. Wer aber war Pitts in Wirklichkeit? Welcher Verbrecher verbarg sich hinter dem jungen Mann, der es für nötig gehalten hatte, sich einer so eingreifenden Operation zu unterziehen? Pitts schwieg. Er war offenbar davon überzeugt, daß man den Weg zurück in seine Vergangenheit nicht finden würde.
Wie lautete sein richtiger Name? Wo war Pitts geboren? Wo hatte er sich am 1. Mai 1934, am 1. September 1939, am 15. Juni 1937 aufgehalten? Schweigen! Spöttisches Schweigen. Und wer war der Chirurg? Wo lebte er? Wo hatte er operiert? – Auf alle diese Fragen war ein Hohngelächter die Antwort.
Das FBI überprüfte die Listen und Unterlagen über sämtliche gesuchten Kriminellen und sämtliche Ausbrecher. Alle unaufgeklärten Einbrüche, Überfälle, Morde und die entsprechenden Tat- und Täterberichte wurden kontrolliert. Vor neun Jahren war in Virginia ein gewisser Robert J. Philipps, ein dreiundzwanzigjähriger Bursche,

wegen Autodiebstahls verhaftet worden. Beschreibung, Fotografie und Alter paßten genau auf Pitts. Die gleichen Fingerabdrücke, die man damals bei Philipps sichergestellt hatte, waren in den folgenden Jahren immer wieder bei einem jungen Mann gefunden worden, der unter den verschiedensten Namen wegen bewaffneter Einbrüche verhaftet und zur Verbüßung seiner Strafen in die Strafanstalten von Atlanta und Alcatraz geschickt worden war. Das Datum der letzten Verhaftung war der 28. März 1941, der Ort Miami. Damals hatte man ihn wieder freilassen müssen. Wenn Pitts mit diesem Mann identisch war, mußte die Operation an seinen Fingern zwischen dem 28. März und dem 31. Oktober 1941, dem Tag seiner jetzigen Verhaftung, vorgenommen worden sein. Agenten des FBI vernahmen Gefangene, die mit dem einstigen Häftling, der so viele Namen, aber immer die gleichen Fingerabdrücke besessen hatte, in einer Zelle untergebracht gewesen waren. Einer von ihnen begann schließlich zu sprechen. Er erinnerte sich, daß einmal von einem Arzt die Rede gewesen war, an den man sich im Notfall um Hilfe wenden könne, ›Doc‹ Brandenburg. Angeblich lebte er im Staat New Jersey. Und in der Tat wurde ein Doktor Leopold William August Brandenburg in Union City, New Jersey, aufgespürt. Es war ein ungeheuer beleibter Mensch mit kleinen, tief in Fett gelagerten Augen, randloser Brille, ungesunder Gesichtsfarbe und hinkendem Gang. Mehrfach hatte er bereits vor Gericht gestanden, einmal wegen Abtreibung, ein anderes Mal wegen Teilnahme an einem Postraub, bei dem die Täter 100 000 Dollar erbeutet hatten. Aber jedesmal war es ihm gelungen, einer Verurteilung zu entgehen. Jetzt entrann er dem FBI nicht mehr. Er gestand, daß Robert Pitts tatsächlich Robert J. Philipps war und sich im Mai 1941 wegen einer Änderung seiner Fingerabdrücke an ihn gewandt hatte. In seinem Hause hatte er eine Hauttransplantation vorgenommen. Zuerst an den Fingern der einen, dann an den Fingern der anderen Hand. Es hatte jeweils drei Wochen gedauert, bis die Finger an den Transplantationsstellen der Brust einheilten. Dann hatte er die angewachsene Haut aus der Brust herausgelöst und die Fingerspitzen noch eine Weile ›modelliert‹. Pitts und der Arzt wurden zu hohen Zuchthausstrafen verurteilt.

Der Fall Pitts aber blieb der letzte große Fall in der Geschichte des Fingerabdrucks, in dem versucht wurde, die Natur und die Daktyloskopie zu überlisten.

In einer nicht mehr aufzuhaltenden, schnellen Entwicklung wurde der daktyloskopische Erkennungsdienst des FBI zum zahlenmäßig größten und technisch vollendetsten der Welt. Im Jahre 1956 verfügte die Fingerabdruckskartei in Washington über 141 231 713 Blätter. Eine Sonderkartei, in der nicht die üblichen Zehnfinger-Blätter, sondern Einzelabdrücke gesammelt wurden, machte es möglich, die oftmals an Tatorten gefundenen Abdrücke einzelner Fingerkuppen, zuweilen sogar nur Teile solcher Kuppen zu identifizieren. Mit Hilfe von Maschinen, die nach dem Lochkartensystem arbeiteten, ließ sich jede gesuchte Karteikarte innerhalb von wenigen Minuten aus Millionen anderer herausfinden. Und die Erfahrungen mit dieser riesenhaften Sammlung bestätigte immer wieder den Satz, daß jeder Mensch seine eigenen, unverwechselbaren Zeichen an seinen Fingerspitzen trägt.

Am bedeutsamsten aber war vielleicht die Tatsache, daß es J. Edgar Hoover gelang, in ungeahntem Maße zu verwirklichen, was Juan Vucetich in Argentinien als Ziel vorgeschwebt hatte und woran sein Leben auf so tragische Weise zerbrochen war. Gerade in dem Lande, das die Freiheit des einzelnen so sehr zum Prinzip erhoben hatte, wurde durch Hoovers Geduld, durch seine Appelle an die Vernunft und durch die schließliche Einsicht zahlreicher Behörden etwas Erstaunliches erreicht: Von den insgesamt 141 231 713 Fingerabdrucksblättern des Jahres 1956 stammten nicht weniger als 112 096 777 nicht von Kriminellen, sondern von ehrbaren und unbescholtenen dauernden oder zeitweiligen Bewohnern der Vereinigten Staaten. Diese wenn auch jetzt noch bei weitem nicht umfassende, aber ungewöhnlich große Kartei machte es möglich, den Erkennungsdienst weit über den Kreis der einmal Verhafteten oder Vorbestraften hinaus nutzbar zu machen. Sie erleichterte nicht nur die Identifizierung von Tatortabdrücken, sondern erwies sich bei Unglücksfällen, Katastrophen, Notständen und im Krieg als unschätzbares Hilfsmittel zur Identifizierung der Opfer.

18

Es war, als wollte die Geschichte des Fingerabdrucks selbst beweisen, welche Bedeutung einer allgemeinen daktyloskopischen Registrierung der Bevölkerung für die Aufklärung von Verbrechen zukam. Abermals wählte sie dazu einen Mord. Noch einmal verlagerte sich der Schauplatz des Geschehens – zurück über den Atlantik nach Großbritannien, wo die Daktyloskopie so viele Stationen ihres langen Weges zurückgelegt hatte.

In der Nacht zum 15. Mai 1948 starb in der Stadt Blackburn in Lancashire ein Kind, June Anne Devaney, durch die Hände eines Mörders. June war noch nicht ganz vier Jahre alt, ein rührendes kleines

Mädchen, die Tochter eines Hüttenarbeiters aus Blackburn. Wenige Tage vorher hatte man das Kind wegen einer leichten Lungenentzündung in die Kinderstation des Queens-Park-Hospitals gebracht. Die Pneumonie war bereits überstanden, und June sollte am 15. Mai nach Hause zurückkehren. Am Vorabend dieses Tages lag das Kind schlafend in einem Bett des Kindersaales C H III. Der zu ebener Erde gelegene Raum grenzte auf der einen Seite an Küche und Bad der Kinderabteilung, auf der anderen an einen Vorbau mit Toiletten und großen Erkerfenstern, die der Lüftung wegen nicht geschlossen waren. Auch am Abend des 14. Mai hatte man sie weit geöffnet.

Kurz nach 11 Uhr beruhigte die Krankenschwester Gwendoline Humphreys ein weinendes Kind, dessen Bett in unmittelbarer Nähe des Lagers der kleinen June Devaney stand. June schlief tief und fest. Die Schwester begab sich wieder in die Küche. Um 11.30 Uhr vernahm sie ein Geräusch – sie glaubte die Stimme eines Kindes im Korridor zu hören. Als sie in den Gang hinaustrat, entdeckte sie, daß eine Tür, die zum Garten führte, geöffnet war. Draußen wehte ein scharfer Wind. Die Schwester nahm an, der Wind habe die Tür aufgerissen, und ging an ihre Küchenarbeit zurück.

Fünfzehn Minuten später begab sie sich auf einen Rundgang durch C H III. Als sie an June Devaneys Bett trat, fand sie es leer. Sie eilte in den Toilettenanbau. Aber auch dort war June nicht zu finden. Auf dem Rückweg in den Saal bemerkte die Schwester Flecke auf dem frisch polierten Fußboden. Es schienen Abdrücke von Füßen zu sein, aber nicht von Kinderfüßen, sondern von Füßen eines erwachsenen Menschen, der entweder barfuß oder in dünnen Socken durch den Saal gelaufen war. Die Spur führte von einem der Erkerfenster zu verschiedenen Betten und endete neben dem Bett des verschwundenen Kindes. Unter dem Bett lag eine große Flasche mit destilliertem Wasser, die kurz nach 11 Uhr noch am anderen Ende des Saales auf einem Rollwagen gestanden hatte. Gegen 12 Uhr schlug die Schwester Alarm. Das gesamte Nachtpersonal machte sich auf die Suche nach dem Kind. Das Queens-Park-Hospital lag inmitten eines großen Garten- und Wiesengeländes. Als June um 2 Uhr nachts noch immer nicht gefunden war, benachrichtigte einer der diensttuenden Ärzte die Polizei in Blackburn. Eine Stunde später, kurz nach 3 Uhr, entdeckte ein Polizeibeamter im hohen Gras dicht an der Umfassungsmauer des Hospitalgelände den Leichnam June Devaneys. Das Kind war offensichtlich vergewaltigt worden. Danach hatte der Täter sein Opfer an den Füßen gepackt und mit dem Kopf gegen die Mauer geschmettert.

Der Morgen graute, als die ersten Beamten der Lancashire Constabulary eintrafen, unter ihnen Chefkonstabler Looms und Chefinspektor Campbell vom Fingerabdruckbüro der Grafschaft Lancashire in Hutton bei Preston. Der Chef der Constabulary zögerte nicht lange, sondern rief Scotland Yard zu Hilfe. Das Kind, vor dessen Leichnam er stand, war binnen kürzester Zeit das dritte Opfer eines oder mehrerer Kindermörder. Die beiden anderen Morde hatten sich in London und Farnworth (nicht weit von Blackburn entfernt) ereignet. Die Opfer waren Eileen Lockhart, fünf Jahre alt, erwürgt im Keller eines von Bomben zerstörten Hauses, und John Smith, elf Jahre alt, mit einem Dolch erstochen. Beide Fälle waren noch nicht aufgeklärt. Nach diesem dritten Fall würde die Öffentlichkeit empört nach mehr polizeilichen Aktionen und Erfolgen verlangen. Looms wußte das zur Genüge. Am Vormittag des 15. Mai trafen Chefinspektor Capstick und zwei weitere Beamte von Scotland Yard in Blackburn ein und machten sich an die Arbeit. Das gesamte Hospitalgelände wurde abgesperrt. Niemand durfte das Krankenhaus verlassen. Sicher schien zunächst nur eines: Der Mörder war zwischen 11.15 Uhr und 11.45 Uhr durch eines der geöffneten Erkerfenster eingedrungen, nachdem er sich seiner Schuhe entledigt hatte. Anscheinend hatte er die Örtlichkeit genau gekannt. Zögernd war er zunächst an verschiedene Kinderbetten getreten, bevor er sich für June entschied und das Kind aus dem Bett nahm. Dann war er wieder durch ein Erkerfenster ausgestiegen, hatte seine Schuhe angezogen und sein Opfer zur Mauer geschleppt. Die Muster seiner Socken zeichneten sich deutlich in den Fußabdrücken ab, die auf dem Boden des Kindersaales zurückgeblieben waren. Anscheinend hatte er die Flasche, die unter Junes Bett lag, beim Betreten des Saales an sich genommen, um sie notfalls als Waffe zu benutzen. An einem der Erkerfenster wurden einige Stoffasern gefunden. Ähnliche Fasern hafteten an der Leiche des Kindes. Doch diese Feststellungen führten die Polizeibeamten genausowenig weiter wie die Vernehmung sämtlicher Angestellten und Insassen des Krankenhauses.

Unterdessen hatte sich Chefinspektor Campbell damit beschäftigt, den Kindersaal auf Fingerabdrücke zu untersuchen. Alle Wände, Tische, Fenster, Betten, Stühle, Medikamentflaschen und Spielzeuge wurden kontrolliert. Mehrere Kameras hielten Hunderte von Abdrücken fest. Gleichzeitig wurden die Abdrücke sämtlicher Angestellten und Besucher sichergestellt, die während der letzten Wochen die Kinderabteilung betreten hatten. Es stellte sich heraus, daß alle vorgefundenen Abdrücke von Ärzten, Schwestern, Kindern und Be-

suchern stammten – mit Ausnahme einiger Finger- und Daumenabdrücke sowie des Abdrucks einer ganzen Handfläche, die auf der Flasche unter Junes Bett zurückgeblieben war. Die Kriminalbeamten kamen zu der Überzeugung, daß diese Abdrücke von dem Kindermörder stammen mußten. Um aber sicher zu sein, stellten sie eine Liste weiterer Personen auf, die in den letzten Monaten den Kindersaal betreten hatten oder mit dem Nachfüllen von destilliertem Wasser beschäftigt gewesen waren.
Die Abdrücke auch dieser Personen wurden mit denen auf der Flasche verglichen – ergebnislos. Die Abdrücke auf der Flasche mußten von dem unbekannten Mörder stammen.
Campbell sandte die Fotografien der Abdrücke nach Scotland Yard sowie an alle lokalen Fingerabdrucksammlungen in Großbritannien. Aber selbst der Vergleich mit der zu dieser Zeit eineinviertel Millionen Blätter zählenden Sammlung von Scotland Yard blieb fruchtlos. Weitere Fotografien wurden mit Luftpost an sämtliche Identifizierungsbüros außerhalb Großbritanniens gesandt. Immerhin bestand die Möglichkeit, daß irgendein Seemann oder ein Fremder, der sich nur vorübergehend in Blackburn aufgehalten hatte, der Täter war. Auch diese Bemühungen führten nicht zum Ziel. Schließlich festigte sich die Überzeugung, daß der Mörder aus Blackburn oder seiner Umgebung stamme. Dafür sprachen seine Ortskenntnis und die Vertrautheit mit den Gewohnheiten der Nachtschwestern des Krankenhauses.
Am 20. Mai machte Campbell einen so außergewöhnlichen Vorschlag, daß Campbell selbst nicht auf seine Verwirklichung zu hoffen wagte. Er schlug vor, die Fingerabdrücke aller männlichen Einwohner von Blackburn, sofern sie älter als sechzehn Jahre waren, sicherzustellen. Ebenso sollten die Fingerabdrücke sämtlicher Arbeiter, die täglich von auswärts nach Blackburn zur Arbeit fuhren, abgenommen werden. Blackburn selbst zählte 110 000 Einwohner und etwa 35 000 Haushaltungen. Campbell schätzte, daß nahezu 50 000 Fingerabdruckblätter hergestellt werden müßten, um den Tatortabdruck mit den Fingerbildern aller in Frage kommenden Männer zu vergleichen. Er wußte nur zu genau, daß in England niemals zuvor Ähnliches versucht worden war. Und genauso wußte er, daß niemand imstande war, zu garantieren, ob diese riesenhafte Fahndungsarbeit zum Ziele führen würde. Alles konnte vergebens sein. Wenn es überhaupt einen Anlaß zur Hoffnung gab, den Vorschlag zu verwirklichen, dann lieferte diesen Anlaß die ständig wachsende Unruhe und Empörung der Öffentlichkeit, welche die Behörden dazu veranlaßte, auch absolut ungewöhnliche Wege zu beschreiten.

Es gab kein Gesetz, das die Bevölkerung hätte zwingen können, sich der daktyloskopischen Prozedur zu unterwerfen. In kaum einem anderen Land der Erde war die Vorstellung, daß die Registrierung nach Fingerabdrücken ›immer etwas mit Verbrechen zu tun‹ habe und einem freien Bürger nicht zuzumuten sei, ausgeprägter als in England. Wie viele Einwohner würden sich weigern, ihre Fingerabdrücke herzugeben, und damit den Erfolg in Frage stellen? Trotzdem entschloß man sich, den Versuch zu wagen. Um möglichen Widerständen von vornherein entgegenzuwirken, ging die Initiative nicht von der Polizei aus, sondern der Bürgermeister von Blackburn appellierte an die freiwillige Hilfe der Einwohner. Er versicherte, man werde sämtliche Fingerabdruckblätter, die bei dem Vergleich mit den Fingerabdrücken des Mörders ausschieden, vernichten und unter keinen Umständen in eine Fingerabdruckkartei aufnehmen. Ja, er ging noch weiter. Er garantierte, daß die Abdruckblätter ausschließlich zum Vergleich mit dem Mörderabdruck und nicht mit irgendwelchen polizeilichen Fahndungslisten benutzt würden. Das bedeutete, daß man bewußt auf die Chance verzichtete, bei dieser Gelegenheit andere gesuchte Kriminelle zu entdecken. Schließlich wurde zugesichert, daß die Beamten, welche die Abdrücke abnehmen sollten, von Haus zu Haus gingen, so daß niemand eine Polizeiwache zu betreten brauchte.

Als am 23. Mai, knapp acht Tage nach dem Mord, die Aktion begann, herrschte bei der Polizei von Blackburn eine unvorstellbare Spannung. Doch der erste Tag verlief ohne Schwierigkeiten. Die allgemeine Empörung, der brennende Wunsch, den Täter zu finden, ließ alle Vorbehalte zurücktreten. Das Wahlregister diente als Grundlage für die Erfassung. Bei den von auswärts kommenden Arbeitern wurden die Lohnlisten der Fabriken herangezogen. Zahlreiche Häuser mußten mehrfach aufgesucht werden, aber Ende Juni, nach sechs Wochen, waren rund 20 000 Fingerabdruckblätter hergestellt.

Zwanzigtausend – aber die gesuchten Abdrücke waren nicht gefunden! Die Spannung wuchs von Tag zu Tag. Mitte Juli waren 30 000 Einwohner erfaßt. Aber auch jetzt war man dem Ziel noch keinen Schritt näher gekommen. 30 000 – eine beängstigende Investition von Zeit und Geld –, und immer noch keine Aussicht auf Erfolg. Doch jetzt durfte man nicht aufgeben. Es gab auch kein Zurück mehr, als Ende Juli 40 000 Abdruckblätter zum Vergleich vorlagen und die Abdrücke auf der Wasserflasche nach wie vor ihr Geheimnis nicht verraten wollten. Anfang August waren 45 000 Abdruckblätter gesammelt und untersucht. Die Hoffnung, zu einem Ergebnis zu gelangen, sank bis zum Nullpunkt, denn nun schienen praktisch alle Einwohner der Stadt und alle auswärts wohnenden Arbeiter erfaßt. Doch waren sie wirklich alle erfaßt? War irgend jemand aus Blackburn verzogen, ohne daß man es bemerkt hatte?

In diesem Augenblick beginnender Resignation verfiel einer der Beamten auf die Idee, die neueste Liste der Empfänger von Lebensmittelkarten zu überprüfen, die drei Jahre nach dem Ende des zweiten Weltkrieges in Großbritannien noch ausgegeben wurden. Und diese Überprüfung förderte eine Tatsache ans Licht, die der großen Jagd noch eine letzte Chance gewährte. Nahezu 800 männliche Einwohner waren trotz aller Sorgfalt übersehen worden. Verbarg sich unter ihnen der Mann, den man suchte? Hatte das Schicksal ihn sozusagen bis zum letzten Augenblick aufgespart?

Am 11. August betrat der Konstabler Calvert auf der Jagd nach den fehlenden achthundert Abdrücken das Haus Nr. 31 in der Birley Street. Er fand dort Mrs. Griffiths und ihren zweiundzwanzigjährigen Sohn Peter. Peter Griffiths, ein schmaler, recht gut aussehender Bursche, galt als freundlich und kinderlieb. Er gehörte zu denen, die man bisher übersehen hatte. Calvert erkundigte sich, ob er bereit sei, seine Fingerabdrücke herzugeben. Griffiths streckte wortlos seine Hände hin. Zusammen mit anderen Abdrücken, die Calvert im Laufe des Tages gesammelt hatte, wurden Peter Griffiths' Fingerabdrücke nach Hutton geschickt. Vierundzwanzig Stunden später, am Nachmittag des 12. August um 3 Uhr, stieß einer der Beamten, die dort mit der Vergleichsarbeit beschäftigt waren, unwillkürlich einen Laut aus, der alle anderen aufhorchen ließ.

»Ich habe ihn!« sagte er. »Hier ist er ...« Der Abdruck von Peter Griffiths' linkem Daumen und Zeigefinger stimmte mit den Abdrücken auf der Wasserflasche überein. Es war ein Erfolg in letzter Stunde.

Vorbei alle Zweifel, vorbei alle Resignation – innerhalb weniger Tage bestätigten Vernehmungen und weitere Untersuchungen, daß die Jagd nach den Fingerabdrücken zum Ziel geführt hatte.

Griffiths, der Sohn eines geisteskranken Vaters, hatte als Kind längere Zeit in der Kinderabteilung des Queens-Park-Hospitals verbracht. Er kannte den Schauplatz seiner Tat genau. Als ihm kein weiterer Ausweg blieb, gestand er den Mord – ein abartiger junger Mann mit einem Kindergesicht, unfähig zu geregelter Arbeit und ohne natürliche Beziehung zu Frauen. Möglicherweise war er nicht nur der Mörder June Devaneys, sondern auch des elfjährigen John Smith in Farnworth. Aber für diesen Mord gab es keine Indizien,

die stark genug gewesen waren, um Griffiths ein zweites Geständnis abzuringen.
Wenn aber Peter Griffiths des Mordes an June Devaney überführt wurde, so nur, weil das ›unauslöschliche Siegel‹ an seinen Fingern ihn verraten hatte. Der mit soviel Mühe errungene Erfolg bestärkte bei vielen unabhängigen Geistern innerhalb und außerhalb Großbritanniens die Überzeugung, wie notwendig es sei, eine Registrierung der Gesamtbevölkerung von Ländern und Kontinenten mit Hilfe der Daktyloskopie anzustreben und die aus zahlreichen Ressentiments erwachsenen Widerstände gegen eine solche Maßnahme zu überwinden. Nach dem Abschluß des Falles Griffiths lagen die Argumente, was die Kriminalistik anbelangte, auf der Hand. Hätte es eine allgemeine Registrierung in Großbritannien gegeben, so wäre der Mörder June Devaneys innerhalb weniger Tage gefunden worden.
Aber die Überwindung gefühlsbetonter Vorbehalte war, wie die Geschichte lehrte, ein Problem langer Zeiträume. Die Verwirklichung so weitgesteckter Ziele blieb ein Problem der Zukunft. Doch wann immer sie Gestalt annehmen mochte – sie würde ein Glied der nun die ganze Welt umspannenden organisatorischen Weiterentwicklung der Daktyloskopie sein, deren Werden und Aufstieg die große Brücke geschaffen hatte, über welche die Naturwissenschaft und die technischen Errungenschaften des neunzehnten und zwanzigsten Jahrhunderts – eine nach der anderen – Einzug in die Welt der Kriminalistik, in die Welt der ›Detektive‹, hielten.

II Die Ballade von der Mörderkugel oder *Der Weg zur forensischen Ballistik*

1

Im Jahre 1835 überführte Henry Goddard, einer der letzten und berühmtesten Bow-Street-Runners aus der Aufstiegszeit der Londoner Kriminalpolizei, einen Mörder.
An einer der Kugeln, die den Ermordeten getroffen hatten, bemerkte Goddard einen merkwürdigen ›Auswuchs‹, und mit der so ›gezeichneten‹ Kugel in der Hand begab er sich auf die Suche nach dem Täter. In der düsteren Wohnung eines Verdächtigen entdeckte Goddard eine Gußform für Bleikugeln, wie sie in jenen Tagen noch üblich war. Die Form enthielt einen Fehler, eine Vertiefung. In diese Vertiefung paßte der Auswuchs der Mörderkugel genau hinein. Überrumpelt gestand der Besitzer der Form den Mord. Henry Goddard war, wie die meisten Bow-Street-Runners, grobschlächtig und korrupt, geldgierig, aber gewitzt, und sein Erfolg beruhte auf einer Eingebung des Augenblicks. Es lag ihm fern, daraus eine Methode oder ein System zu entwickeln.
Trotzdem war sein Unternehmen wahrscheinlich der erste Versuch, von einem Mordgeschoß aus den Weg zur Mordwaffe und zum Mörder zu finden. Ohne es zu wissen, wurde Goddard der Vorläufer einer langen Reihe von Männern, Büchsenmachern und Polizisten, Scharlatanen und echten Suchern, die im Laufe mehrerer Generationen eine neue Methode der Aufklärung von Verbrechen begründeten, die in der ersten Hälfte des 20. Jahrhunderts in die wissenschaftliche Kriminalistik hineinwuchs und den Namen ›forensische Ballistik‹ oder ›Wissenschaft von der Schußwaffe und vom Geschoß‹ erhielt.
Fünfundzwanzig Jahre nach Goddards Abenteuer, im Jahre 1860, verzeichneten die Gerichtsakten der englischen Lincoln Assize einen weiteren Pionier nach Goddards Art, ohne allerdings seinen Namen zu verraten. Auch er war Polizist und fand den Mörder eines Kameraden. Diesmal half ihm nicht eine Kugel aus der Leiche des Getöteten, sondern einer jener Papierpfropfen, mit denen man im Zeitalter des Vorderladers Pulver und Kugeln im Lauf der Schußwaffe festzustopfen pflegte. Neben der Leiche des Ermordeten spielte der Wind mit den angesengten, nach Schwefel stinkenden Resten eines solchen Ladepfropfens. Der Pfropfen bestand aus Zeitungspapier. Als man die Häuser einiger Verdächtiger untersuchte, stieß man in der Wohnung eines gewissen Richardson auf eine

doppelläufige Pistole. Ein Lauf war abgeschossen, der zweite noch geladen. Sein Ladepfropfen aber bestand ebenfalls aus Zeitungspapier, und zwar aus einem Fetzen der Londoner ›Times‹ vom 27. März 1854. Der unbekannte Pionier rief den Herausgeber des berühmten Blattes zu Hilfe. Der ›setzte seine stärkste Brille auf‹ und wies nach, daß der Papierpfropfen vom Ort der Tat ebenfalls aus einem Stück der ›Times‹ vom 27. März hergestellt worden war. Daraufhin gab Richardson sich verloren und gestand den Mord. Auch dieses Ereignis blieb ein Zufallserfolg.
Diesmal mußten fast zwanzig Jahre vergehen, bis Ähnliches geschah. Im Jahre 1879 stand in den Vereinigten Staaten ein Mann namens Moughon unter der Anklage des Mordes vor Gericht. Der Richter war, wie es in den zeitgenössischen Berichten hieß, ein ›sehr modern denkender‹ Mann. Moughon besaß eine Pistole. Die Anklage beschuldigte ihn, aus dieser Pistole zwei tödliche Schüsse abgefeuert zu haben. Verzweifelt beteuerte der Beschuldigte, daß seine Waffe seit Jahr und Tag nicht mehr benutzt worden sei. Da ließ der Richter einen Büchsenmacher rufen, dessen Werkstatt in der Nähe des Gerichtsgebäudes lag. Der Büchsenmacher – ein bärtiger Riese im Arbeitsgewand – inspizierte mit bloßem Auge den Pistolenlauf. Er fand ihn inwendig ›verschimmelt‹ und ›voller Rost‹ und schwor, seit mindestens achtzehn Monaten habe keine Kugel die Waffe mehr verlassen. Seine Aussage war in den Augen späterer Sachverständiger ohne Zweifel mehr als kühn, aber sie rettete dem Angeklagten das Leben. Wiederum handelte es sich um einen Einzelfall – das Ergebnis der Tatsache, daß ein Richter ›sehr modern‹ dachte.
Immerhin hörte man diesseits und jenseits des Ozeans häufiger von Büchsenmachern, die von Gerichten als ›Schießsachverständige‹ zugezogen wurden. Sie verstanden Gewehre und Revolver zusammenzubauen. Sie besaßen mehr oder weniger genaue Kenntnisse vom Schießen, und die Urteile, die von ihnen verlangt wurden, betrafen meist die Frage, ob aus einem Vorderlader oder Hinterlader geschossen worden sei, ob eine bestimmte Waffe über größere Entfernungen zielsicher arbeite, ob Schrot aus einem Kugellauf geschossen worden sein könnte und wie weit Schrot ›streue‹.
Nochmals vergingen zehn Jahre. Endlich, im Frühjahr 1889, meldete sich Professor Lacassagne, Professor für Gerichtsmedizin an der Universität Lyon. Aus dem Leichnam eines Ermordeten hatte Lacassagne eine Kugel herausgeschnitten. Als er sie genauer inspizierte, entdeckte er daran sieben Längsstreifen oder ›Rillen‹. Die Kugel besaß das gleiche Kaliber wie ein Revolver, den man unter dem

Fußboden in der Wohnung eines Verdächtigen ausgrub. Sie konnte also aus diesem Revolver abgefeuert worden sein. Sie *konnte* – mußte aber nicht. Um so angestrengter beschäftigte sich Lacassagne mit den sieben ›Rillen‹.

Im Laufe des 19. Jahrhunderts war mit den Läufen der Schußwaffen eine bemerkenswerte Veränderung vor sich gegangen. Im Grunde wußten die Büchsenmacher seit wenigstens dreihundert Jahren, daß man die Reichweite und Zielgenauigkeit von Feuerwaffen außerordentlich vergrößern konnte, wenn man in die Innenwand ihrer Läufe Rillen oder ›Züge‹ einschnitt, die sich in der Längsrichtung spiralig dahinwanden. Die Kugel, die durch einen solchen Lauf gejagt wurde, geriet in rotierende Bewegung und erreichte Ziele, die mit Geschossen aus glatten Läufen niemals zu treffen waren. Doch solange man die Schußwaffen von vorne lud, war es zu schwierig gewesen, Kugeln in ›gezogene‹ Läufe hineinzupressen. Zuerst hatte der Hinterlader entwickelt werden müssen, bei dem die Kugel zusammen mit der das Pulver enthaltenden Patronenhülse von hinten in den Lauf geschoben wurde. Die Gewalt der Pulverexplosion trieb das Geschoß mit Leichtigkeit durch die Züge des Laufes und zwang es zu einer rotierenden Bewegung. Die einzelnen Waffenfabrikanten entwickelten verschiedene Konstruktionen. Der eine versah seine Läufe mit fünf, der andere mit sechs Zügen. Die Breite der Züge und der dazwischenliegenden ›Felder‹ unterschied sich von Waffenmodell zu Waffenmodell. Ebenso verschieden war die Zahl der spiraligen Windungen oder die durch den ›Drall‹ der Züge bedingte Drehrichtung der Kugeln nach links oder rechts. Jeder Fabrikant glaubte die beste Lösung gefunden zu haben.

Als Professor Lacassagne im Jahre 1889 die Mörderkugel mit den sieben Rillen betrachtete, besaß noch niemand einen richtigen Überblick über all diese Verschiedenheiten. Lacassagne schloß, daß die Rillen nichts anderes seien als Spuren, welche die Züge eines Revolverlaufes auf der Kugel hinterlassen hatten. Als ihm wenig später die Revolver mehrerer Verdächtiger vorgelegt wurden, fand er darunter einen mit sieben Zügen. Nie war ihm bis dahin ein Revolver mit sieben Zügen begegnet. Auf Grund der Übereinstimmung zwischen der Zahl der Züge im Lauf und der Zahl der Rillen auf der Kugel wurde der Besitzer der Waffe als Mörder verurteilt. Eine spätere Zeit, mit größerer Erfahrung, konnte nur hoffen, daß er wirklich der Mörder gewesen war. Denn bei dem geringen Überblick, den Lacassagne damals besaß, bestand durchaus die Möglichkeit, daß ein kleinerer Waffenfabrikant in Frankreich mehrere siebenzügige Revolver hergestellt hatte.

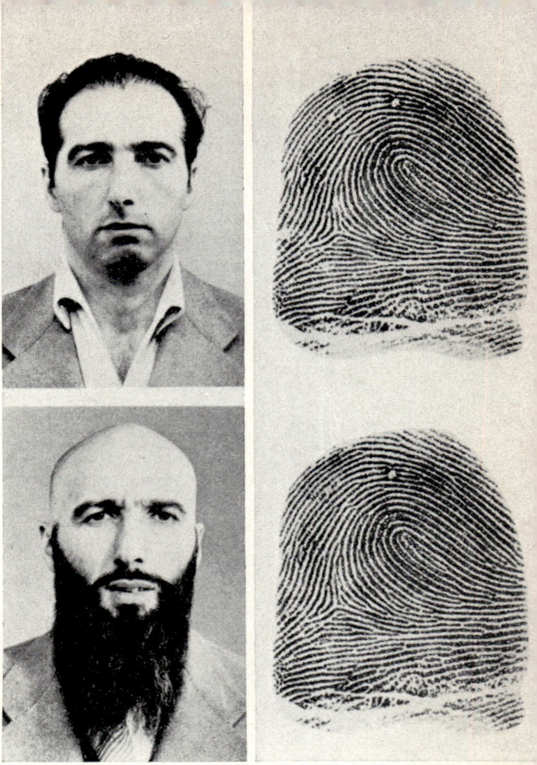

Fotografien und Fingerabdrücke aus einer kriminalpolizeilichen Kartei. Sie zeigen, wie trügerisch Fotografien sein konnten und welch revolutionären Fortschritt die Daktyloskopie bedeutete. Bei den Dargestellten handelt es sich um die gleiche Person, aber die Veränderungen durch Alter, Haar- und Bartwuchs erwekken den Eindruck der Verschiedenheit: Die Fingerabdrücke verraten die Identität.

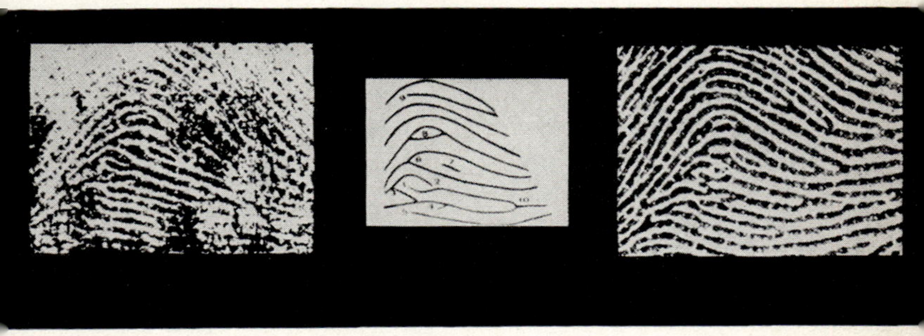

Ein Raubmord in Deptford, bei dem die Täter einen Fingerabdruck auf einer Geldkassette hinterließen, führte 1905 zum ersten Sensationsprozeß, in dem Fingerabdrücke als Beweismittel dienten. Links: der Abdruck auf der Kassette. Mitte: seine charakteristischen Zeichen. Rechts: der Originalabdruck eines Verdächtigen namens Stratton.

Das Bow-Street-Polizeigericht in London (1825), eine der historischen Stätten in der Entwicklung der britischen Kriminalpolizei (links), das 1892 vollendete Gebäude von New Scotland Yard in London, dessen Name sprichwörtlich wurde (unten).

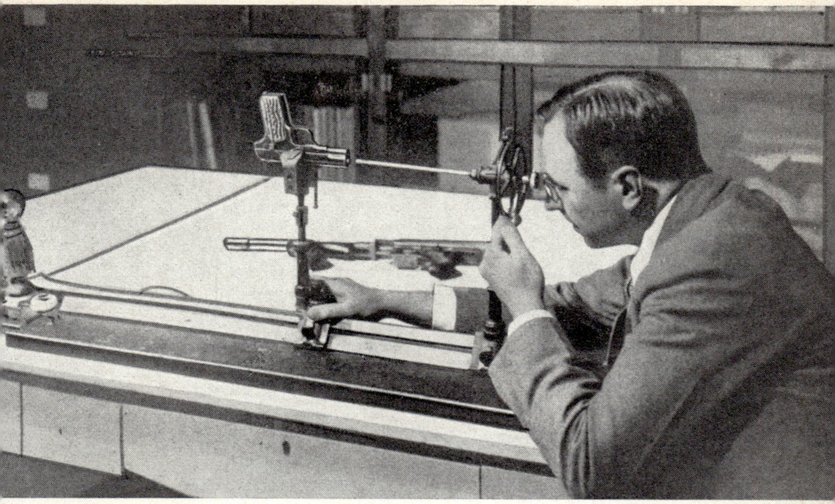

Trotz vieler europäischer Vorläufer wurden die Vereinigten Staaten zum Geburtsland der forensischen Schußwaffenkunde. Ihr bedeutendster Pionier war Calvin H. Goddard (1891–1955), den das Bild bei der Inspektion eines Pistolenlaufes zeigt.

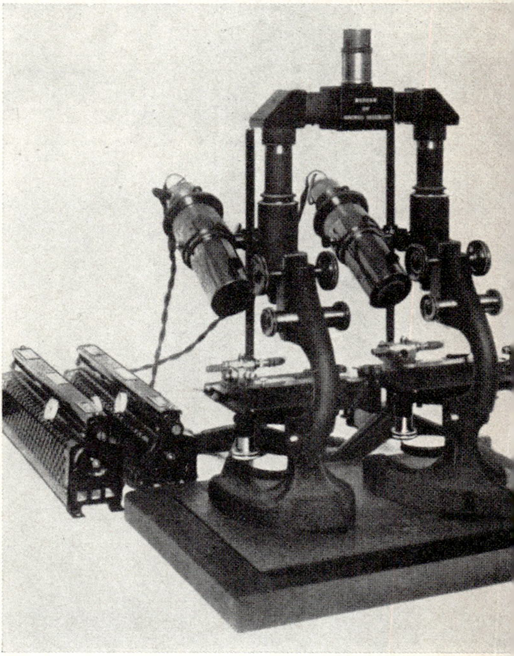

Ausgehend von Vorarbeiten der Amerikaner Waite und Gravelle, entwickelte Goddard ein Vergleichsmikroskop, das zum wichtigsten Instrument der forensischen Ballistik wurde.

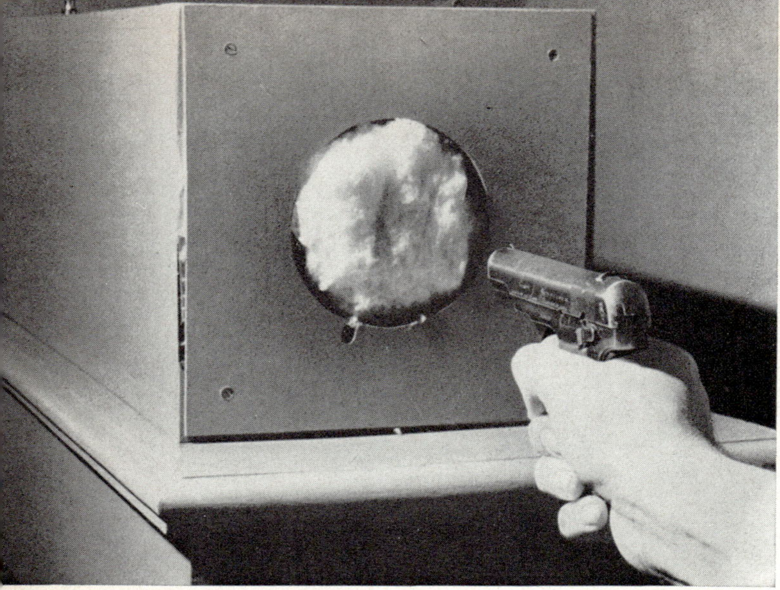

Tausende von Probeschüssen aus Tausenden von Waffen, bei denen die Kugeln in weichem Material unbeschädigt aufgefangen wurden, lehrten, daß jede Schußwaffe ihren Kugeln und Patronenhülsen unverwechselbare Zeichen aufprägt.

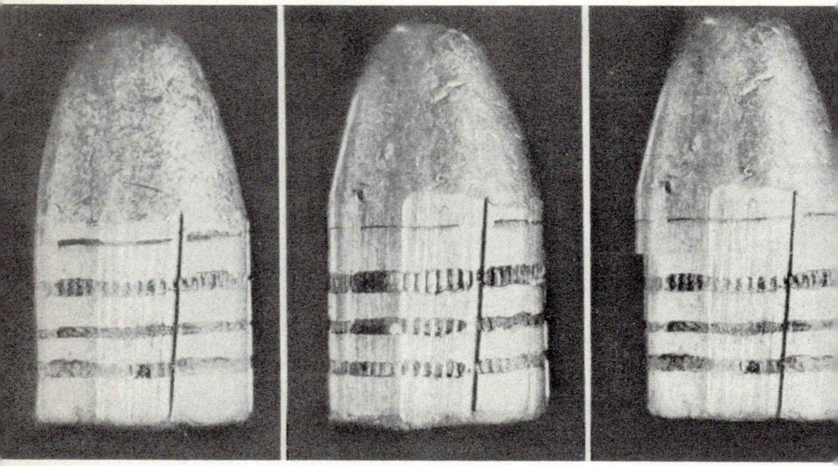

Ihren ersten großen, in vielen Teilen der Welt heftig umstrittenen Auftritt erlebte die forensische Ballistik in dem Prozeß gegen die italienischen Anarchisten Sacco und Vanzetti (unten), die im Jahre 1920 in den Vereinigten Staaten des Raubüberfalls und der Erschießung zweier Kassenboten angeklagt, zum Tode verurteilt und sieben Jahre später hingerichtet wurden. Bei der Verhaftung trug Sacco eine Pistole, Vanzetti einen Revolver (rechts oben). Während der siebenjährigen Verhandlungen standen Gutachten gegen Gutachten. Erst 1927 erschien Goddard mit seinem Vergleichsmikroskop. Er erklärte eindeutig, daß die Kugel, die den Boten Berardelli getötet hatte, sowie eine am Tatort gefundene Patronenhülse (rechts Mitte) aus Saccos Pistole abgefeuert worden war.

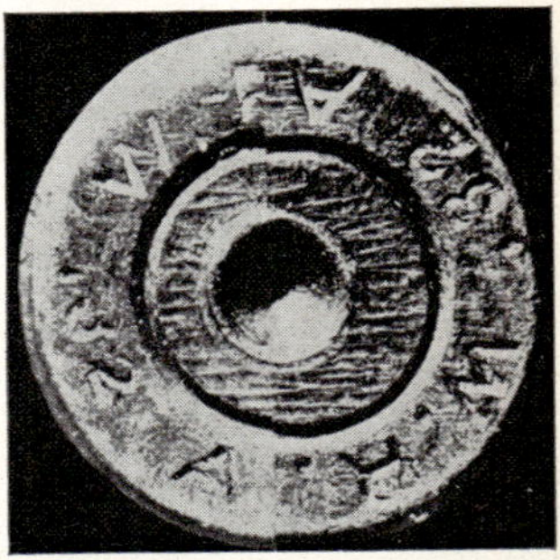

Der Weg von Goddards Vergleichsmikroskop nach Europa führte über Ägypten. Sydney Smith, der Leiter der gerichtsmedizinischen Abteilung des Justizministeriums in Kairo und spätere Professor für Gerichtsmedizin in Edinburgh (unten links), baute sich, als er von Goddards Werk hörte, selbst ein Vergleichsmikroskop. 1925 überführte er die Attentäter, die den Oberbefehlshaber der ägyptischen Armee, Sir Lee Stack Pascha, auf offener Straße erschossen (oben: Rekonstruktion des Attentats). Smith' Berichte regten Robert Churchill (unten rechts), den berühmtesten Londoner Schußwaffenexperten, an, das Vergleichsmikroskop in England einzuführen. Um die gleiche Zeit wurden die ersten Vergleichsmikroskope in Deutschland verwendet.

Abermals verstrichen zehn Jahre. Dann kam – man zählte jetzt das Jahr 1898 – eine ähnliche Kunde aus der kleinen deutschen Stadt Neuruppin. Der Urheber dieser Nachricht war Paul Jeserich, ein Chemiker aus Berlin, der sich in besonderem Maße für kriminalistische Arbeit interessierte. Als Experte wurde Jeserich vor das Landgericht von Neuruppin gerufen. Dort gab man ihm die Kugel aus dem Körper eines Ermordeten und den Revolver des Angeklagten. Jeserich schoß eine zweite Kugel durch den Revolverlauf und fotografierte Mord- und Probekugel unter dem Mikroskop. Wenn beide Kugeln aus dem gleichen Revolver abgefeuert worden waren, hatten vielleicht beide die gleichen Abdrücke von der Innenwand des Laufes angenommen. Beim Vergleich der beiden Fotos sah Jeserich deutlich die Zeichnung der Züge und Felder. Sie schien ihm auf Grund seiner – allerdings ebenfalls begrenzten – Erfahrung ›abnorm‹. Und die ›Abnormität‹ war auf beiden Kugeln in gleicher Weise zu sehen. Diese Feststellung trug entscheidend zur Verurteilung des Angeklagten bei. Jeserichs Interessengebiet war jedoch zu groß, als daß er sich bevorzugt der Schußwaffenkunde zugewandt hätte; sie bildete nur einen kleinen Teil seiner Arbeit, und was er auf diesem Gebiet leistete, blieb deshalb ein Torso.

Wie wenig man noch kurz vor der Jahrhundertwende die wissenschaftlichen Möglichkeiten der Geschoßuntersuchung erkannt hatte, lehrten die ersten Ausgaben des gefeierten ›Handbuchs für Untersuchungsrichter‹ von Hanns Gross. Ein ganzer Abschnitt war den Feuerwaffen gewidmet. Gross empfahl den Untersuchungsrichtern, sich selbst Schußwaffenkenntnisse zu erwerben. Wer diese besitze, werde mehr leisten als die ›sogenannten Sachverständigen im Schießfach‹. Er spöttelte über die häufigen Vermerke in Gerichtsakten: »Das Gewehr wird dem Sachverständigen zur Entladung übergeben, welcher konstatierte, daß es mit ziemlich viel Schrot geladen war.« Aber Gross selbst beschränkte sich auf mehr oder weniger genaue Beschreibungen der in seinem Bereich bekannten Waffentypen, auf die Möglichkeit der Inspektion von Waffenläufen mit Hilfe eines ›Spiegels‹ aus weißem Papier, auf die Feststellung der Schußrichtung sowie der Güte und Wirksamkeit des Pulvers. Schließlich betonte er die Notwendigkeit, jede gefundene Waffe aufs sorgfältigste zu behandeln, um keine Spuren zu verwischen.

Der Schauplatz der Handlung verlagert sich wieder über den Ozean hinüber, nach Massachusetts, wo Oliver Wendell Holmes, einer der wirklich großen Männer der amerikanischen Rechtsprechung, im Jahre 1902 über einen Angeklagten namens Best zu Gericht saß. Auch Oliver Wendell Holmes' wacher Geist spürte etwas von den sich anbahnenden wissenschaftlichen Neuerungen in der Kriminalistik. Wie einst sein ›moderner‹ Kollege im Fall Moughon gestattete er, daß ein Büchsenmacher, ›der sich aufs Mikroskop verstand‹, als Experte geladen wurde. Wieder ging es um die Frage, ob die Mörderkugel, mit der der Ermordete erschossen worden war, aus der Waffe des Angeklagten stammen konnte. Der Sachverständige tat das gleiche, was Jeserich getan hatte: Er verschoß Probekugeln aus Bests Pistole. Er jagte sie in einen Korb voller Baumwolle und holte sie unbeschädigt wieder hervor. Dann verglich er die Kugeln vor den Augen der Geschworenen mit Vergrößerungsglas und Mikroskop und kam zu dem Ergebnis, daß die Mordkugel aus Bests Pistole stammen könne.

»Wir wissen keinen anderen Weg«, so wandte Holmes sich an die Geschworenen, »auf dem die Justiz mit so großer Klarheit erkennen könnte, auf welche Weise der Schußwaffenlauf eine Bleikugel kennzeichnet, die durch ihn abgefeuert wird.«

Doch auch hier handelte es sich nur um einen unvollkommenen Versuch – mißtrauisch betrachtet von Richterschaft und Polizei, überschattet von dem Mangel an Erfahrung und der ungeklärten Frage: Was charakterisiert wirklich den Lauf einer Waffe?

Richard Kockel, der Leiter des Gerichtsmedizinischen Instituts der Universität Leipzig beschäftigte sich im Jahre 1905 mit diesem Problem. Er förderte die Idee, ›Tat-Geschosse‹ und ›Probe-Geschosse‹ auf Platten aus Wachs und Zinkweiß ›abzurollen‹. Dazu machte er die Platten durch heißes Wasser weich und aufnahmefähig. Die Geschosse selbst dagegen wurden vor dem Abrollen auf Eis gelegt. Kockel wollte hierdurch erreichen, was weder durch die Beobachtung mit dem Vergrößerungsglas, durch Mikroskopie oder den Vergleich fotografischer Aufnahmen möglich schien. Auf seinen Wachsplatten sollten sich Negative der gesamten Oberfläche der Kugeln einprägen. Solche Abdrücke schienen ihm genauer zu sein als Fotografien, die durch die Rundungen der Kugeln verzerrt wurden. Aber: Nahmen die Wachsplatten wirklich alle, auch die winzigsten Merkmale in sich auf? Blieben nicht die wirklichen Feinheiten unsichtbar?

Ein Jahrzehnt später tauchte eine neue Gestalt auf, und der Schauplatz des Geschehens verlagerte sich abermals. Der Pariser Professor für Gerichtsmedizin Balthazard meldete sich im Dezember 1913 in der Zeitschrift ›Archives d'Anthropologie criminelle et de Médecine légale‹ zu Wort. Es sei ihm aufgefallen, so berichtete er, daß der Schlagbolzen jeder Schußwaffe typische Spuren auf den Böden der abgefeuerten Patronenhülsen hinterlasse. Und dies gelte nicht nur für den Schlagbolzen, sondern auch für den Stoßboden. Dieser Stoßboden hielt die Patrone am hinteren Ende des Laufes der Waffe fest; der Hülsenboden wurde beim Abfeuern mit ungeheurer Gewalt gegen den Stoßboden gepreßt. Nahtstellen und andere grobe Unebenheiten des Stoßbodens prägten sich, wie Balthazard feststellte, deutlich auf den Hülsen ab. Doch damit noch nicht genug. Sogar die Auszieher- und Auswerfer-Krallen, welche die Hülsen der abgefeuerten Geschosse bei Selbstladewaffen aus dem Verschluß warfen, erzeugten Spuren. Sie schienen von Waffentyp zu Waffentyp verschieden zu sein. Balthazards Erfahrungen waren jedoch noch zu begrenzt, um aus ihnen endgültige Schlüsse ziehen zu können.

Als der Franzose seinen Bericht veröffentlichte, zogen sich die drohenden Wolken des ersten Weltkrieges über Europa zusammen. Balthazards Stimme (ohnedies nur in Frankreich und Belgien gehört) war auf Jahre hinaus die letzte Stimme der Pioniere, die ernsthaft versuchten, das neue Feld zu beackern. Sie hatten bis zu diesem Zeitpunkt kaum mehr als die Oberfläche des neuen Feldes angeritzt. Sie ahnten Gesetzmäßigkeiten. Sie suchten nach technischen Verfahren, um diese Gesetzmäßigkeiten nachzuweisen. Aber Zweifel und Ungewißheit verdunkelten ihren Weg. Immerhin: Das neue Feld war sichtbar. Es war in den Bereich der wissenschaftlichen Kriminalistik gerückt.

Nichts verriet diese Tatsache deutlicher als der Umstand, daß die zweifelhafte Schar berufsmäßiger ›Sachverständiger‹, die seit der Verbreitung des Fingerabdrucksystems auf dem günstigen Boden des extremen amerikanischen Liberalismus entstanden war, sich mit Eifer auf das neue Feld zu stürzen begann. Ihr Geschäftsgeist ließ sie die Chancen wittern, die die heraufziehende Ära der forensischen Ballistik boten – nach dem Motto: »Kaufe dir ein Vergrößerungsglas und werde Schießexperte: Fünfzig Dollar pro Tag sind dir gewiß!« –, und ihre Skrupellosigkeit machte es ihnen leicht, Urteile abzugeben und über Menschenleben zu entscheiden, lange bevor die Untersuchungsmethoden wirklich Sicherheit für solche Entscheidungen boten.

Doch es gehört zu den merkwürdigen Phänomenen in der Geschichte der forensischen Ballistik, daß gerade die Skrupellosigkeit eines amerikanischen Scharlatans den entscheidenden Anstoß zu ihrer Aufwärtsentwicklung lieferte.

2

In der Nacht von Sonntag, den 21., auf Montag, den 22. März 1915, geschah in der Ortschaft West-Shelby im Staate New York ein Doppelmord. West-Shelby, eine kleine Ansammlung weit verstreuter Farmhäuser, gehörte zu Orleans County, dem westlichen Teil des Staates. In jener Nacht lag der Ort unter einer Schneedecke, die am späten Abend gefallen war.
Im Morgengrauen, gegen sechs Uhr, kroch Charles E. Stielow, der Knecht auf der Farm des siebzigjährigen Charles B. Phelps, aus seinen Decken. Ohne lange beim Waschen zu verweilen, öffnete er die Tür des Knechtehauses am Rand der Straße, um nach dem Vieh zu sehen. Gleich darauf stolperte er, halb verschlafen und tief erschrocken, über den Körper einer Frau, die blutüberströmt im Nachtgewand vor der Türschwelle lag. Sie regte sich nicht mehr. Stielow erkannte in ihr Margaret Wolcott, die Haushälterin seines Brotgebers Phelps. Als Stielow zögernd einer Blutspur folgte, gelangte er an die Küchentür. In der Küche lag Charles B. Phelps, ebenfalls im Nachtgewand, auf dem Boden inmitten einer Blutlache. Sein Schreibpult war aufgebrochen und (wie sich später herausstellte) alles Geld geraubt.
Stielow war an diesem Morgen siebenunddreißig Jahre alt, ein gebürtiger Deutscher mit der Kraft eines Bullen, aber dem Geist eines Kindes. Niemals hatte er lesen und schreiben gelernt. Er verstand nur das einfachste Englisch und war zeit seines Lebens als Arbeiter von Farm zu Farm gezogen, bis er vor etwa einem Jahr mit seiner (zur Zeit des Doppelmordes hochschwangeren) Frau, einem Kind, seiner Schwiegermutter und einem Schwager bei Phelps Arbeit fand. Als Bewohner des Knechtehauses, bei freier Heizung, freiem Futter für eine Kuh und 400 Dollar Jahreslohn glaubte er den Höhepunkt seiner irdischen Karriere erreicht zu haben. Sein dumpfer Verstand benötigte einige Zeit, bis er begriff, daß sich hier ein Raubüberfall ereignet hatte. Verwirrt stapfte er durch den Schnee zu seinem Haus zurück, weckte seinen Schwager Nelson Green und schickte ihn nach Shelby hinein, um den Sheriff von Orleans County, Chester D. Bartlett in Albion, zu alarmieren. Green, der noch schwachsinniger war als Stielow, machte sich auf den Weg.
Eine halbe Stunde später war die Phelps-Farm der Tummelplatz einer aufgeregten Menge. Seit Menschengedenken hatte sich in Orleans County kein Verbrechen, geschweige denn ein Mord ereignet. Neugier, Angst und das Verlangen nach Rache erfüllten die Einwohner, die von allen Seiten herbeigefahren kamen. Erregt lie-

fen sie umher und zertrampelten alle Spuren, die der oder die Mörder vielleicht hinterlassen hatten. Sheriff Bartlett (wie die meisten seiner damaligen Kollegen nicht wegen kriminalistischer Kenntnisse, sondern aus parteipolitischen Gründen in sein Amt gewählt) sah sich ebenfalls dem ersten Mord seines Lebens gegenüber. Wichtigtuerisch, aber hilflos suchte er umher. Immerhin stellte er fest, daß Phelps noch lebte. Er ließ den Farmer ins Hospital nach Albion schaffen. Dort starb er mittags gegen ein Uhr, ohne ein Wort gesprochen zu haben. Bartletts einziger Beitrag zur Aufklärung des Verbrechens bildete ein Bluthund, der jedoch keine Spuren entdeckte, die wert gewesen wären, verfolgt zu werden. Am Ende lieferte nur das Krankenhaus brauchbare Anhaltspunkte. Der diensthabende Arzt hatte drei Kugeln aus Phelps herausoperiert. Sie stammten aus einer Schußwaffe des Kalibers 22.
Jedermann wurde verdächtigt, der eine 22er-Waffe besaß. Stielow und sein Schwager Green beschworen, daß ihnen keinerlei Schußwaffen gehörten und daß sie auch niemals welche besessen hätten. Bartlett verfiel schließlich auf den Ausweg, den man damals besonders gerne einschlug. Im Einvernehmen mit dem öffentlichen Ankläger des Distrikts heuerte er einen Privatdetektiv an – gegen Tagesspesen und eine beachtliche Erfolgsprämie.
Der Detektiv kam aus Buffalo, hieß Newton und war entschlossen, die Prämie so schnell wie möglich zu verdienen. Seine Methode hatte sich im Polizei- und Gerichtschaos jener Tage oftmals bewährt. Sie bestand darin, unter den Verdächtigen die geistig und finanziell Schwachen zu verhaften, widerrechtlich festzuhalten und ihnen durch Dauervernehmungen so lange zuzusetzen, bis ihnen ein Geständnis wie eine Erlösung vorkam.
Sobald Newton erst einmal herausgefunden hatte, daß Stielows Schwager Green noch schwachsinniger war als Stielow selbst, ließ er Green verhaften. Green, von Angst und Hilflosigkeit überwältigt, gab sofort zu, daß Stielow sehr wohl Waffen besaß, und zwar einen billigen Revolver, ein Gewehr und eine Schrotflinte. Es stimmte. Green hatte die Waffen im Auftrag seines Schwagers versteckt und förderte sie jetzt zutage. Alle drei besaßen das Kaliber 22. Eine lange nächtliche ›Vernehmung‹ brachte Green noch ein erhebliches Stück weiter: Er gestand, Stielow und er hätten Phelps ermordet.
Newton und Bartlett triumphierten. Sie verhafteten Stielow, brachten ihn ins Gefängnis nach Albion und bearbeiteten ihn zwei Tage lang: Sie gaben ihm nichts zu essen, hinderten ihn am Schlafen und vernahmen ihn Tag und Nacht, wobei Newton, Bartlett und einige

Gefängniswärter sich gegenseitig ablösten. Stielow – kaum fähig, sich englisch auszudrücken, und an das Leben im Freien gewöhnt – wirkte wie ein gefangenes Tier. Er gab zu, daß die Waffen ihm gehörten. Ja, er habe sie aus Angst verleugnet, als überall nach 22er-Waffen gesucht wurde. Aber er habe Phelps nicht ermordet, niemals habe er jemanden ermordet. Jawohl, in der Mordnacht hatte er auch die Hilferufe einer Frau in der Nähe seines Hauses gehört. Doch seine Schwiegermutter hatte ihn überredet, nicht aufzumachen, weil seine Frau doch ein Kind erwartete und sich nicht aufregen sollte. Das stimmte alles – aber Mord? Mord?! Nein – nein – nein! Newton arbeitete jedoch mit allen Mitteln der Täuschung und der Überredung. Er erklärte zum Beispiel leutselig: Stielow sei viel zu schade, Kühe zu pflegen. Er habe das Zeug zu einem Sheriff. Er müsse Stern und Brillanten tragen. Wenn er gestehe, werde man ihm den Sheriff-Stern geben. Außerdem könne er sofort zu seiner Frau nach Hause gehen.
Am zweiten Tag brach Stielow, der unentwegt nach seiner Frau verlangte, zusammen. Er gestand, Phelps ermordet zu haben. Green und er hätten sich in der Mordnacht zum Farmhaus begeben, um aus Phelps' Schreibtisch Geld zu rauben. Dem Geständnis gemäß war folgendes geschehen: Die beiden klopften an die Küchentür. Phelps kroch aus seinem Bett und kam mit einer Kerze durch die Küche, um aufzumachen. Als er vor den beiden zurückwich, schossen sie ihn nieder. Dann gingen sie ins Schlafzimmer, um den Schreibtisch zu öffnen. Währenddessen stürzte die Haushälterin Wolcott aus ihrer Schlafkammer und lief durch die Küche nach draußen, um laut schreiend Hilfe zu holen. Sie schossen hinter ihr her, und zwar durch das Glas der Küchentür, die hinter der Flüchtenden wieder ins Schloß gefallen war. Dann raubten sie 200 Dollar und kehrten zum Knechtehaus zurück. Dort hörten sie, daß die Haushälterin, die im Schnee lag, um Hilfe jammerte, kümmerten sich jedoch nicht darum, sondern betraten das Haus durch die Hintertür und begaben sich zu Bett.
Stielow unterschrieb dieses Geständnis niemals. Mühsam nach Worten suchend, widerrief er es vor Gericht. Und schon damals hätte auffallen müssen, daß er in seinem Geständnis Vorgänge beschrieb, die auf die geschilderte Weise gar nicht stattgefunden haben konnten. Aber dem Ankläger genügte das Geständnis, weil er noch einen zweiten Trumpf in Händen hielt. Der Trumpf betraf die Kugeln, die Phelps getötet hatten, und Stielows billigen, alten Revolver.
Zu diesem Zeitpunkt betrat einer der bemerkenswertesten unter

den ›selbstgebackenen‹ Sachverständigen, die vor allem in den Vereinigten Staaten zu jener Zeit und noch lange nachher die Strömung zur wissenschaftlichen Kriminalistik ausnutzten, die Bühne. Sein Name war: ›Dr.‹ Albert Hamilton.

Hamilton war ein gewitzter Mann – auf jeden Fall gewitzter als viele andere ›Sachverständige‹, die sich dort betätigten, wo amerikanische Richter ›Schießexperten‹ zuließen. Amerikanischem Brauch zufolge verlangten solche Richter keine Zeugnisse, sondern begnügten sich mit der Erklärung des Experten, daß er ›Experte‹ sei. Viele von ihnen erledigten sich dabei selbst, indem sie im Kreuzverhör verrieten, daß sie die ›Mikroskopie‹ mit einem billigen Vergrößerungsglas betrieben. Andere kamen der Aufforderung, der Jury die Herstellung einer Pistole zu beschreiben, mit der entwaffnend ahnungslosen Erklärung nach: »Pistolen werden in Formen gegossen.« ›Dr.‹ Hamilton war aus anderem Holz.

Er war klein von Wuchs, umgab sich aber mit der Atmosphäre großen Wissens und noch größerer Überzeugungskraft. Begonnen hatte er seine Karriere als Hersteller von Patentmedizin in Auburn, New York. Den Doktortitel hatte er sich selbst verliehen. Die Laufbahn des berufsmäßigen Sachverständigen (für 50 Dollar plus Spesen pro Tag) hatte ihn mit unwiderstehlicher Kraft angelockt. Lange Zeit nannte er sich ›Micro-chemical-Investigator‹, und seit 1908 betrieb er eine lebhafte Reklame für sich mit einer Propagandaschrift des Titels: ›Der Mann aus Auburn‹. Darin pries er sich an als Sachverständigen in Chemie, Mikroskopie, Handschriftenkunde, Maschinenschriftvergleich, Fotografie, Fingerabdrücken, Giftkunde, Blutflecken, Todesursachen, Einbalsamierung und Anatomie. Unzufrieden mit dieser eindrucksvollen Zahl von Spezialitäten hatte er schließlich noch folgende hinzugefügt: Schußwunden, Schußwaffen und Geschosse, Kugel-Identifizierung, Schießpulver und hochexplosive Stoffe. Er hatte, wie einige Beobachter später berichteten, mit Geschick einige europäische Berichte über die frühen Versuche auf dem Gebiet der Identifizierung von Geschossen gelesen und sich ein Mikroskop und eine Kamera gekauft. Er wußte, daß besonders große, geheimnisvolle Fotografien den Geschworenen imponierten.

So erschien er in Albion, inspizierte Stielows Revolver und legte die Kugeln aus Phelps' Leichnam unter sein billiges Mikroskop. Dann fällte er mit erstaunlicher Geschwindigkeit seine Entscheidung. Im Lauf von Stielows Waffe, dicht an der Mündung, so erklärte er, befinde sich ein ›anormaler Kratzer‹. Der gleiche Kratzer sei auf den Kugeln zu sehen. Er schloß: »Die Mordkugeln sind aus Charles E. Stielows Revolver abgefeuert worden!« und fügte hinzu: »Sie können aus keiner anderen Waffe abgefeuert worden sein.« Im Anschluß daran fotografierte er die Kugeln, um damit Richter und Jury zu beeindrucken.

Am 12. Juli begann der Prozeß gegen Stielow. Die Geständnisse Stielows und Greens schienen selbst dem Richter sehr merkwürdig, und er brachte seine Zweifel bei der Belehrung der Jury zum Ausdruck. Zweifel erweckte auch die Tatsache, daß weder bei Stielow noch bei seiner Familie eine Spur des geraubten Geldes aufzufinden gewesen war. Stielows Schwiegermutter hatte mittlerweile sogar die einzige Kuh verkaufen müssen, um den Arzt bei der Geburt des zweiten Kindes zu bezahlen. So richteten sich aller Augen auf ›Dr.‹ Hamilton. Dieser sonnte sich ohne Bedenken in der allgemeinen Aufmerksamkeit, stellte seine Kugelfotografien auf und wiederholte seine Gutachten. Vor allen Dingen wiederholte er den verhängnisvollen Satz: »Die Mörderkugeln können aus keiner anderen Waffe als aus dem Revolver des Angeklagten abgeschossen worden sein.«

Stielows Verteidiger – ein junger Pflichtverteidiger aus Medina namens David A. White – besaß keinerlei Erfahrung. Es handelte sich um seinen ersten Mordprozeß. Er besaß auch nicht die Mittel, um einen Gegensachverständigen zu bezahlen. Immerhin gelang es ihm zu zeigen, daß auf den Fotografien der Kugeln, die Hamilton vorwies, keine Spur von dem ›Kratzer‹ zu sehen war, der sich im vorderen Teil des Laufs befinden sollte. Aber Hamilton erwies sich als Herr der Lage. »Oh«, erklärte er, »die Fotografien sind durch ein Mißgeschick verwechselt worden. Die Bilder zeigen die Seite der Kugeln, die dem Kratzer abgewandt sind.« Hamiltons Überzeugungskraft war so groß, daß niemand sich Gedanken über diese sonderbare Tatsache machte. Hamilton war auch der Feststellung der Verteidigung gewachsen, daß sich Fehler an der Mündung einer Waffe nur sehr selten auf Kugeln ausprägten. Er behauptete ohne zu zögern:

»Das Schloß umfaßte die Patrone in diesem Fall so eng und fest, daß keine Pulvergase nach hinten ausstrahlten. Die volle Kraft der Pulvergase schleuderte die Kugel vorwärts. Deren Blei dehnte sich dicht vor der Mündung aus und füllte jenen Kratzer am Ende des Laufes aus.«

Die Bürger von Orleans County, die in der Jury saßen, waren entschlossen, der Öffentlichkeit so schnell wie möglich einen Schuldigen zu liefern und den Steuerzahlern weitere Gerichtskosten zu ersparen. Hamiltons Aussagen erfüllten alle ihre Wünsche. Am 23.

Juli 1915 befanden sie Stielow des ›Mordes ersten Grades‹ für schuldig. Er wurde zum Tode durch den elektrischen Stuhl verurteilt, die Hinrichtung auf Anfang Dezember festgelegt. Stielow kam nach Sing-Sing, um dort auf seine Hinrichtung zu warten.
Wahrscheinlich wäre sein Schicksal besiegelt gewesen, hätte nicht der Stellvertretende Direktor des Gefängnisses, Spencer Miller, Interesse an dem tierhaft hilflosen Todeskandidaten gewonnen. Spencer Miller war ein Idealist, der von einer Reform des Strafrechts träumte. Infolgedessen informierte er den sogenannten ›Humanitarian Cult‹ in New York, eine vorwiegend von Frauen geleitete Vereinigung, die sich dem Kampf gegen die Todesstrafe widmete. Drei dieser Frauen, Irene Loeb, Mrs. Humiston und Inez Milholland Boissevan, stürzten sich mit weiblicher Leidenschaft in den Kampf um Stielows Rechtfertigung. Einige Anträge auf ein neues Verfahren wurden abgelehnt, die Hinrichtung jedoch mehrfach verschoben. Einmal, im Juli 1916, saß Stielow bereits festgeschnallt im elektrischen Stuhl, als ein weiterer Aufschub erwirkt wurde. Die vom ›Humanitarian Cult‹ betriebenen Nachforschungen führten zu einer wichtigen Entdeckung: Zwei Landstreicher namens King und O'Conell, inzwischen wegen Diebstahls und Meineids zu hohen Strafen verurteilt, hatten sich nachweislich in der Nacht des Phelps-Mordes in West Shelby herumgetrieben und am Morgen nach der Tat über den Mord gesprochen – lange bevor die ersten Nachrichten darüber an die Öffentlichkeit gedrungen waren.
Mrs. Humiston gelang es, im Gefängnis mit King zu sprechen. Mehr noch: Sie überzeugte ihn, daß er wenigstens einmal in seinem Leben eine gute Tat tun müsse. King legte wirklich ein Geständnis ab, und zwar freiwillig vor dem Richter Georg Larkin. Er gab zu, gemeinsam mit seinem Kumpan O'Conell den Farmer Phelps ermordet und beraubt zu haben. Sein Geständnis schilderte den Verlauf der Tat so genau, daß alle Zweifelsfragen, die bei Stielows Geständnis hätten gestellt werden müssen, jetzt ihre Beantwortung fanden.
Kings Geständnis rief in Orleans County wilde Erregung hervor. Wenn das, was King ausgesagt hatte, die Wahrheit war, dann drohten dem Distrikt ein neues Gerichtsverfahren und damit eine weitere Belastung der Steuerkasse. Der Ankläger, Sheriff Bartlett und der Detektiv Newton eilten in das Gefängnis von Little Valey, in dem sich King befand, um ihn in die eigene Distriktshauptstadt zu holen und selbst noch einmal zu vernehmen. Als King mit ihnen abfuhr, versicherte er, daß sein Geständnis der Wahrheit ent-

spreche. Doch bei seiner Rückkehr, wenige Tage später, widerrief er alles. Es gehörte nicht viel Phantasie dazu, sich auszumalen, wie sehr man ihm in Albion klargemacht hatte, daß niemand Wert auf sein Schuldbekenntnis legte. Immerhin, als der Gouverneur des Staates New York, Whitman, von diesen Vorgängen erfuhr, berief er im Jahre 1917 eine unabhängige Kommission ein, die den ganzen Fall überprüfen sollte. Zum Leiter bestimmte er George H. Bond, einen Anwalt aus Syracus. Und Bond wählte als Assistenten einen Angestellten aus dem Amt des Generalstaatsanwaltes von New York namens Charles E. Waite.

Waite war nicht mehr jung. Er hatte ein bewegtes und im Grunde unproduktives Leben hinter sich. Die Aufklärung von Verbrechen war jedoch immer ein Hobby für ihn gewesen, und deswegen war er schließlich im Büro des Generalstaatsanwaltes geendet. Als Waite zu Bond stieß, ahnte er selbst noch nicht, daß er in diesem Augenblick den Weg betrat, auf dem er zu einem der unsterblichen Pioniere der forensischen Ballistik werden und sein Leben einen Inhalt finden sollte.

Bond und Waite vernahmen Stielow, King und O'Conell. Schon nach diesen Vernehmungen neigten sie zu der Überzeugung, daß Stielow unschuldig war und die beiden anderen den Mord begangen hatten. Gegen Stielow sprach nur das Gutachten, das ›Dr.‹ Albert Hamilton im Jahre 1915 über Stielows Revolver und die Mordkugeln abgegeben hatte. Mordkugeln und Revolver befanden sich, sorgfältig verpackt, bei den Akten. Nie zuvor hatte sich Waite mit Schußwaffen beschäftigt. Aber er wußte, daß in der Detektivabteilung der Stadt New York ein gewisser Captain Jones arbeitete, der sich seit Jahren mit Pistolen, Revolvern und Geschossen beschäftigte. Er ersuchte Captain Jones und Inspektor Faurot, der das Verfahren des Fingerabdrucks nach Amerika gebracht hatte, um Hilfe.

Zunächst wurde Jones gebeten, ein Urteil darüber abzugeben, wann Stielows Revolver zum letzten Male abgefeuert worden sei. Auch Jones verfügte noch kaum über exakte Untersuchungsmethoden. Er entschied auf Grund persönlicher Erfahrung, war allerdings kein Blender und Geschäftemachter wie Hamilton. Nach Prüfung des Revolvers erklärte er, daß diese Waffe bestimmt drei oder vier Jahre lang nicht benutzt worden sei – nicht benutzt also innerhalb eines Zeitraums, der bis weit über den Mord an Phelps zurückreichte. Die starken Rostansätze im Lauf des Revolvers sprachen für Jones' Meinung. Was er sagte, blieb jedoch eine Meinungsäußerung und war noch kein exakter Beweis. Am Ende

wurde ein Stück Papier über Stielows Revolver gelegt. Und diesmal bewies ein einziger Schuß, daß Hamiltons Behauptung, daß Schloß sei so dicht, daß keine Pulvergase nach hinten entweichen könnten, eine groteske Erfindung gewesen war: Der nach hinten ausbrechende Feuerstrahl setzte das Papier in Brand! Daraufhin wurden vier Testkugeln abgefeuert, die erste in eine Schachtel voll Baumwolle, die zweite in einen Behälter mit Wasser. Beide wurden mit den Mordkugeln verglichen. Selbst mit bloßem Auge ließ sich erkennen, daß die beiden Testkugeln schwerlich aus dem gleichen Revolver stammen konnten wie die Mörderkugeln. Diese waren sauber und nur leicht gezeichnet, die Testkugeln dagegen völlig verschmutzt und verfärbt.
Da Jones über kein Mikroskop verfügte, wurden die Mord- und Testkugeln nach Rochester gebracht. Dort arbeitete in den Werken der berühmten ›Bausch & Lomb Optical Company‹ ein erprobter Fachmann für angewandte Optik und Mikroskopie: Max Poser. Er erhielt den Auftrag, nach dem Kratzer zu fahnden, den Hamilton auf den Mörderkugeln gefunden haben wollte. Wenn sich dieser Kratzer, wie behauptet, in Stielows Revolvermündung befand, müßte er sich auch auf den Testkugeln abgezeichnet haben. Poser gab sich alle Mühe, doch selbst mit den schärfsten Instrumenten war es ihm nicht möglich, einen Kratzer zu entdecken. Er fand ihn weder an den Mord- noch an den Testkugeln. Auch hier hatte Hamilton offenbar die Phantasie zu Hilfe genommen. Immerhin, das alles waren nur ›negative Beweise‹.
Aber dann machte Poser eine Entdeckung, die Hamilton einer geradezu verbrecherischen Leichtfertigkeit überführte. Auf den Mordkugeln zeichneten sich fünf Züge und Felder der Mordwaffe ab. Gewiß – auch Stielows Revolver besaß fünf Züge. Aber diese Züge waren gleichmäßig und normal, während sich auf den Mordkugeln je ein anormal breites Feld abgedrückt hatte, so breit wie ein normales Feld und zwei Züge zusammen. Die Mordwaffe wies einen Fabrikationsfehler auf, Stielows Waffe nicht.
Es handelte sich um einen ungewöhnlichen Glücksfall. Aber er bewies, daß die Mordkugeln niemals aus Stielows Revolver verschossen sein konnten. Dieser Befund hatte nichts mehr mit einer Meinung zu tun. Er lieferte Tatsachen, das entscheidende Fundament für Bonds und Waites endgültiges Urteil. Beide erklärten Stielow für unschuldig.
Nach dreijähriger, unschuldig verbüßter Haft wurde Stielow durch Gouverneur Whitman begnadigt und in Freiheit gesetzt. Der verdächtige King brach erneut zusammen. Er wiederholte sein Ge-

ständnis, und niemand zweifelte ernstlich daran, daß er der Schuldige war, auch wenn die Grand Jury von Orleans County es ablehnte, ihn des Mordes an Phelps anzuklagen. Sie bewahrte den Distrikt vor den sosehr gefürchteten neuen Gerichtskosten und mißachtete dafür das Recht. Doch das änderte nichts an den Tatsachen: an dem Fehlurteil auf Grund falschen Gutachtens eines ›ballistischen Sachverständigen‹ und – an den historischen Folgen.

Für Charles E. Waite nämlich wurde der Fall Stielow zum Wendepunkt seines Lebens. Das Erlebnis, daß ein Unschuldiger durch ein falsches ballistisches Gutachten zum Tode verurteilt worden war, ließ ihn ebensowenig wieder los wie die Überzeugung, daß es Mittel geben mußte, solche Irrtümer grundsätzlich zu vermeiden. Ständig begleitete ihn die Frage: Wie war es möglich, den Weg von der Mordkugel zur Mordwaffe mit so großer wissenschaftlicher Exaktheit zu finden, daß kein Irrtum mehr möglich war? Wie ...?

Waite geriet für ein Jahr in den Strudel des ersten Weltkrieges. Aber dann, 1919, nach seiner Heimkehr, begab er sich als alter Mann auf die Suche nach der Antwort.

3

Anfang 1920 erschien in den weltbekannten Waffenwerken ›Smith & Wesson‹ in Springfield ein Fremder aus New York. Er brachte ein Anliegen vor, das zunächst ein wenig sonderbar anmutete. »Wir registrieren«, so erklärte er, »in unserem Land zwischen zwanzig und dreißig Morde pro Tag, fünfzehn- bis zwanzigmal soviel wie zum Beispiel in England. Die überwiegende Anzahl dieser Morde wird mit Schußwaffen verübt. Seit dem Ende des Krieges sind mehr Schußwaffen in Verbrecherhänden als jemals zuvor in unserer Geschichte. Was wir im allgemeinen bei den Ermordeten finden, sind Kugeln und Patronenhülsen. Wir brauchen ein sicheres Verfahren, um an den Geschossen ablesen zu können, aus welchem Waffentyp sie stammen. Das wird uns bei der Suche nach den Mördern weiterhelfen. Ich bin unterwegs, um alle Schußwaffen zu sammeln, die jemals in diesem Land hergestellt wurden und heute von Verbrechern benutzt werden könnten. Dazu benötige ich genaue Angaben über Konstruktion, Herstellungszeit, Kaliber, Zahl, Drall und Maße der Züge und Felder sowie über die Art der verwendeten Munition. Es ist mir bekannt, daß man auf verschossenen Kugeln Abdrücke der Züge und Felder finden kann. Man kann Winkel und Richtung des Dralls sowie das genaue Kaliber feststellen. Wenn ich die entsprechenden charakteristischen Merkmale aller Waffen kenne, müßte es mit Sicherheit möglich sein, herauszufinden, welcher Waffentyp bei einem bestimmten Verbrechen verwendet wurde. Dazu benötige ich Ihre Hilfe.«

Der Fremde war Charles E. Waite.

Nach anfänglichen Schwierigkeiten stieß er bald auf Verständnis und Hilfsbereitschaft. Doch damit allein waren die bestehenden Schwierigkeiten nicht zu beheben. Die Firma Smith & Wesson zum Beispiel besaß nur Konstruktionsunterlagen über ihre jüngsten Modelle. Viele Typen, die sie seit 1857 hergestellt hatte, waren auch jetzt noch in ganz Amerika in Gebrauch. Doch ihre technischen Einzelheiten waren nicht registriert, und es fehlten auch Angaben über die zahlreichen Änderungen, die man von Zeit zu Zeit an den produzierten Waffentypen vorgenommen hatte.

Als Waite bereits daran dachte, aufzugeben, stieß er auf einen betagten Vorarbeiter, der sich an ein uraltes vergilbtes Notizbuch erinnerte, das voller Zahlen und Angaben war. Man fand es in einem Winkel seines Hauses. Das Heft war eine Offenbarung. Viele Maße der Smith-&-Wesson-Typen, beginnend mit dem Modell Nr. 1, waren verzeichnet. Daraufhin fahndeten auch andere Büchsenmacher nach Aufzeichnungen, die zum Teil noch von ihren Vätern stammten. Mit Erfolg. Waite verließ Springfield mit einer Kiste voller Unterlagen.

In den Colt-Werken verhielt es sich ähnlich.

Samuel Colt hatte 1873 bis 1878 seinen berühmten ›Six Shooter‹, die Waffe der Pioniere des Westens, in fünf verschiedenen Kalibern herausgebracht. Ebenso wie andere, noch frühere Colt-Typen, befand sich der ›Six Shooter‹ noch in ganz Amerika in Gebrauch. Doch die Firma selbst hatte die älteren Modelle nicht gesammelt.

Abermals bedurfte es langen, mühevollen Suchens, bis es auch hier gelang, die Konstruktionsmerkmale aller Colt-Waffen zusammenzutragen.

Im Jahre 1922, nach dreijähriger Arbeit, war Waite soweit, daß er genaue Unterlagen über alle Waffentypen besaß, die seit der Mitte des 19. Jahrhunderts in den Vereinigten Staaten hergestellt worden waren – ausgenommen einige Erzeugnisse unbekannter Büchsenmacher in abgelegenen Orten oder kleiner, längst geschlossener Fabriken. Die Quintessenz seines Sammeleifers war eine ›überwältigende Erkenntnis‹: Es gab kein Schußwaffenmodell, das einem anderen in allen Einzelheiten glich! Zuweilen war die Verschiedenheit in den Maßen der Züge und Felder so winzig, daß sie innerhalb des Bereiches der sogenannten Toleranzen lag, der Abweichungen also, die auch die besten Firmen ihren Arbeitern bei der

Einhaltung der Konstruktionsmaße gestatteten. Doch in solchen Fällen gab es andere Unterschiede eindeutiger Art, insbesondere bei den Winkeln des Dralls. Wenn Waite eine Kugel untersuchte, maß er zunächst das Kaliber auf winzige Bruchteile eines Millimeters genau, dann stellte er die Richtung des Dralls fest. Handelte es sich zum Beispiel um das Kaliber 35 mit Linksdrall, dann schieden alle anderskalibrigen Waffen und alle gleichkalibrigen mit Rechtsdrall aus. Sodann zählte und maß Waite Züge und Felder und fand sehr schnell das entsprechende Waffenmodell, mit Ausnahme jener Fälle, in denen die Differenzen im Rahmen der genannten Toleranzen lagen. Wenn er in diesen Fällen jedoch auch noch den Winkel des Dralls maß, fand er ›seine‹ Waffe. Mitte 1922 war Waite in der Lage, einer Polizeibehörde, die ihm eine Mordkugel amerikanischer Produktion übergab, in kurzer Zeit mitzuteilen, ob die Kugel aus einem 35er-Colt-Modell x oder einem Winchester-Gewehr-Modell y abgefeuert worden war. Sein System versagte nie, es sei denn, die Mörderkugel war in einzelne Teile auseinandergebrochen oder vollständig deformiert worden. Im Augenblick dieses ersten Triumphes aber erging es Waite wie vielen anderen Pionieren. Während er sich am Ziel glaubte, erlebte er eine Enttäuschung, die ihn lehrte, daß er in Wahrheit noch weit von diesem Ziel entfernt war.

Im Herbst 1922 besuchte er das Hauptquartier der New Yorker Polizei. Als hätte es das Schicksal so gewollt, traf er gerade in dem Augenblick ein, in dem alle Feuerwaffen, die im Laufe des Jahres in New York beschlagnahmt worden waren, in Booten auf den offenen Atlantik gebracht und versenkt werden sollten. Die New Yorker Polizei führte einen eifrigen, aber hoffnungslosen Kampf gegen versteckt gehaltene Waffen. Im Jahre 1922 hatte sie nicht weniger als 3000 Pistolen, Revolver, Maschinenpistolen und Gewehre erbeutet. Als Waite diese Beute betrachtete, machte er eine alarmierende Feststellung: Wenigstens zwei Drittel der Waffen waren gar nicht amerikanischen Ursprungs, sondern stammten aus Deutschland, England, Frankreich, Österreich, Belgien und Spanien. Die meisten Typen waren ihm völlig unbekannt.

Voller böser Ahnungen eilte er zu den Zollbehörden. Dort besaß er einige Freunde. Sein Entsetzen wurde noch größer, als sie ihm vorrechneten, daß allein im vergangenen Jahr 559 000 ausländische Schußwaffen durch den New Yorker Hafen importiert worden waren. 1921 waren es 205 000 gewesen. Spottbillige spanische Waffen, oftmals schlechte Kopien amerikanischer Modelle, lagen an der Spitze. In vielen Katalogen amerikanischer Versandhäuser wurden

sie für drei bis vier Dollar angeboten, um jedem Amerikaner ohne übermäßige Kosten die Ausnutzung des aus der Frühzeit stammenden Rechtes auf Waffentragen zu ermöglichen.
Die New Yorker Erlebnisse stürzten Waite zunächst in einen Abgrund der Verzweiflung. Wenn zwei Drittel der – nicht nur in New York – benutzten Schußwaffen ausländischen Ursprungs waren, dann mußte seine mit so viel Mühe zusammengetragene Sammlung amerikanischer Modelle wertlos sein. Waite begriff, daß er vor einer äußerst schweren Entscheidung stand. Er konnte aufgeben. Wenn er aber weitermachte, mußte er nach Europa reisen und den Versuch unternehmen, auch dort die Daten aller in den letzten siebzig oder achtzig Jahren hergestellten Schußwaffen zu sammeln. Bitter und von Müdigkeit überwältigt, äußerte er: »Wenn ich hätte ahnen können, was mich erwartete, hätte ich meine ganze Arbeit einem Jüngeren überlassen.« Doch Waite entschied sich, nicht aufzugeben. Er verschaffte sich Empfehlungsschreiben an die amerikanischen Militärattachés in Europa und an die Polizeibehörden der wichtigsten europäischen Länder. Dann machte er sich, Ende 1922, auf den Weg über den Ozean.
Seine Reise dauerte ein Jahr. Sie war mühselig und voller Anstrengungen. Waite sprach außer Englisch keine europäische Sprache. Oftmals war er krank. Aber nirgendwo versagte man ihm die Hilfe: angefangen von Naudin, dem nunmehrigen Polizeipräfekten von Paris, bis zu Julian Echeverian, dem Direktor der spanischen Waffenschule in Eibar. Waite besuchte sämtliche europäischen Waffenfabriken. Die amerikanischen Erfahrungen wiederholten sich. Ältere Modelle waren nicht vorhanden, Konstruktionsunterlagen ›verlegt‹. Doch, getrieben von einer dunklen Vorahnung des nahenden Todes, schaffte Waite auch das unmöglich Scheinende. Als er Ende 1923 seinen Fuß wieder auf amerikanischen Boden setzte, brachte er Kisten voller Waffenmodelle, Konstruktionszeichnungen und Notizen mit. Seine Sammlung umfaßte jetzt rund 1500 Schußwaffenmodelle. Er konnte sicher sein, so gut wie alle Waffen erfaßt zu haben, die als Mordwaffen weit über Amerika hinaus in Frage kamen. Noch während er damit beschäftigt war, die riesige Ausbeute seiner Reise zu sichten und europäische Maße in amerikanische umzurechnen, gelang es ihm, entscheidend zur Aufklärung eines Mordfalles beizutragen.
Ein Sheriff, dem er zufällig begegnete, zeigte ihm eine Mordkugel. Aus der Art der Mordkugel schloß Waite, daß sie aus einem belgischen Revolver der Firma Nicholas Piper in Lüttich, Modell 1895, abgefeuert worden war. Der Sheriff war mit seinen eigenen Nach-

forschungen nicht weit gekommen, hatte jedoch schon längere Zeit einen Belgier in Verdacht gehabt. Jetzt griff er zu, und der Belgier gestand.

Doch gerade dieser scheinbar erfolgreiche Fall stürzte Waite in einen neuen Abgrund der Enttäuschung. Er hatte zwar festgestellt, daß die Kugel aus dem belgischen Revolver vom Typ 1895 stammte, aber die Firma Piper hatte zweifellos noch Zehntausende anderer Waffen vom gleichen Typ hergestellt. Wäre nicht zufällig ein Belgier in Verdacht geraten, und hätte er nicht gestanden – niemand wäre in der Lage gewesen, ihm nachzuweisen, daß die tödliche Kugel gerade aus dem einen Exemplar der Piperschen Produktionsserie abgefeuert worden war, das ihm gehörte. Waite erkannte zum zweiten Male, daß er noch weit vom Ziel entfernt war, ja, daß er sich erst auf halbem Weg befand.

Nur noch wenige Lebensjahre waren Waite beschieden. Er ahnte es. Aber jetzt hatte er sich schon zu weit vorgewagt, als daß er noch hätte aufgeben können. Wenn es jemals möglich sein sollte, von der Mordkugel auf eine ganz bestimmte Einzelwaffe zu schließen, dann mußte man andere Merkmale finden, Merkmale, die unverwechselbar nur auf eine einzige Waffe zutrafen, vielleicht genauso – welch kühner, unvorstellbar kühner Traum –, wie jeder Mensch seine unverwechselbaren Fingerabdrücke besaß. Viele hundert Male hatte Waite den Herstellungsprozeß von Schußwaffen beobachtet: In einen zylindrischen Stahlblock wurde der Lauf der zukünftigen Waffe gebohrt und geglättet. Dann schnitt man mit Hilfe maschineller Schneidewerkzeuge aus härtestem Stahl die Züge in den Lauf ein. Die Schneider arbeiteten in einem Ölbad und schoben die Stahlspäne, die sie aus der Wand des Laufes herausschnitten, vor sich her. Wenn man diese Schneider unter dem Mikroskop betrachtete, waren ihre Schnittflächen nicht glatt, sondern bestanden aus unzähligen Zacken, deren Art und Anordnung ganz unregelmäßig war. Außerdem mußten die Schneidewerkzeuge den Arbeitsvorgang mehrfach unterbrechen, um nachgeschärft zu werden. Waite erinnerte sich an den Ausspruch eines österreichischen Waffeningenieurs: »Wir benutzen die besten Präzisionswerkzeuge. Trotzdem wird es niemals möglich sein, eine Waffe genau so zu machen wie die andere. Es gibt überall winzige Verschiedenheiten. Betrachten Sie eine Rasierklinge unter dem Mikroskop! Sie sehen, daß ihre Schneide nicht glatt ist, sondern aus einer Fülle von Zacken besteht, deren Anordnung und Maße bei jeder Klinge verschieden sind. So ist es auch bei unseren Schneidewerkzeugen. Darüber hinaus führt das Nachschärfen dazu, daß jeder Zug irgend-

welche Abweichungen, Kratzer oder ähnliches aufweist. Praktisch ist das natürlich bedeutungslos, aber es ist vielleicht ganz interessant.«
Völlig erfüllt von seiner ursprünglichen Idee einer großen Waffensammlung, hatte Waite die Bedeutung dieses Ausspruches nicht sogleich begriffen. Jetzt erst wurde er sich der Bedeutung bewußt. Wie, wenn der Österreicher recht hatte, wenn der Herstellungsprozeß trotz aller Präzision winzige Eigenheiten hinterließ, die von Waffe zu Waffe verschieden waren und sich natürlich auch auf den Kugeln ausprägten?
Waite hatte sich noch niemals mit Mikroskopie beschäftigt. Für seine bisherige Arbeit genügten feine Meßinstrumente. Die Eigenheiten jedoch, von denen er jetzt träumte, ließen sich nur unter einem Mikroskop erkennen. Waite eilte zu Max Poser in Rochester. Er wünschte das beste Mikroskop, das auf dem Markt war. Seine Leidenschaft beeindruckte den Optiker so tief, daß er in kürzester Zeit ein Spezialmikroskop entwickelte. Es war mit einem Kugelhalter und mit Meßskalen versehen, die eine Beobachtung und Messung auch der feinsten Zeichen oder Veränderungen ermöglichte. Doch Waite fühlte, daß er selbst der mikroskopischen Arbeit nicht mehr gewachsen war. Seine Augen waren nicht mehr die besten, sie ließen ihn im Stich, und seine Rechte zitterte. So suchte er nach einem Fachmann, der ihn unterstützen könnte. Diese Suche war nicht leicht – denn noch hatte Waite keinen finanziellen Gewinn aus einer Sachverständigenpraxis anzubieten. Er brauchte einen Idealisten, der wie er an die Sache und deren Zukunft glaubte.
Es war der letzte große Glücksfall in Waites Leben, daß er tatsächlich Männer fand, die seine Ideen verstanden und bereit waren, zunächst einmal Opfer zu bringen. Der erste unter ihnen war John H. Fisher, ein Physiker, der lange in einem Eichamt gearbeitet hatte, aber stets an Schußwaffen interessiert gewesen war. Der zweite hieß Philipp O. Gravelle. Schon als Student der Chemie an der Columbia-Universität hatte Gravelle sich in den Nachtstunden mit Mikroskopie und Fotografie beschäftigt. Die Mikrofotografie war ihm zu einer Leidenschaft geworden; in seinem Laboratorium in South Orange machte er das in Botanik, Mineralogie und Metallurgie normalerweise ›Unsichtbare‹ auf fotografischen Platten sichtbar. Gravelle war fünfundvierzig Jahre alt. Die Londoner Mikrofotografische Gesellschaft hatte ihn soeben durch ihre Barnard-Goldmedaille ausgezeichnet. Als er von Waites Ideen hörte, zögerte er keinen Augenblick. Er verbündete sich mit Waite. In New York entstand das ›Bureau of Forensic Ballistics‹, das erste Institut dieser Art auf der ganzen Welt.

Hier begann eine emsige Arbeit. Der Physiker Fisher konstruierte den Helixometer, eine Abart des medizinischen Cystoskops. Wie dieses dazu diente, winzige Röhrchen und Lampen in Blase und Niere zu schieben, um sich einen direkten Einblick in Krankheitszustände jener Organe zu verschaffen, so ermöglichte der Helixometer die Inspektion jedes Gewehr- und Pistolenlaufes. Fisher entwickelte auch ein Meßmikroskop, mit dessen Linsen und Skalen sich Züge, Felder und Drall mit einer bis dahin unerreichten Genauigkeit ausmessen ließen. Gravelle beobachtete und fotografierte unterdessen Tausende von Kugeln, die aus verschiedenen Waffen gleicher Modelle verschossen und in Baumwolle aufgefangen wurden. Er verglich sie miteinander, und in jedem Fall zeigten die Kugeln, die aus verschiedenen Waffen abgefeuert wurden, eigentümliche Merkmale, die nur ihnen eigen waren. Es war schwer zu glauben – aber die Ungleichheit der Werkzeuge, der Grad ihrer Abnutzung, die kratzende Wirkung der ausgefrästen Stahlspäne schienen in der Tat jedem Schußwaffenlauf entsprechende charakteristische Merkmale zu verleihen, die sich bei keinem anderen Lauf wiederholten. War damit der ›Fingerabdruck‹ jeder einzelnen Waffe auf jeder daraus verschossenen Kugel gefunden?

Noch war die Zahl der Beobachtungen nicht groß genug, um eine so kühne Behauptung zu wagen. Vor allem mißtraute Gravelle dem menschlichen Gehirn. Solange er durch das Mikroskop nur eine Kugel inspizieren konnte und sich ihr Bild einprägen mußte, bis er die Vergleichskugel unter das Mikroskop legte, war keine wissenschaftliche Genauigkeit erreicht. Zu viel hing von der Aufnahmefähigkeit des einzelnen Beobachters ab.

Es war die Unzufriedenheit mit dieser Situation, die Gravelle schließlich eine Erfindung machen ließ, die der forensischen Ballistik erst ihre verläßliche Grundlage geben sollte.

Das Jahr 1925 war heraufgezogen, als dieser entscheidende Schritt gelang: Gravelle schuf ein ›Vergleichsmikroskop‹, ein Instrument, das es ermöglichte, zwei Kugeln gleichzeitig bei vielfacher Vergrößerung in *einem* Bild zu sehen. Zwei Mikroskope, unter denen je eine der Vergleichskugeln lag, faßte er durch eine sinnreich konstruierte Optik zusammen. Die Unzulänglichkeit des menschlichen Gedächtnisses war ausgeschaltet. Vor seinen Augen sah Gravelle nun dicht nebeneinander zwei Kugeln und vermochte beide so lange zu drehen, bis sich die Übereinstimmung der Züge und ihrer charakteristischen Zeichen oder aber ihre Verschiedenheit unwiderlegbar festlegen ließ.

So weit war die Entwicklung gediehen, als Waite – schon vom

nahenden Tode gezeichnet – noch einen dritten Mitarbeiter gewann. Er war dazu bestimmt, Waites Werk auf die Höhe hinaufzuführen, die Amerika zum erstenmal die Führung auf einem Gebiet der Kriminalwissenschaft sichern sollte: Calvin Goddard.
Goddard war damals vierunddreißig Jahre alt, ein großer, kräftiger Mann mit dichtem dunklem Haar. Er stammte aus Baltimore und hatte, wie die meisten amerikanischen Pioniere, ein höchst unruhiges Leben hinter sich. Eigentlich war er Arzt und Herzspezialist, hatte 1915 den medizinischen Doktortitel erworben und kurze Zeit als Assistent an dem berühmten John-Hopkins-Hospital gearbeitet. 1916 aber trat er in die amerikanische Armee ein, wurde Major im Sanitätskorps, diente in Frankreich, Belgien, Deutschland und Polen, kehrte 1920 nach Amerika zurück und wechselte innerhalb der Armee zur Zeugmeisterei hinüber. Er tat dies nicht ohne Grund. Eine Fotografie zeigt ihn schon als vierjährigen Jungen mit einer mächtigen Knallbüchse in der kleinen Faust. Vom fünfzehnten Lebensjahr an hatte er sich mit Revolvern beschäftigt und seine ersten Waffen selbst gebastelt. Seither übten Schußwaffen eine unwiderstehliche Faszination auf ihn aus. Die Zeugmeisterei bot ihm die erwünschte Gelegenheit, Arsenale und Waffenfabriken zu besichtigen. Ein Jahr später kehrte er zwar notgedrungen noch einmal zur Medizin zurück und wurde sogar stellvertretender Direktor des John-Hopkins-Krankenhauses. Doch schon 1924 hatte er sich, seiner alten Sehnsucht folgend, an ›Dr.‹ Albert Hamilton gewandt, dem es mit Hilfe seiner Reklametricks gelungen war, das Debakel im Fall Stielow ohne Schaden an seiner Karriere zu überstehen. Goddard hatte Hamilton um einen Rat gefragt, auf welche Weise er ›forensischer Ballistiker‹ werden könne. Glücklicherweise witterte er bald Hamiltons Scharlatanerie. Als er jetzt, 1925, Waite kennenlernte, gab er die Medizin endgültig auf und trat in Waites Büro ein. Als Waite am 14. November 1926 in einem Hotel in Sommerville, wo er als Sachverständiger auftreten sollte, an einer Herzattacke starb, war Goddard bereits der unbestrittene Leiter der ›ballistischen Dreieinigkeit‹, als die John H. Fisher, Philipp O. Gravelle und er in die Geschichte der Kriminalistik eingingen.
Wenige Wochen nach der Aufnahme seiner Arbeit in Waites Büro bediente Goddard sich des von Gravelle konstruierten Vergleichsmikroskops bereits mit vollendeter Meisterschaft. Er war imstande, Kugeln, die aus zehn mit den gleichen Werkzeugen hergestellten Pistolen des gleichen Typs abgefeuert wurden, an ihren ›Produktionseigenarten‹ zu unterscheiden und jeweils auf die Pistole zurückzuführen, aus der sie stammten. Es gab jetzt keine Zweifel

mehr daran, daß jede Schußwaffe den aus ihr abgefeuerten Geschossen außer den Typenkennzeichen des Kalibers, des Dralls und der Züge weitere unverwechselbare Zeichen aufprägte – Zeichen, die in der Tat einem Fingerabdruck gleichzustellen waren. Selbst im Boden der Patronenhülsen fand Goddard solche unverwechselbaren Zeichen, die nichts mit der Art des Schlagbolzens, des Stoßbodens oder der Auswerferkrallen zu tun hatten, sondern auf Werkzeugspuren zurückgingen. Die Antwort auf die Frage, ob und wie man feststellen konnte, daß ein bestimmtes Geschoß aus einer bestimmten Waffe stammte, war gefunden.

Mit dieser Gewißheit im Herzen und dem Vergleichsmikroskop in der Hand machte Goddard sich daran, Polizei und Gerichtshöfe für eine auf exakten wissenschaftlichen Grundlagen beruhende forensische Ballistik zu erobern.

Die Zeit kam ihm entgegen. Sie lieferte ihm einen sensationellen Prozeß, in dem sich so wie nirgendwo sonst die ganze Unsicherheit, Unvollkommenheit, ja Scharlatanerie der bis dahin geübten Schußwaffenkunde offenbarte. Und der gleiche Prozeß gab Goddard die Möglichkeit, mit den neuen Erkenntnissen und Methoden vor die Öffentlichkeit zu treten und ein ballistisches Urteil zu fällen, das vor der Geschichte standhielt.

4

Die ganze Welt hallte in den Jahren 1926/27 wider von stürmischen Protestkundgebungen gegen die Vollstreckung des Todesurteils an zwei Italienern, die am 14. Juli 1921 im amerikanischen Staate Massachusetts des Raubmordes für schuldig befunden worden waren. Ihre Namen lauteten: Nicola Sacco und Bartolomeo Vanzetti.

Es war, als ob im Zeichen dieser beiden Namen der Kampf, der seit dem Ende des Krieges zwischen Linkssozialismus und Kommunismus auf der einen und den bestehenden Staatsformen auf der anderen Seite geführt wurde, zum Weltkampf auflodern sollte. Für ungezählte Millionen waren Sacco und Vanzetti Märtyrer – zum Tode verdammt durch die ›juristischen Henkersknechte des amerikanischen Kapitalismus‹, zum Tode verurteilt nicht, weil sie wirklich ein Verbrechen begangen hatten, sondern weil sie ›Kämpfer für die Freiheit aller unterdrückten Proletarier‹ gewesen waren.

Demonstrationszüge für die Freilassung der Italiener durchzogen die Straßen Moskaus. Kommunisten und Sozialisten protestierten auf den Plätzen von Paris. Der Deutsche Reichstag sandte eine

Resolution an den Gouverneur von Massachusetts. Die französische Kammer, die englische Arbeiterpartei übermittelten Forderungen auf Freilassung der Märtyrer. Bomben explodierten vor den amerikanischen Botschaften in Buenos Aires und Montevideo. Generalstreiks, Umzüge, weitere Bombenwürfe und Drohungen gegen das Leben von Amerikanern ereigneten sich in Argentinien und in Mexiko, in Lissabon, Rotterdam, Brüssel, Stockholm, Sofia, Prag, Athen, Sidney und Lima. Intellektuelle unterzeichneten Proteste. Als Kinder einer Zeit, in welcher auch der Kommunismus noch nicht seine wie alles Irdische unvollkommene Wirklichkeit enthüllt hatte, sondern noch die Hoffnung all derer war, die von einer ›Idealwelt‹ träumten, wurden Künstler, Wissenschaftler, Publizisten Opfer einer ansteckenden Hysterie.

Nur wenige der Protestierenden wußten oder wußten noch, wer Sacco oder Vanzetti eigentlich waren. Alle ursprüngliche Wahrheit ging unter in einem Sturm der Propaganda, der Lügen und Legenden. Sacco und Vanzetti – ob schuldig oder nicht – waren für sie gegebene Objekte, um Gefühlsausbrüche zu entfesseln und sie den eigenen Träumen und Zielen nutzbar zu machen.

Der Fall Sacco und Vanzetti hatte am 24. Dezember 1919 unter dem Hall von Schüssen begonnen. An jenem Tag wurde in Bridgewater, einem Städtchen dreißig Meilen südlich von Boston, ein Anschlag auf einen Lohngeldtransport der Schuhfabrik White verübt. Ein Auto, voll besetzt mit ausländisch anmutenden Männern, stellte sich dem Transport in den Weg. Die Fremden eröffneten das Feuer mit Pistolen und einem Schrotgewehr. Als die Begleiter des Geldtransportes zurückschossen, gaben die Angreifer jedoch auf und fuhren in hohem Tempo davon. Am Schauplatz der Tat ließen sie eine leere Schrotpatrone zurück.

Wenige Monate später, am 15. April 1920, ereignete sich ein zweiter Überfall, diesmal in South Braintree, einem nicht weit entfernten Industriestädtchen. Zwei Wächter der Schuhfabrik Slater & Morrill, namens Parmenter und Berardelli, trugen zwei Metallkisten mit insgesamt 16 000 Dollar über die Straße zu einem Zweigbetrieb der Fabrik, als sie von zwei Fremden aufgehalten wurden. Die Fremden schossen beide Wächter nieder, ergriffen die Geldkassetten und sprangen in ein Auto, in dem drei weitere Männer saßen. Der Wagen raste davon und entkam. Der Wächter Berardelli starb auf der Straße. Neben ihm fand man vier leere Patronenhülsen. In Berardellis Leichnam steckten vier Kugeln des Kalibers 32. Eine davon hatte die rechte Lunge durchschlagen, die Hauptschlagader zerrissen und war schließlich von einem Hüftknochen aufgehalten

worden. Der Zusammenprall hatte die Kugel ein wenig abgeflacht. Es war sicher, daß sie den Tod herbeigeführt hatte.
Der Arzt, der die Toten untersuchte, numerierte alle Kugeln mit Hilfe einer chirurgischen Nadel. Die tödliche Kugel versah er mit einer römischen III. Der zweite Wächter, Parmenter, wurde sterbend ins Hospital gebracht. Zwei Kugeln hatten ihn getroffen, eine davon war in die Vena cava, die größte Körpervene, eingedrungen. Der Verwundete starb vierzehn Stunden später. Die tödliche Kugel wurde mit einem Kreuz versehen. Der Chef der Staatspolizei von Massachusetts, der weißhaarige alte Captain Proctor, nahm alle Kugeln an sich, ebenso die gefundenen Patronenhülsen. Es handelte sich um Hülsen der Firmen Peters, Remington und U. S. Winchester. Eine Winchesterhülse war deutlich durch ein W gekennzeichnet.
Die Überfälle platzten in jene Atmosphäre sozialer Unruhe hinein, welche die Vereinigten Staaten nach dem ersten Weltkrieg kennzeichnete. Der Anarchismus, jene Lehre von der Verwirklichung sozialer Gerechtigkeit durch gewaltsame Vernichtung aller Regierungsmacht, hatte vor allem im Osten Amerikas unter den zahlreichen dort lebenden Italienern Fuß gefaßt. Bombenanschläge und die Versendung von Bomben durch die Post an Senatoren, Minister, hohe Richter und Millionäre wie John D. Rockefeller schufen eine ständig wachsende Spannung. Als eine Bombe vor dem Haus des Generalstaatsanwaltes in Washington explodierte, begannen am 7. November 1919 Razzien gegen Anarchisten und Kommunisten. Einige hundert wurden ausgewiesen. Das war der Hintergrund, vor dem sich die Raubüberfälle in Bridgewater und South Braintree abspielten.
Die Polizei setzte alles in Bewegung, um die Mörder von South Braintree zu finden. Auch die Detektivabteilung von Massachusetts war in jenen Tagen keineswegs ein Muster an kriminalistischer Fähigkeit. Immerhin entdeckte sie am 17. April 1920 in einem Wald einen verlassenen Buick-Wagen, der im vorangegangenen November gestohlen worden war. Die Beschreibung des Autos, das bei den Verbrechen in Bridgewater und South Braintree benutzt worden war, paßte auf den Wagen. Das Nummernschild war ebenfalls gestohlen. Man fand heraus, daß ein Italiener namens Boda mit einigen Landsleuten in dem Buick gesehen worden war. Boda war nicht zu finden. Er besaß jedoch einen alten Overland-Wagen, der in einer Garage in West Bridgewater abgestellt war. Der Garagenbesitzer benachrichtigte die Polizei, als Boda in der Nacht vom 5. zum 6. Mai sein Fahrzeug abholen wollte. Boda war von drei anderen Italienern begleitet. Er schöpfte Verdacht. Mit einem seiner

Genossen fuhr er auf einem Motorrad davon; bald darauf flüchtete er nach Italien. Die beiden anderen entfernten sich zu Fuß, wurden aber in der Straßenbahn nach Bridgewater gestellt und verhaftet.
Sie leugneten völlig sinnlos, Boda zu kennen. Sie leugneten auch, Waffen zu besitzen. Aber schon bei der ersten Untersuchung stellte sich heraus, daß der eine, der neunundzwanzigjährige Nicola Sacco, eine automatische Colt-Pistole vom Kaliber 32 in seinem Hüftgürtel trug. Sie war mit neun Patronen geladen. In Saccos Taschen fanden sich außerdem dreiundzwanzig Patronen des Kalibers 32, hergestellt von den Firmen Peters, u.s. Winchester und Remington. Der zweite Verhaftete, der zweiunddreißigjährige Bartolomeo Vanzetti, trug einen Harrington-&-Richardson-Revolver des Kalibers 38, geladen mit fünf Patronen, bei sich, außerdem vier Schrotpatronen. Aus einer seiner Taschen zog man ein handgeschriebenes Werbeblatt, auf dem eine Anarchisten-Versammlung mit Vanzetti als Redner propagiert wurde. Beide verstrickten sich in so viele Lügen über ihre Absichten in dieser Nacht sowie über die Herkunft der Waffen, daß sie in Haft behalten wurden. So begann das große Drama.
Sacco und Vanzetti waren im Jahre 1908, in einer Zeit wirtschaftlicher Depression, nach Amerika eingewandert. Obwohl keineswegs proletarischer Herkunft, sondern Söhne von Bauernfamilien mit religiösem und republikanischem Hintergrund, waren beide Kinder der italienischen Armut und der damit verbundenen sozialen Spannung und Unruhe dieser Zeit. Von Jugend an an schwere Arbeit gewöhnt, wurden sie nach ihrer Ankunft in New York bzw. Boston hinabgestürzt in die tiefste Düsternis, welche die freie, aber im Kampf um Geld und Erfolg erbarmungslose Neue Welt den Fremden zu bieten hatte. Keiner von beiden hatte gelernt, sich in Englisch geläufig auszudrücken. Sie waren Fremde geblieben, mit wachsendem Haß gegen die Umwelt, in der es nur Reiche und sie, die Armen, zu geben schien. Ihr ebenso gequälter wie begrenzter Geist hatte sie schließlich zu fanatisch gläubigen Anarchisten werden lassen.
Zur Zeit der Verhaftung arbeitete Sacco in einer Schuhfabrik in South Staughton, Vanzetti fuhr als Fischhändler mit einem Straßenkarren von Haus zu Haus. Beide hatten sich tief in die Aktivität der italienischen Anarchistenkreise verstrickt, und es lag nahe, daß sie zusammen mit anderen beauftragt worden waren, durch Raubüberfälle das Geld zu beschaffen, das für die Agitation dringend gebraucht wurde.
Zeugen der Überfälle von Bridgewater und South Braintree wurden Sacco und Vanzetti gegenübergestellt. Da Sacco ein sicheres Alibi

für die Zeit des ersten Überfalls besaß, mehrere Zeugen jedoch Vanzetti als Mittäter bezeichneten, wurde nur dieser wegen des Verbrechens von Bridgewater angeklagt. Was South Braintree anbelangte, so wollten mehrere Zeugen Sacco und Vanzetti wiedererkennen. Beide stellte man wegen Raubmordes in South Braintree gesondert unter Anklage. Der Prozeß gegen Vanzetti begann am 22. Juli 1920 in Plymouth, der Prozeß gegen Sacco und Vanzetti wegen South Braintree am 21. Mai 1921 im Gerichtsgebäude der Stadt Dedham. Ankläger waren in beiden Fällen der District Attorney Frederick Katzmann und sein Assistent Williams. Auf dem Richterstuhl saß der dreiundsechzigjährige Richter Webster Thayer. Weder er noch Katzmann ahnten, daß der Prozeß tiefe Schatten über den Rest ihres Lebens werfen und ihre Namen durch die Gossen des Hasses zerren würde. Sowohl Katzmann wie Thayer waren nach Stellung und Wesen urkonservativ und zwangsläufig Gegner jeder radikalen umstürzlerischen Bewegung. Sie vermochten keinerlei Sympathie für die angeklagten Italiener aufzubringen, und noch weniger konnten sie die politischen Emotionen verstehen, die beide bewegten. Aber eine spätere vorurteilslose Betrachtung mußte ihnen bestätigen, daß sie sich im Rahmen all ihrer Kräfte um Objektivität bemüht hatten und bereit gewesen waren, alle politischen Momente aus der Verhandlung gegen die Italiener herauszuhalten. Sie wollten sich auf die Feststellung beschränken, ob beide der Beteiligung an Raub oder Raubmord schuldig waren. Wenn der ganze Fall auf die Ebene politischer Leidenschaften geriet, so lag die Schuld daran zu einem erheblichen Teil bei der anarchistischen Bewegung. Zum Verteidiger bestellten sie einen Kalifornier, Moore, der sich als Anwalt amerikanischer Radikaler einen Namen gemacht hatte. Er war entschlossen, die politischen Leidenschaften ins Spiel zu bringen.

Dies war der Rahmen des Prozesses, in dem die forensische Ballistik jener Jahre sich selbst entlarven, aber am Ende auch einen großen, wegweisenden Erfolg erringen sollte. In dem kurzen Prozeß gegen Vanzetti spielte sie noch keine entscheidende Rolle. Immerhin wurde die Erklärung des Chefs der Staatspolizei von Massachusetts, Captain Proctor, daß die Schrotpatronen, die Vanzetti bei der Verhaftung bei sich trug, vom gleichen Typ seien wie die Schrotpatronenhülse am Tatort in Bridgewater, viel beachtet. In dem entscheidenden Prozeß gegen Sacco und Vanzetti dagegen gewannen Kugeln, Patronen, Pistolen und Revolver angesichts der widerspruchsvollen und offensichtlich unzuverlässigen Aussagen der Augenzeugen von Anfang an entscheidende Bedeutung.

Lautlose Stille herrschte im Gerichtssaal in Dedham, als der Staatsanwalt Anfang Juli 1921 seine Schießsachverständigen aufrief. Draußen glühte die Sonne. Kaum ein kühlender Hauch drang in den Raum. Die Augen der zwölf Geschworenen, ermüdet durch die Hitze und die zahlreichen Auftritte sich widersprechender Zeugen, wurden wieder aufmerksam, als Staatspolizeichef Captain Proctor als erster Schießsachverständiger in den Zeugenstand trat.
Trotz seines Alters hatte Proctor sich seit einiger Zeit nicht mehr damit begnügt, Polizist zu sein. Ihn hatte wie so viele andere der Ehrgeiz gepackt, sich auf dem Felde der ›Schießkunde‹ hervorzutun. Da er alle gefundenen Kugeln, Hülsen, Patronen und Waffen mit Beschlag belegt hatte, war er der erste gewesen, der sich damit beschäftigen konnte. Begreiflicherweise war es für die Anklage gegen Sacco sehr wesentlich, herauszufinden, ob die sechs Kugeln vom Kaliber 32, die in den Ermordeten gefunden worden waren, aus der Waffe gleichen Kalibers stammten, die Sacco am Tage seiner Verhaftung bei sich getragen hatte. Das gleiche galt für die Patronenhülsen. Es war unbestreitbar verdächtig, daß die dreiundzwanzig Patronen des Kalibers 32 in Saccos Colt und Saccos Taschen nach Art, Kaliber und Alter den Patronenhülsen am Tatort entsprachen.
Ein wenig nervös hantierte Proctor mit Saccos Pistole und einer Kugel. Dann verkündete er den ahnungslosen Zuhörern, er sei daran gewöhnt, Handfeuerwaffen der Kaliber 32 und 38 zu untersuchen; er ›stoße‹ Kugeln mit der Hand durch den Lauf, um auf ihnen ein Abbild von Zügen, Drall und sonstigen Eigentümlichkeiten der Waffen zu erhalten. Sodann versuchte er eine Kugel durch Saccos Pistole zu schieben. Es gelang ihm jedoch nicht. Verärgert gab er den Versuch auf und sagte, das ›Hindurchstoßen‹ sei nicht nötig. Er habe vierzehn Testkugeln aus Saccos Pistole verschossen und in einer Kiste voller Sägemehl und Öl unbeschädigt wieder aufgefangen. Alle Kugeln habe er mit den Tatgeschossen verglichen. Nur eines dieser Geschosse, die Kugel, die mit einer römischen III versehen war und Berardelli getötet hatte, entspreche in ihren Zügen den Testkugeln aus Saccos Colt. Die anderen fünf Kugeln des Kalibers 32 seien mit hoher Wahrscheinlichkeit aus einer unbekannten Pistole der Marke Savage verfeuert worden.
Der Anklagevertreter Williams fragte: »Sind Sie dessen sicher ...?«
Proctor erwiderte ohne Zögern: »Ich bin davon so überzeugt wie von irgend etwas sonst ...«
Williams ließ die entscheidende Frage folgen: »Wurde die Todeskugel III also aus Saccos Colt abgefeuert?«

Proctor entgegnete: »Meine Meinung ist, daß das Aussehen der Kugel damit vereinbar ist, daß sie durch diese Pistole abgefeuert wurde ...«
Williams wandte sich den bei den Ermordeten gefundenen Patronenhülsen zu. Unter wachsender Spannung im Saal erklärte Proctor: »Die Winchester-Patrone mit dem aufgeprägten w ist aus einer Pistole, die drei übrigen Patronen sind aus einer anderen verfeuert worden. Ich habe die Patronenhülse w mit den Hülsen der Testkugeln verglichen, die ich aus Saccos Colt verschoß.«
Williams ließ sofort die zweite entscheidende Frage folgen: »Wurde Ihrer Meinung nach die Hülse w aus Saccos Pistole abgeschossen?«
Ein Ventilator verursachte ein leises Geräusch. Sonst war es totenstill. In die Stille hinein sagte Proctor – und er benützte dabei wiederum den eigenartigen Ausdruck ›vereinbar sein‹: »Die Zeichen, die der Schlagbolzen auf der Hülse w und den Hülsen der Vergleichsgeschosse verursacht hat, sind vereinbar damit, daß die Hülse w aus der gleichen Waffe abgefeuert worden ist.«
Williams rief seinen zweiten Schießsachverständigen, Charles Van Amburgh, auf.
Charles Van Amburgh war kein Amateur wie Proctor. Er hatte neun Jahre lang im Waffenarsenal von Springfield, später bei Colt und Westinghouse gearbeitet und war jetzt als Waffentechniker bei der Remington Union Metallic Cartridge Company in Bridgeport tätig. Amburgh erklärte, er habe im Beisein Proctors Testschüsse aus Saccos Pistole abgefeuert und die Kugeln und Hülsen mit den Kugeln und Hülsen vom Tatort verglichen. Auch er war der Meinung, daß fünf der Tatkugeln aus einer Savage-Pistole abgefeuert worden sein, die sechste Kugel mit der Nummer III stamme dagegen aus einem 32er-Colt. Er habe die Züge gemessen.
Sofort kam wieder Williams' entscheidende Frage, ob die Kugel III aus Saccos Colt abgeschossen worden sei?
Van Amburgh erwiderte: »Ich neige zu der Ansicht, daß die Kugel aus dieser automatischen Colt-Pistole abgefeuert worden ist.«
Er fügte hinzu: »Am Boden des Pistolenlaufs befindet sich eine Rostspur, deren Abbild ich auf den Kugeln gefunden habe.«
Moore, der Verteidiger, erhob sich sofort zum Kreuzverhör. Es gelang ihm jedoch nur, Van Amburgh zu dem Eingeständnis zu bringen, daß Colt-Revolver häufig an der genannten Stelle verrosteten, der gefundene Rostfleck also nicht auf Saccos Colt beschränkt sein müßte.
Dann aber präsentierte Moore zwei eigene Schießsachverständige,

um die Anklage mit eigenen Experten zu widerlegen. Als erster kam James Burns an die Reihe. Burns nahm für sich in Anspruch, dreißig Jahre lang als Techniker bei der US Cartridge Company gearbeitet zu haben. Auch er hatte Vergleichskugeln aus Saccos Pistole abgefeuert. Und in völligem Gegensatz zu den Sachverständigen der Anklage verkündete er bestimmt, es sei ausgeschlossen, daß Kugel III jemals aus Saccos Pistole abgeschossen worden sei. Nein, es gebe überhaupt keine Vergleichsmöglichkeit. Sie könne ebenso aus einem Colt stammen wie aus einer Bayard-Pistole, einem ausländischen Fabrikat. Der Lauf, aus dem die Todeskugel stamme, habe keine Rostspur an seinem Boden gehabt, sondern sei als Ganzes verrostet gewesen. Die übrigen Kugeln könnten aus einer Savage-Pistole stammen, genausogut käme aber eine Steyr- oder Walther-Waffe in Frage.

Als Burns abtrat, ließ Moore seinen zweiten Experten folgen: J. Henry Fitzgerald. Auch Fitzgerald empfahl sich mit der Versicherung, seit achtundzwanzig Jahren im Waffengeschäft tätig zu sein. Er war der Entschiedenste von allen. Er sagte aus: »Kugel III wurde nicht aus Saccos Pistole abgefeuert. Ich kann keinerlei Zeichen an Kugel III sehen, die sich mit Zeichen auf einer Kugel vergleichen ließen, die aus dieser Waffe kommt ...«

Aus dem Blickwinkel späterer Erfahrung betrachtet, war das Ganze ein bedrückendes Schauspiel. Während Waite in New York sich noch um die einfachsten wissenschaftlichen Grundlagen mühte, gaben hier wiederum Amateure oder Fachleute mit unzureichenden Kenntnissen Gutachten ab, die mithelfen sollten, über Leben und Tod zu entscheiden.

Proctor besaß weder Kenntnisse noch Erfahrungen in der einfachsten Mikroskopie. Van Amburgh hatte sich zwar eingehender mit verschiedenen Untersuchungsmethoden befaßt, wie sie schon kurz vor dem Weltkrieg in Europa angewandt wurden, sich mit der Mikrofotografie aber erst zu beschäftigen begonnen. Burns und Fitzgerald besaßen nicht einmal jene Kenntnisse und Erfahrungen hinsichtlich der Bestimmung des Waffentyps, die Waite sich gerade erarbeitete. Und keiner von allen hatte auch nur die Spur einer Vorstellung von der Gesetzmäßigkeit, mit der jede Waffe ihren Geschossen einen Stempel aufprägt. Der Eindruck der Unfähigkeit oder Unsicherheit wurde kaum dadurch gemildert, daß Proctor und Van Amburgh ihre Feststellungen mehr oder weniger verklausulierten, denn weder Staatsanwalt noch Geschworene noch die Verteidigung wurden sich merkwürdigerweise dieser Verklausulierungen bewußt.

Nicht weniger bedrückend war der Sachverständigenstreit, der sich kurz darauf um Vanzettis Harrison-&-Richardson-Revolver Kaliber 38 entspann. Am Tatort hatten sich keine Kugeln dieses Kalibers gefunden. Aber merkwürdigerweise war der erschossene Angestellte Berardelli mit einem Revolver des gleichen Typs bewaffnet gewesen. Seit dem Raubüberfall war Berardellis Harrison-&-Richardson-Revolver spurlos verschwunden.
Die Anklage beschuldigte Vanzetti, die Waffe neben dem toten Berardelli aufgehoben und mitgenommen zu haben. Tatsächlich verstrickte Vanzetti sich in Lügen über die Herkunft seines Revolvers. Ankläger Williams rief einen Büchsenmacher der Firma Iver Johnson, namens Fitzemeyer, in den Zeugenstand und legte ihm die Waffe vor. Wenige Wochen vor seinem Tod hatte Berardelli seinen Dienstrevolver der Firma Johnson zur Reparatur übergeben und später zurückerhalten. Verständlicherweise konnte Fitzemeyer sich nicht im einzelnen an den Revolver erinnern. Aber er hatte dem Revolver mit der Reparaturnummer Berardellis einen neuen Schlagbolzen eingesetzt. Er inspizierte Vanzettis Revolver und äußerte, die Waffe sei mit einem neuen Schlagbolzen versehen.
Erregt rief Moore seine Schießexperten in den Zeugenstand. Beide, Burns wie Fitzgerald, erklärten ohne Zögern, von einem neuen Schlagbolzen in Vanzettis Waffe könne keine Rede sein. Der Schlagbolzen sei so alt und gebraucht wie jeder andere Teil des Revolvers. An den Gesichtern der Geschworenen war deutlich abzulesen, daß sie Fitzemeyer mehr Vertrauen schenkten als den allzu geschwinden Experten Moores.
Niemand spürte das schneller als der Verteidiger selbst. Er spürte auch, daß die Übereinstimmung der bei Sacco gefundenen altmodischen Patronen mit den ebenso altmodischen am Tatort geborgenen Patronenhülsen den einfachen Sinn der Geschworenen dazu bewegte, mehr den Aussagen von Proctor und Van Amburgh zu vertrauen als denen von Burns und Fitzgerald. In seinem demagogischen Schlußplädoyer an die Geschworenen machte Moore daher den Versuch, alle Schußwaffenexpertisen, auch die seiner eigenen Sachverständigen, vom Tisch zu fegen. Mit hektischer Stimme rief er aus: »Wenn die Zeit gekommen ist, in der ein Mikroskop benutzt werden muß, um über Menschenleben zu entscheiden, und wenn die Benutzer des Mikroskops sich nicht einigen, sondern Experten der Anklage und Experten der Verteidigung sich schroff widersprechen, dann sollten einfache Männer wie Sie zögern, bevor sie ein Menschenleben zerstören.«
Moore hatte unrecht, wenn er die Bedeutung wirklich exakter Ana-

lysen der forensischen Wissenschaft im allgemeinen meinte. Recht hatte er dagegen ohne Zweifel, was die Unzulänglichkeit der im Fall Sacco/Vanzetti angewandten Sachverständigenmethoden auf beiden Seiten betraf.

Staatsanwalt Katzmann antwortete ihm: »Der Himmel möge bald den Tag herbeiführen, da die Beweise zu jedem bedeutenden Fall vom Wissenschaftler und seinem Vergrößerungsglas abhängen.« Katzmann seinerseits hatte recht, was die allgemeine Bedeutung der forensischen Wissenschaft anbelangt, und unrecht, wenn er seine Worte auf die Sachverständigenaussagen in dem Drama angewandt wissen wollte, das vor seinen Augen abrollte.

Am Nachmittag des 14. Juli 1921 wurden die zwölf Geschworenen zur Beratung und Urteilsfindung eingeschlossen.

Wie sehr sie sich mit der Frage der Kugeln und Patronen beschäftigten, zeigte sich, als sie nach einem Vergrößerungsglas verlangten, um selbst die Kugel III mit den Testgeschossen zu vergleichen. Ihr Vorhaben war kindlich, aber es zeugte von ehrlichem Bemühen. Einer der Geschworenen, Dever, berichtete viele Jahre später: »Wir diskutierten besonders die sehr wichtigen Beweismittel der Kugeln ... Es gab keine Auseinandersetzung. Wir waren überzeugt, daß Sacco und Vanzetti getan hatten, was die Anklage ihnen vorwarf.« Die Geschworenen glaubten, daß die Kugel in Berardellis Leichnam aus Saccos Pistole stammte. Es gab vielleicht Zweifel an der Zuverlässigkeit mancher Tatzeugen. »Aber die Kugeln – an ihnen konnte man nicht vorübergehen ...«

Am Abend um sieben Uhr fünfundfünfzig waren die Geschworenen bereit, ihr Urteil zu fällen. Einstimmig erklärten sie Sacco und Vanzetti des ›Mordes ersten Grades‹ für schuldig, Vanzetti im Sinne des ›accessory‹, des Helfershelfers, der nach angloamerikanischem Recht ebenso des Mordes schuldig war wie der Mörder selbst.

Am 15. Juli 1921 eilte die Nachricht von dem Urteil durch alle Zeitungen der Welt. Was bisher noch ein mehr oder weniger lokales Ereignis gewesen war, wurde in wenigen Tagen und Wochen zu einer Sensation. Die Verurteilung lieferte den Stoff für jene Kampagne, die Sacco und Vanzetti zu unschuldigen Opfern einer ›kapitalistischen Klassenjustiz‹ erklärte. Ein anarchistisches Verteidigungskomitee finanzierte großangelegte juristische Versuche, ein neues Gerichtsverfahren herbeizuführen. Diese Versuche waren immerhin von dem Bemühen getragen, den verurteilten Gesinnungsfreunden wirklich zu helfen. Dahinter aber wurde bereits der gewaltige Propagandafeldzug der (oft als Schreckgespenst an die

Wand gemalten, diesmal aber tatsächlich aktiven) ›Roten Hilfe‹ organisiert, für die Sacco und Vanzetti nichts weiter waren als Puppen in der politischen Auseinandersetzung mit der kapitalistischen Welt. Von den vielen Millionen, welche die ›Rote Hilfe‹ im Namen der Verteidigung der beiden Italiener sammelte, gelangten insgesamt ganze 6000 Dollar in die Kasse des wirklichen Verteidigungskomitees.

Die Geschichte der nun folgenden siebenjährigen juristischen Manöver und der siebenjährigen Propagandaschlacht bildet in unserem Zusammenhang nur den Hintergrund für die Rolle, welche die forensische Ballistik in dieser unbeschreiblichen Zeit spielte. Es gehört zu den Phänomenen des Prozesses, daß die Verteidigung und die radikale Propaganda zahllose Anklagen und Behauptungen vorbrachten, um Staatsanwaltschaft, Richter und Geschworene als voreingenommene Klassenvertreter, als ›unfair‹, ja, rundweg als ›Mörder‹ zu brandmarken. Nur sehr selten aber wandten sich ihre immer hektischer werdenden Bemühungen gegen den Teil des Verfahrens, bei dem man wirklich von Unzulänglichkeit oder gar Unverantwortlichkeit sprechen konnte, gegen die Schießgutachten.

Erst 1923, als zwei Anträge auf ein neues Verfahren zurückgewiesen worden waren, griff Moore in Ermangelung anderer Angriffspunkte noch einmal die Schußwaffenfrage auf. Und damit begann der zweite, noch makabrere ›ballistische Akt‹ des Sacco-Vanzetti-Dramas.

Während Waite in New York nach seiner ersten Enttäuschung von neuem um die wissenschaftlichen Grundlagen der Schußwaffenkunde rang, zeigte dieser zweite Akt in Dedham noch krasser als der erste die zweifelhaften Seiten des Schießsachverständigenwesens. Moore brachte – ohne Zweifel ahnungslos – einen neuen ›Sachverständigen‹ ins Spiel, der die Gutachten von Proctor und Van Amburgh mit einer ›neuen, unwiderlegbaren Technik‹ ad absurdum führen wollte.

Es war niemand anders als ›Dr.‹ Hamilton – der durch seine Leichtfertigkeit mitschuldig an dem Todesurteil über Charles Stielow geworden war.

Auf einer Eisenbahnfahrt nach Boston kam Hamilton, dessen Geschäft unentwegt weiterblühte, mit einem Reporter der Zeitung ›Globe‹ ins Gespräch. Großspurig versicherte er: »Hätte man mich gefragt, dann stünde jetzt mit absoluter Sicherheit fest, ob aus Saccos Pistole die Mörderkugel abgefeuert worden ist oder nicht. Ich besitze eine neue Untersuchungsmethode, die jedes Gericht überzeugt.« Der Reporter witterte eine Sensation. Er setzte sich mit

Moore in Verbindung und schilderte Hamilton in so glühenden Farben, daß Moore den ›Mann aus Auburn‹ bat, ihm umgehend mitzuteilen, welches Honorar er für eine neue ballistische Untersuchung des Sacco-Falles fordern würde.
Hamilton verschwendete keine Zeit auf Briefschreibereien. Unverzüglich reiste er selbst nach Boston.
Moore erkundigte sich, ob Hamilton vier Probleme so überzeugend klären könne, daß die Gutachten der Staatsanwaltschaft zusammenbrechen müßten und ein neues Gerichtsverfahren gesichert sei. Die vier Probleme waren:

1. War Kugel III aus Saccos Revolver abgefeuert worden?
2. Waren die Patronen, die bei Sacco gefunden worden waren, wirklich zur gleichen Zeit hergestellt wie die Patronenhülsen der Todeskugel?
3. Stammte die Winchester-Patronenhülse w, die neben Berardellis Leichnam gelegen hatte, aus Saccos Revolver?
4. War der Schlagbolzen in Vanzettis Revolver neu oder nicht?

Mit gewohnter Selbstsicherheit erklärte Hamilton, er werde alle Probleme befriedigend lösen.
Hamiltons sogenannte ›neue‹ Methode bestand ausschließlich darin, daß er jetzt ein besseres Mikroskop (von Bausch & Lomb) benutzte. Im übrigen hatte sich seine Qualifikation in keiner Weise gebessert. Ihm genügte es, einige Testschüsse aus Saccos Pistole zu feuern. Dann entschied er schnell und völlig im Sinne der Verteidigung.

1. Die Kugel III ist niemals aus Saccos Pistole abgeschossen worden. Schon ein einfaches Ausmessen der Züge lehrt, daß sie überhaupt nicht aus einer Colt-Pistole stammt.
2. Die gefundenen Patronenhülsen sind niemals zur gleichen Zeit hergestellt worden wie die Patronen in Saccos Tasche und Saccos Revolver zur Zeit der Verhaftung.
3. Keine der gefundenen Patronenhülsen hat sich jemals in Saccos Revolver berunden, auch nicht die Hülse w.
4. Vanzettis Revolver ist mit keinem neuen Schlagbolzen ausgerüstet. Dazu hätte man eine Schraube entfernen müssen. Diese aber ist nicht bewegt worden.

Moore jubelte.
Er jubelte noch mehr, als sich noch ein zweiter Sachverständiger fand, der sogar einen echten Professorentitel trug – Professor Augustus Gill. Auch Gill arbeitete lediglich mit einem einfachen Mikroskop und ohne die geringste Ahnung von den Dingen, die sich zur gleichen Zeit in Waites Laboratorium abspielten. Sein

Urteil war kurz und bündig: »Niemals hat die Mordkugel Saccos Pistole passiert.« Moores Jubel aber kannte keine Grenzen mehr, als er durch einen Zufall von einer merkwürdigen ›Sinnesänderung‹ Captain Proctors, des ersten Sachverständigen der Anklage, vernahm.

Hamilton hatte dabei seine Hände im Spiel. Ein Anwalt, der von der Anwesenheit des bedeutenden ›Dr.‹ Hamilton in Boston erfuhr, bat ihn um ein Gutachten in einer Mordsache. Die Mordkugel, um die es ging, befand sich in Captain Proctors Haus. Dort prahlte Hamilton vor dem alten Chef der Staatspolizei mit seiner neuen Rolle im Falle Sacco und Vanzetti. Aber Proctor erklärte mürrisch: »Das interessiert mich nicht. Ich bin jetzt zu alt, um die beiden Italiener für etwas hingerichtet zu sehen, das sie nicht begangen haben.«

Hamilton horchte auf. Er erinnerte Proctor an dessen Gutachten von 1921. Aber Proctor erwiderte, er habe damals lediglich gesagt, die Art der Kugel sei ›vereinbar‹ mit einem Passieren durch Saccos Pistole. Nicht mehr. Wenn ihn jemand genauer gefragt hätte, ob er Beweise für dieses Passieren habe, dann wäre seine Antwort ein klares ›Nein‹ gewesen. Die Anklage aber habe ihn nicht danach gefragt, weil sie genau gewußt habe, wie seine Antwort lauten würde. Moore erfuhr natürlich sofort von Proctors sonderbarer Erklärung. Proctor starb, noch bevor er eine persönliche Aussage vor Gericht machen konnte. Aber er hinterließ eine schriftliche Erklärung, in der er seine Geschichte bekräftigte. Der Vorgang war so merkwürdig wie alle Auftritte der ballistischen Experten. Es war unglaubwürdig, daß Proctor im Juli 1921 nicht Gelegenheit gehabt haben sollte, in seinen Antworten und Aussagen seine wirkliche Meinung zum Ausdruck zu bringen. Vielleicht hatte sogar die Anklage recht, als sie den alten Captain beschuldigte, sich auf die Seite der Verteidigung zu schlagen, weil die Anklage ihm lange Zeit die 500 Dollar verweigert hatte, die er für sein erstes Gutachten forderte. Moore behauptete dagegen, das Gewissen habe den Alten vor seinem Tode geplagt. Sei dem, wie ihm sei. Am 30. April 1923 reichte Moore seinen siebten Antrag auf Wiederaufnahme des Verfahrens ein. Es war der ›Hamilton-Proctor‹-Antrag, der das ganze Schußwaffengutachten der Anklage erledigen sollte.

Natürlich wandten sich Katzmann und Williams an Van Amburgh. Sie forderten ihn auf, sein Gutachten zu überprüfen und Hamiltons Behauptungen zu parieren. Auch Van Amburgh hatte sich inzwischen ein neues Mikroskop zugelegt und sich eingehender mit der

Mikrofotografie befaßt. Er fotografierte jetzt die Mordkugel III und die Testkugeln von allen Seiten. Von jedem Geschoß machte er zwölf Aufnahmen und klebte sie zu einem Streifen zusammen. Die Streifen verglich er miteinander. Auch das waren nach wie vor Behelfe. Aber immerhin – sie bedeuteten eine große Verbesserung. Van Amburghs Urteil lautete diesmal viel bestimmter als beim erstenmal: »Ich bin sicher, daß die Patrone w in Saccos Pistole abgefeuert wurde. Ich bin ebenso sicher, daß die tödliche Kugel aus Saccos Revolver kam.«

Als Richter Thayer an der Wende vom Oktober zum November 1923 über den ›Hamilton-Proctor‹-Antrag verhandelte, standen also wieder Gutachten gegen Gutachten. Doch diesmal richtete Hamilton sich selbst, indem er während der Verhandlung einen beispiellosen Piratenakt beging – eine Tat, von der niemals jemand erfuhr, ob sie mit der Verteidigung abgesprochen war oder nicht. Hamilton erschien mit zwei neuen Colt-Pistolen vom gleichen Typ wie die Waffe Saccos. Im Beisein des Richters, der Anklage und der Verteidigung zerlegte er alle drei Pistolen, um seine Behauptungen zu verdeutlichen. Nachher baute er sie wieder zusammen und steckte die beiden neuen Pistolen in seine Taschen, um mit ihnen den Verhandlungsraum zu verlassen.

Richter Thayer, der seine eigenen Gedanken über Hamilton hatte, rief ihn jedoch zurück und forderte ihn auf, die neuen Pistolen im Gerichtssaal zu lassen. Thayer war von einem guten Stern geleitet, denn es stellte sich heraus, daß Saccos Pistole plötzlich einen nagelneuen, sogar noch mit Schutzfett versehenen Lauf erhalten hatte! Der für die ballistischen Untersuchungen so entscheidend wichtige alte Lauf war durch einen Taschenspielertrick in eine von Hamiltons neuen Pistolen hinübergewandert.

Thayer beraumte eine Sonderuntersuchung an. Hamilton mußte zugeben, daß die Läufe vertauscht waren. Die Anklage beschuldigte ihn, den Tausch vorgenommen zu haben, und warf ihm vor, er habe später den Tausch selbst aufdecken und der Anklage in die Schuhe schieben wollen, um damit ein sicheres Argument für ein neues Verfahren zu liefern. Hamilton besaß dagegen die Stirn, zu behaupten, es handle sich um eine ›schmutzige Arbeit‹ der Anklage, Moore trat ihm dabei zur Seite. Doch von diesem Augenblick an war das Schicksal des ›Hamilton-Proctor‹-Antrages entschieden. Der Antrag auf ein neues Verfahren wurde abgelehnt.

Das makabre Bild wäre allerdings nicht vollständig, wenn man zu erwähnen vergäße, daß wenig später, 1924, auch Van Amburgh in einem Mordfall außerhalb von Massachusetts eine schwere Nieder-

lage erlitt. Sie hätte alles Vertrauen in ihn auch in Dedham zerstören müssen, wäre sie der Verteidigung zu Ohren gekommen.
Am Abend des 4. Februar 1924 schritt Hubert Dahme, der Pfarrer einer katholischen Gemeinde in Bridgeport im Staate Connecticut, die Hauptstraße entlang. Plötzlich näherte sich ihm ein Fremder und schoß ihn von hinten in den Kopf. Dahme brach tot zusammen. Der Mörder entkam. Die Kugel, die Dahme getötet hatte, entpuppte sich als ein Geschoß vom Kaliber 32.
Der Pfarrer war sehr beliebt gewesen. Eine wilde Jagd nach dem Täter begann. Viele Aussagen eifriger Zeugen führten jedoch zu nichts, bis am 11. Februar John Reynolds, ein Kriminalbeamter von South Norwalk, einen jungen Mann ziellos in der Stadt umherstreifen sah. Er brachte den Fremden auf die Wache. Dort wurde er untersucht. In seiner Manteltasche steckte ein Revolver spanischer Fabrikation, Kaliber 32. Von den fünf Patronen, mit denen der Revolver geladen wurde, fehlte eine. Sie war abgeschossen. Der Fremde hieß Harold F. Israel, kam aus Bridgeport und war auf der Suche nach einem Nachtquartier. Wegen ›Tragens einer nicht sichtbaren Waffe‹ wurde er zu dreißig Tagen Haft verurteilt und routinemäßig gefragt, wo er zur Zeit des Mordes an Pfarrer Dahme gewesen sei. Er wußte es nicht. Schließlich wurde er auch Zeugen gegenübergestellt. Diese behaupteten, in ihm den Mörder des Pfarrers zu erkennen. Daraufhin wurde Israel scharf verhört, und zwar ununterbrochen vom Mittag des 13. Februar bis zum Abend des folgenden Tages. Dann brach er zusammen und gestand, den Pfarrer ermordet zu haben, ›weil es ihm gerade so einfiel‹.
Van Amburgh erhielt als Schußwaffenexperte die Mordkugel, verschoß einige Testgeschosse aus Israels Revolver, fertigte von allen Kugeln Mikrofotografien an und fügte diese zu jenen Streifen zusammen, die jeweils die ganze Oberfläche der Kugeln zeigen sollten. Danach schnitt er in das Streifenbild einer Testkugel einen Schlitz hinein, schob das Streifenbild der Mordkugel hindurch und zog diesen Streifen so lange hin und her, bis die charakteristischen Zeichen auf beiden Streifen übereinstimmten. Vor dem Untersuchungsrichter sagte er aus: »Ich habe zwar noch nicht alle Tests erledigt, aber ich bin überzeugt, daß die Kugel aus dieser (Israels) Waffe abgefeuert wurde.« Van Amburghs Erklärung war entscheidend.
Das Ergebnis der Voruntersuchung wurde an den Staatsanwalt, einen Mann namens Holmer Stillé Cummings, weitergereicht. Cummings gehörte zu jenen Staatsanwälten, denen es nicht darum ging, Verurteilungen zu erlangen und bei seinen Wählern Sympa-

thie für den nächsten Wahltermin zu erringen. Ihm ging es um das Recht.
Als Israel sein Geständnis widerrief und erklärte, er sei am Ende der Vernehmungen bereit gewesen, alles zu gestehen, nur um der Qual ein Ende zu bereiten, legte Cummings diesen Widerruf nicht einfach zur Seite. Er verschaffte sich selbst einen Eindruck von Israel, fand ihn geistig zurückgeblieben, hilflos und leicht beeinflußbar. Und es dauerte nicht lange, bis er alle Zeugen unverantwortlicher und leichtfertiger Behauptungen überführt hatte. Es stellte sich sogar heraus, daß Israel ein Alibi für den Zeitpunkt des Mordes besaß.
Am Ende blieb nur ein Belastungsmoment übrig: Van Amburghs Schießgutachten. Cummings berief zunächst sechs andere Schußwaffenexperten zu sich. Die Experten wuchsen in jenen Tagen auf der flachen Hand. Es war, als wollte jeder Angestellte einer Waffenfabrik sich seinen Anteil an dem in Mode kommenden neuen Gebiet sichern. Ihre Methoden waren nicht besser oder sicherer als die Van Amburghs, und die Begründung ihrer Ansichten hätte in Waites oder Goddards Ohren höchst verwunderlich geklungen. Immerhin berichteten sie einstimmig, sie fänden keine Beweise dafür, daß die tödliche Kugel aus Israels Revolver stamme. Das veranlaßte Cummings, sich persönlich mit den Streifenfotografien Van Amburghs zu beschäftigen. Als er die Streifen so zurechtgezogen hatte, daß die ›Zeichen‹ an der Stelle, an der die Streifen sich trafen, übereinstimmten, hob er zufällig den freien Teil des Streifens der Mordkugel in die Höhe und betrachtete den darunterliegenden Teil des Testkugelstreifens. Was er sah, versetzte ihn in atemloses Erstaunen. Hier konnte von einer ›Übereinstimmung‹ der Zeichen nicht im entferntesten die Rede sein.
Cummings ließ Van Amburgh zu sich rufen. Vor seinen Augen wiederholte er das Experiment. Dann blickte er ihn schweigend, aber unheilverkündend an. Van Amburgh schwieg blaß und erschrocken. Betreten mußte er eingestehen, daß die Mordkugel nicht aus Israels Revolver gekommen war. Eine Erklärung für seinen furchtbaren Irrtum wußte er nicht. Aber sie lag auf der Hand. Er hatte sich mit oberflächlichem Augenschein begnügt.
Unterdessen hatten sich im Kampf um das Leben Saccos und Vanzettis alle legalen Möglichkeiten erschöpft, die Einleitung eines neuen Verfahrens zu erreichen. Die Flut der Proteste aus aller Welt brandete ihrem Höhepunkt entgegen. Eines hatten diese Flut und die lange Dauer der Auseinandersetzungen um ein neues Verfahren erreicht: Selbst Amerikaner, die in keiner Weise ›links‹ ein-

gestellt waren, spürten Zweifel an der Fairneß des Verfahrens. Es war bezeichnend, daß, als Moore, erschöpft und unsicher geworden, die Verteidigung niederlegte, an seine Stelle ein Angehöriger der Oberschicht von Neuengland trat: William Gooderich Thompson. Er war es, der sich an den Gouverneur von Massachusetts, Fuller, wandte. Am 1. Juli 1927 ernannte der Gouverneur ein Komitee dreier unabhängiger Männer, die (wie einst im Stielow-Fall) die Frage der Schuld oder Unschuld von Sacco und Vanzetti überprüfen sollten. An die Spitze des Komitees trat Abbott Lawrence Lowell, der zweiundsiebzigjährige Präsident der Harvard-Universität. Der Ablauf des großen Dramas näherte sich der letzten Entscheidung: Drei Tage später traf Calvin Goddard mit Helixometer, Mikrometer-Mikroskop und Vergleichsmikroskop in Dedham ein.

5

Goddard hatte während all der Jahre die Entwicklung der Schußwaffengutachten in Dedham beobachtet. Doch erst, als er seiner eigenen Sache völlig sicher war, im Frühjahr 1927, wandte er sich gleichzeitig an Anklage und Verteidigung. Er bot sich an, endlich ›unanfechtbare Klarheit‹ in der Schußwaffenfrage zu schaffen. Es entsprach dabei seiner exakten Art, daß er nicht von ›Schuld‹ oder ›Unschuld‹ der Angeklagten sprach, sondern ausschließlich davon, ob Mordkugeln oder Patronenhülsen wirklich aus Saccos Revolver stammten oder nicht. Die Antwort auf die Frage, ob Sacco den Revolver abgefeuert hatte, lag außerhalb von Goddards Bereich.
Die Verteidigung ließ Goddards Angebot unbeachtet. Thompson, der neue Verteidiger, war vom kühlen Neuengland-Mann zu einem leidenschaftlichen Parteigänger seiner Klienten geworden. Er war für Gegenargumente nicht mehr zugänglich. Vielleicht war das der Grund dafür, daß er sich in der Schußwaffenfrage weiter an ›Doc‹ Hamilton klammerte und alle Beweise für Hamiltons Unzulänglichkeit einfach nicht sehen wollte. Hamiltons Gutachten entsprach Thompsons Wünschen. Vielleicht ahnte er sogar, daß Hamiltons Gutachten falsch war. Aber er wollte kein anderes Gutachten mehr hören.
Im Gegensatz zu Thompson akzeptierte die Anklage Goddards Angebot. Thompson erklärte sich schließlich wenigstens bereit, einem neuen Test nichts in den Weg zu legen. Er selbst und Hamilton lehnten es jedoch ab, Zeugen dieses Tests zu sein. Aber der zweite Schießsachverständige der Verteidigung, Augustus Gill, Professor

an der Technischen Hochschule von Massachusetts, fand sich ein. Zum ersten Male erschien das Vergleichsmikroskop auf der Bühne eines gewaltigen Prozesses. Keiner der Anwesenden, außer Goddard, hatte bisher davon gehört.
Schon als Goddard seine Geräte vorführte, brach Gill fassungslos in die Worte aus, das Vergleichsmikroskop sei von solcher Einfachheit und Genauigkeit, daß er sich den Untersuchungsergebnissen unterwerfen werde, auch wenn seine bisherigen Anschauungen völlig entwertet würden.
Goddard berichtete später ausführlich über die lange und eingehende Untersuchung, die er an den vorhandenen Kugeln und Patronenhülsen sowie an zahlreichen Vergleichsgeschossen und an Saccos Pistole vornahm. Er arbeitete mit seiner üblichen Gründlichkeit, unberührt durch die Nervosität derer, die ihn umringten. Die Unruhe hinter seinem Rücken wuchs und wuchs. Endlich gab er sein Urteil bekannt. Es lautete: »Die Kugel III wurde aus Saccos Pistole abgefeuert und kann niemals aus einer anderen Pistole abgefeuert worden sein. Die Kugeln der sechs Winchester-Patronen, die bei Sacco gefunden wurden, entsprechen in ihrer Konstruktion der Kugel III. Die Patronenhülse W stammt unzweideutig aus Saccos Pistole. Die übrigen Kugeln und Patronenhülsen wurden aus anderen Waffen abgefeuert.«
Die Anwesenden hielten den Atem an. Aber als Professor Gill sich über das Vergleichsmikroskop beugte und die Ergebnisse Goddards überprüfte, stieß er mit bleichem Gesicht hervor: »Was kann ich dazu noch sagen!«
Gill, der im Frühjahr 1923 festgestellt hatte, die Mordkugel habe niemals den Lauf von Saccos Pistole passiert, kapitulierte vor der ungeahnten Exaktheit, die aus Goddards Methode sprach. Er teilte Thompson mit, er habe Grund, sein Gutachten von 1923 als Irrtum zu betrachten. Er sehe sich genötigt, jede weitere Beziehung mit der Verteidigung im Fall Sacco/Vanzetti zu lösen.
Nicht nur Gill widerrief sein Gutachten, sondern auch James Burns, der Schießsachverständige mit der ›dreißigjährigen Praxis in der US Cartridge Company‹, der als erster Experte der Verteidigung während des Prozesses im Juli 1921 behauptet hatte, die Mörderkugel III sei überhaupt nicht mit den Testkugeln aus Saccos Waffe zu vergleichen. Auch er gab seine früheren Ansichten auf. Er bekannte sich zu seinem Irrtum. Die Ergebnisse von Goddards Untersuchungen wurden dem Lowell-Committee übergeben.
Thompson war durch den Rückzug zweier seiner Sachverständigen zutiefst getroffen. Er klammerte sich um so verzweifelter an Hamil-

ton. Ja, er fand selbst jetzt noch einen zweiten Schießsachverständigen, der sich, wie Hamilton, selbst zum Experten ernannt hatte: Wilbur Turner. Thompson entwickelte eine neue Theorie, die bis in die Bereiche des Absurden vorstieß. Er behauptete, die Anklage habe zu Beginn des Prozesses die Mordkugel III und die Mord-Patronenhülse W selbst mit Hilfe von Saccos Pistole und Munition hergestellt! Die Kugel sei in ein Stück Fleisch geschossen worden, um eine echte Mordkugel vorzutäuschen. Wilbur Turner versuchte diese Theorie durch wirre Gutachten zu unterbauen. Doch dies war nur noch ein Nachgefecht.

Vor dem Lowell-Committee stießen Thompsons Experten beide auf Ablehnung, und Hamilton räumte endlich das Feld, als ihm ohne weitere Rücksichtnahmen seine früheren Fehlschläge, vor allem seine verhängnisvolle Rolle in der Stielow-Affäre, ins Gesicht geschleudert wurden. Goddards Auftritt hatte so überzeugend gewirkt, daß das Lowell-Committee seine Untersuchungsergebnisse als endgültig betrachtete – auch wenn es Goddards Namen in seinem abschließenden Bericht nicht ausdrücklich erwähnte.

Am 3. August 1927 lehnte Gouverneur Fuller auf Grund des Lowell-Berichtes ein Eingreifen in den Fall Sacco/Vanzetti ab. Am 23. August 1927 starben die beiden Verurteilten im Charleston-Gefängnis auf dem elektrischen Stuhl. Bis zuletzt beteuerten beide ihre Unschuld. Vanzetti starb mit den Worten: »Ich bin unschuldig.« Sacco rief: »Es lebe die Anarchie!« Niemand bestritt, daß beide bis zuletzt eine Haltung bewahrten, die auf ihre Art menschliche Achtung verdiente. Noch einmal rauschte der Sturm der Empörung durch die ganze Welt. Kommunistische und linkssozialistische Zeitungen erschienen mit schwarzen Trauerrändern. Neue Demonstrationszüge wälzten sich durch die Straßen der großen Städte. Noch fünf Jahre später flogen Bomben gegen Richter Thayers Haus. Erst dann verebbte der Sturm. Für die Propagandisten hatte der Mythos von Sacco und Vanzetti seine Pflicht getan. Für viele Intellektuelle aber blieb der Fall eine offene Wunde, und die Frage: »Waren sie schuldig oder nicht?« wurde noch nach Jahrzehnten immer wieder diskutiert.

Damit geriet auch Goddards Gutachten immer wieder in den Disput der Leidenschaften und Legenden* bis zum Jahre 1961, als es eine

* Goddard wurde von denjenigen, die mit nicht erlahmender Leidenschaft die Unschuld Saccos und Vanzettis verfochten, beschuldigt, in einem anderen Falle einen Revolver als Mordwaffe ermittelt zu haben, von der sich herausstellte, daß sie nicht die Tatwaffe sein konnte, weil sie zum Zeitpunkt des Mordes noch unverkauft in einem Waffengeschäft gelegen hatte.

bedeutsame Bestätigung durch die inzwischen zur anerkannten Wissenschaft gewordene forensische Ballistik fand.
Das Vergleichsmikroskop hatte sich inzwischen alle Polizeilaboratorien der Welt erobert. Im Oktober 1961 gingen zwei Ballistiker, die Amerikaner Jack Weller und Frank Jury, daran, Goddards Untersuchungsbefund aus dem Jahre 1927 zu überprüfen. Saccos Pistole war ebenso noch vorhanden wie die Kugeln und Patronenhülsen, die man in den Toten und am Tatort gefunden hatte. Weller und Jury verfeuerten neue Vergleichsgeschosse, und dann, nach der sorgfältigsten Untersuchung, die sie je durchgeführt hatten, kamen sie zu dem gleichen Ergebnis, zu dem Calvin Goddard im Jahre 1927 gelangt war: Die Kugel III und die Hülse W stammten aus Saccos Pistole. Es gab ›nicht den Deut eines Zweifels‹.
Nie hatten Calvin Goddards Befunde irgendwelche Hinweise auf Schuld oder Unschuld Vanzettis gegeben. Wohl dagegen sprachen sie für Saccos Schuld, und es war für den Chronisten nicht uninteressant, zu registrieren, daß diejenigen Akteure und Beobachter, die im Laufe der Jahrzehnte den Weg zu einer leidenschaftslosen Betrachtung gefunden hatten, ebenfalls zu der Überzeugung gelangten, daß Zweifel an Vanzettis Schuld möglich waren, an Saccos Schuld jedoch nicht. Wenn beide bis zuletzt ihre Unschuld beteuerten, so ließ sich das aus der Denkweise aktiver, fanatischer Anarchisten erklären, für die ein Raubüberfall zugunsten des Anarchismus kein Verbrechen bedeuten konnte. Selbst Moore, der die Italiener ebenso skrupellos wie leidenschaftlich verteidigt hatte, war in späteren Jahren nicht mehr von der Unschuld der beiden überzeugt, und Treska, der Führer der amerikanischen Anarchisten, der alles zur Verteidigung seiner Genossen aufgeboten hatte, erklärte 1943 kurz vor seinem Tode: »Vanzetti war unschuldig, Sacco war schuldig ...«

6

Als Weller und Jury im Jahre 1961 Goddards Ergebnisse von 1927 bestätigten, war Calvin Goddard seit sechs Jahren tot. Aber er selbst hätte dieser Bestätigung auch nicht mehr bedurft. Unermüdlich – ein Besessener, so hatte er seine Methode nach 1927 weiter ausgebaut. Auch ihm waren Rückschläge nicht erspart geblieben.

Es ergab sich jedoch, daß die Polizei erstens falsch bezeichnete Kugeln an Goddard weitergegeben und außerdem sein endgültiges Gutachten nicht abgewartet hatte, als sie einen Unschuldigen verhafteten.

Er erfuhr, daß selbst im Bereich seiner Methode noch einzelne Täuschungsmöglichkeiten existierten, die man vermeiden lernen mußte. Er lernte sie zu vermeiden.

Im Jahre 1929 war Goddards Ruf so groß, daß er in die von Verbrechen über Verbrechen heimgesuchte Stadt Chicago gerufen wurde, um bei der Aufklärung eines Massenmords zu helfen, der unter dem Namen ›St. Valentine's Day Massacre‹ in die Geschichte der Kriminalistik einging.

Am Morgen des 14. Februar 1929 waren in einer Garage an der North Clark Street in Chicago sieben Männer versammelt. Die meisten gehörten der sogenannten ›Bugs‹-Moran-Bande an, die in jenen chaotischen Jahren den Alkoholschmuggel auf der ›North-Side‹ von Chicago betrieb. Die Männer warteten auf ›Bugs‹ Moran, den Boß, der an diesem Morgen eine Ladung Alkohol in Empfang nehmen wollte.

Moran verspätete sich jedoch. Das rettete ihm das Leben. Um zehn Uhr dreißig drangen zwei Männer in der Uniform der Chicagoer Polizei, Pistolen in den Händen, in die Garage ein und befahlen: »Stellt euch an die Wand.« Hinter ihnen erschienen zwei Zivilisten, holten unter ihren Mänteln Maschinenpistolen hervor und schossen alle, die an der Wand standen, mit einem Kugelregen zusammen. Dann verließen sie die Garage, stiegen in einen Wagen und verschwanden.

Der Coroner* Dr. Herman N. Bundesen, eine Ausnahmeerscheinung, einer der wenigen ›Unbestechlichen‹ in der Verwaltung Chicagos, fand am Tatort sechs Tote, einen Sterbenden und nicht weniger als siebzig abgefeuerte Maschinenpistolen-Hülsen.

Eingeweihte waren sich bald im klaren darüber, daß ›Narben-Gesicht‹ Al Capone, der berüchtigtste ›Gangsterboß‹ Chicagos, hinter dem Überfall stand. Offenbar hatte Capone seinen Konkurrenten ›Bugs‹ Moran mitsamt seinen besten Männern auslöschen wollen. Natürlich war Al Capone zur Zeit der Tat nicht in Chicago. Aber einige seiner Leute, Jack McGurn, Fred Burke und Freddie Goetz, hatte man in der Nähe der Garage gesehen. Nachzuweisen war ihnen allerdings nichts. Coroner Bundesen wußte nur zu gut,

* Coroner: Bezeichnung für eine gewählte Persönlichkeit, der in angelsächsischen Ländern (in Städten und Bezirken) die Aufgabe zufällt, in Fällen plötzlichen oder unklaren Todes festzustellen, ob es sich um natürlichen oder gewaltsamen Tod handelt. Da vielfach keine medizinische Ausbildung vorgeschrieben war und ist, steht das Amt des Coroners (und der Jury, die er zur Unterstützung einberufen kann) seit Jahrzehnten im Feuer wachsender Kritik und ist in vielen Gebieten einer Wandlung unterworfen.

daß von der Polizei nicht allzuviel Hilfe zu erwarten war. In kaum einer anderen Stadt waren Politik, Polizei und Verbrechen in dieser Zeit so ineinander verfilzt wie hier. Bundesen rief eine eigene Jury aus wohlhabenden und unabhängigen Bürgern zusammen, um den Mord zu untersuchen. Diese Jury aber beschloß, Goddard nach Chicago zu rufen.

Als Goddard aus New York abreiste, ahnte er noch nicht, daß er der Erfüllung eines Traums seines Lebens entgegenfuhr: nämlich der Begründung eines leistungsfähigen Laboratoriums für wissenschaftliche Kriminalistik. Er hatte inzwischen erkannt, daß nur eine solche Institution in der Lage sein würde, dem chaotischen Treiben unfähiger Schußwaffenexperten ein Ende zu setzen. Nach der Überprüfung aller Kugeln und Hülsen, die am Tatort und in den Leichen gefunden worden waren, gab er sein Gutachten ab.

Bei dem Verbrechen waren zwei Maschinenpistolen der Firma Thompson vom Kaliber 45 benutzt worden. Die eine vom ›Magazintyp‹ mit zwanzig Schuß Ladung, die andere vom ›Trommeltyp‹ mit einer Ladung von fünfzig Schuß.

Am 14. Dezember 1929 wurde in San Joseph in Michigan ein Polizeibeamter von einem Autofahrer erschossen, den er wegen eines Verkehrsdelikts anhielt. Der Schütze entkam. Doch über die Zulassungsnummer des Wagens ließ sich seine Adresse feststellen. Die Wohnung, die man fand, gehörte einem Manne namens Dane. Bei der Durchsuchung der Wohnung öffneten die Polizisten auch einen Wandschrank und standen zu ihrer Überraschung vor einem ganzen Waffenarsenal – darunter auch zwei Thompson-Maschinenpistolen. Auf dem schnellsten Wege wurden die Waffen zu Goddard geschafft. Testkugeln flogen in Baumwollbehälter, und wieder saß Goddard stundenlang über sein Mikroskop gebeugt. Das Ergebnis: »Bei den gefundenen Waffen handelt es sich um die Maschinenpistolen, mit denen die Morde am St. Valentine's Day verübt worden sind.«

Wenige Tage später war auch der Flüchtige gefunden. Es handelte sich um Fred Burke, einen der Capone-Gangster, auf die von vornherein ein Verdacht gefallen war. Er hatte unter falschem Namen gelebt. Zu lebenslänglichem Zuchthaus verurteilt, verschwand er hinter Gittern. Vielleicht entrann er dadurch dem Schicksal, das ›Bugs‹ Morans rächende Hand den beiden anderen Verdächtigen bereitete: Freddie Goetz und Jack McGurn wurden bald darauf erschossen aufgefunden, und es bestanden nicht allzuviel Zweifel darüber, wo die Mörder zu suchen waren.

Der Eindruck, den Goddards Arbeit auf die einflußreichen Kreise und Herman Bundesen hinterließ, war so groß, daß sie beschlossen, ein Universitätsinstitut zu begründen, das den Namen ›Scientific Crime Detection Laboratory‹ erhielt. Seine Aufgabe: Der Woge des Verbrechens mit wissenschaftlichen Methoden zu begegnen und junge, noch nicht korrumpierte Polizisten mit den Methoden der forensischen Ballistik vertraut zu machen. Sein Direktor: Calvin Goddard. Goddard wußte genau, daß er das eigene Laboratorium in New York und die Grundlagen seiner bisherigen Existenz zunichte machen würde, wenn er seine Methoden an zahllose junge Menschen weitergab. Er, der bisher der alleinige Meister war, würde bald nur noch einer unter vielen sein. Doch das berührte ihn nicht. Draußen in Evanstone, im Campus der North Western University, baute er sein Laboratorium auf. Jahrelang sah man ihn niemals ohne Revolverhalfter – selbst während des Mikroskopierens nicht. Ein bewaffneter Wächter war stets in der Nähe und erschien sofort, wenn irgendwo ein Schuß fiel – auch wenn es sich um Goddards Probeschüsse handelte. »Alles okay, ich mache nur einen Test«, war Goddards ständige Redensart. Niemand wußte, ob die Banden von Chicago nicht doch einmal versuchen würden, das Institut und seinen Direktor heimzusuchen. Goddards Laboratorium wurde zu einer der frühen großen Lehrstätten wissenschaftlicher Kriminalistik in Amerika. In vier Jahren untersuchte Goddard 1400 Schußwaffenfälle. Die Schüler verbreiteten seine Lehren. Als 1934 die große Wirtschaftskrise die finanziellen Grundlagen des Instituts erschütterte, arbeitete Goddard noch ein Jahr ohne Bezahlung weiter. Sein neuester Traum war: Ein großes zentrales Laboratorium der forensischen Ballistik in Washington, ein Laboratorium, das für ganz Amerika arbeitete und in dem jeder noch so unbedeutende Polizeichef in Schußwaffenfragen Hilfe und Unterstützung finden konnte. Als Goddard 1934 sein Amt verließ, sah er auch die Erfüllung dieses Wunsches vor Augen: Edgar Hoover in Washington richtete gerade in seinem früher geschilderten zähen Kampf um die Verbesserung der amerikanischen Polizei ein eigenes Institut des FBI für forensische Ballistik ein. »Zum ersten Male«, rief Goddard in dieser Stunde aus, »hat Amerika die Führung auf einem Gebiet der wissenschaftlichen Kriminalistik übernommen.«

7

Hatte Goddard recht? Hatten die Vereinigten Staaten durch Waite, Gravelle und Goddard tatsächlich die Alte Welt überholt?
Der Sturm des ersten Weltkrieges hatte auch in Europa das Gesicht

des Verbrechens verwandelt. Sicherlich war es eine Übertreibung, wenn Pazifisten in den zwanziger Jahren die These verkündeten, Mörder seien nur deshalb Mörder, weil der Krieg sie das Morden gelehrt und den Mord zur vaterländischen Tat geläutert habe. Aber es blieb eine Tatsache, daß der Krieg durch die Massenproduktion an Gewehren und Pistolen und den Massenunterricht im Schießen die Schußwaffen in ganz anderem Maße als früher zum Werkzeug des Verbrechens hatte werden lassen. Auch in Europa zwang die Notwendigkeit, immer mehr Schußwaffenverbrechen aufzuklären, dazu, sich eingehender als früher mit der forensischen Ballistik zu befassen. Die Pioniere der Vorkriegszeit und ein Nachwuchs an Wissenschaftlern und Technikern gingen wieder an die durch den Krieg unterbrochene Arbeit – oft genug mit den bescheidensten Mitteln.

In Luxemburg griff Pierre Medinger im Jahre 1919 die Spurenuntersuchung an Patronenhülsen wieder auf. Dr. G. de Rechter, der 1920 die Leitung einer neugegründeten belgischen ›Ecole de Criminologie et de Police scientifique‹ übernahm, und Oberstleutnant Mage, Professor an der belgischen Kriegs- und Militärschule, wurden bedeutende europäische Pioniere auf diesem Gebiet. Jahr um Jahr arbeiteten sie, Patronenhülsen abdrückend, fotografierend, mikroskopierend, Bleigeschosse vergoldend, um bessere Fotografien zu erzielen. Sie trugen wesentlich dazu bei, daß sich die europäische Schußwaffenidentifizierung lange Zeit weit mehr als die amerikanische mit der Patronenhülse beschäftigte. In Paris machte sich Professor Balthazard wieder an seine Arbeit. Locard in Lyon ging seine eigenen Wege. In Holland berichteten Kriminalisten und Chemiker wie Hulst und van Ledden Hulsebosch über ihre Versuche. In Athen experimentierte der Grieche Georgiades. Die Russen Matwejeff und Suskin traten mit mehreren wissenschaftlichen Arbeiten über Schußwaffenuntersuchungen hervor, ebenso der Pole Sobolewski. In Deutschland forschten und experimentierten: August Brüning und Dr. Kraft in Berlin, Friedrich Pietrusky vom Gerichtsmedizinischen Institut der Universität Breslau, der Polizeirat Waizenegger vom Polizeipräsidium in Stuttgart sowie Otto Mezger, Direktor des Chemischen Untersuchungsamtes der Stadt Stuttgart. Otto Mezger, ein leidenschaftlicher Jäger, den ursprünglich diese Passion zur forensischen Ballistik getrieben hatte, entwarf selbst seine Apparate und ließ sie in den Werkstätten seines Freundes, des berühmten Robert Bosch, herstellen. Schritt um Schritt eroberten sich diese Männer das neue Feld. Sie rollten Kugeln in Plastilin, auf Kohlepapier und Zinnfolien, auf Bleiplatten und in zahnärztlicher

Abdruckmasse. Sie formten das Innere von Waffenläufen nach, öffneten den Mantel von Kugeln und breiteten ihn auseinander, um ein besseres Bild der Kugel zu bekommen. Sie schufen sogar Apparate, die – wie Seismographen – mit empfindlichen Nadeln die Oberfläche rotierender Kugeln abtasteten und alle Unebenheiten wie Fieberkurven sichtbar machten. Sie feuerten Probegeschosse ab und suchten lange nach der besten Möglichkeit, diese Geschosse unbeschädigt wieder aufzufangen: in Weichholz, in Wachsplatten, in Kisten voller Watte, Körben mit Lumpen und Erde, in dicken Büchern oder Röhren, die mit Wasser gefüllt waren. Sie fotografierten mit und ohne Mikroskop, bei künstlichem Licht, im Tageslicht und mit gewölbten Kassetten, um die Rundungen von Kugeln und Hülsen genauer zu erfassen. Sie klebten Mikrofotografien zum Vergleich nebeneinander oder übereinander. Otto Mezger und seine Mitarbeiter Hees und Hasslacher beschritten von 1923 an den gleichen Weg, den Waite vier Jahre vorher eingeschlagen hatte: Sie sammelten alle erreichbaren Typen von Handfeuerwaffen und Geschossen und maßen und katalogisierten die charakteristischen Merkmale. So schufen sie schließlich einen ›Pistolen-Atlas‹, der zwar nicht wie Waites Sammlung 1500 Waffen umfaßte, sondern lediglich 100, aber auf dem engeren Boden Europas große Bedeutung gewann.

Aber bis zu einem Punkt drangen die Pioniere in Europa nicht vor: Der Schritt bis zum echten Vergleichsmikroskop blieb ihnen versagt. Otto Mezger wandte sich im Verlauf seiner Arbeiten an die Firma Leitz und erkundigte sich, ob es möglich sei, eine Apparatur zu entwickeln, in der zwei Kugeln gleichzeitig inspiziert werden könnten. Aber bevor seine Gedankengänge zur Reife gelangten, kam Gravelles Erfindung über den Atlantik, aus der Neuen in die Alte Welt.

Eine jener sonderbaren, unkontrollierbaren Launen, wie sie uns in der internationalen Verknüpfung der Wissenschaft sooft begegnen, ließ das Vergleichsmikroskop auf seinem Weg nach Europa allerdings einen Umweg machen – einen schwer verständlichen, aber aktenkundigen Umweg über das Mittelmeer, über Kairo in Ägypten.

Seit dem Jahre 1917 leitete der Schotte Sydney Smith die Gerichtsmedizinische Abteilung des ägyptischen Justizministeriums. Die gerichtsmedizinische Untersuchung aller größeren Verbrechen, die sich am Nil ereigneten, ging durch seine geschickten Hände – eine einzigartige Situation. Mit Stolz konnte Smith in seinen Lebenserinnerungen vermerken: »Binnen weniger Jahre hatten wir die vermutlich schönsten gerichtsmedizinischen Laboratorien der Welt.«

Kaum jemand wußte davon. London, Paris, Berlin, Rom - das waren jedermann geläufige Zentren der Kriminalistik, aber Kairo?
Seit 1905 begehrte der ägyptische Nationalismus gegen die Herrschaft der Engländer auf, und 1919 begann eine niemals mehr ganz abreißende Kette revolutionärer Ausbrüche. »Als der Tumult seinen Höhepunkt erreicht hatte«, erinnerte sich Smith einige Jahrzehnte später, »wurde meine Leichenhalle zu klein.« Nicht nur Engländer, auch Ägypter wurden mehr oder weniger wahllos niedergeschossen. Aussagewillige Zeugen gab es so gut wie nie. Das war die Situation, die Sydney Smith dazu trieb, sich wie viele Gerichtsmediziner in Europa, dem für ihn völlig neuen Feld der Schußwaffenidentifizierung zu verschreiben. Wenn die Zeugen schwiegen, dann mußten eben Kugeln und Patronen auch in Ägypten gegen die Mörder zeugen.
Als er mit der Arbeit begann, wußte er nicht mehr oder weniger, als Waite oder Calvin Goddard in ihren ersten Anfängen gewußt hatten. Aber die Zahl der Toten, der Patronen und Kugeln, die in sein Institut geschleppt wurden, gab ihm reichlich Gelegenheit, schnell und gründlich zu lernen. Er wies ägyptischen Regierungsstellen nach, daß Patronen, die bei einem Aufstand verschossen worden waren, aus den Beständen der eigenen Polizei stammten. Das verschaffte ihm manche Feinde. Doch er ließ sich nicht beirren.
1924 las er durch Zufall einen kleinen Bericht darüber, daß in New York Waite und Gravelle zwei Mikroskope zusammengebaut hatten, um Kugeln zu vergleichen. Smith machte sich sofort an die Arbeit und bastelte sein erstes Vergleichsmikroskop. Glücklicherweise zur rechten Zeit, denn nur wenige Wochen später überraschte ihn ein aufsehenerregendes Ereignis, das sein Können auf die entscheidende Probe stellte.
Am 19. November 1924 wurde Sir Lee Stack Pascha, der britische ›Sirdar‹ oder Oberbefehlshaber der ägyptischen Armee, in den Straßen Kairos erschossen. Im Zentrum der Stadt mußte sein Wagen ein paar Straßenbahnschienen überqueren. Das Auto fuhr langsamer, und im gleichen Augenblick eröffneten mehrere Attentäter das Feuer. Schießend liefen sie noch ein Stück hinter dem Wagen her und verschwanden mit einem wartenden Taxi ›spurlos‹. Der Sirdar starb an inneren Blutungen, seine Begleiter wurden verwundet.
Sydney Smith eilte an den Tatort. Dort fand er neun Patronenhülsen. Aus den Opfern selbst wurden sechs Kugeln herausoperiert. Mittlerweile hatte Smith Erfahrung genug gesammelt, um recht schnell zu konstatieren, daß alle Patronenhülsen aus automatischen

Pistolen vom Kaliber 32 stammten, aber aus drei verschiedenen Pistolentypen! Drei Hülsen zeigten den charakteristischen ›Griff‹ der Auswerferkrallen einer Colt-Pistole. Die Kugeln hatten ebenfalls das Kaliber 32. Fünf von ihnen waren durch Feilen der Spitze in sogenannte Dumdum-Geschosse verwandelt worden, die in den Körpern von Getroffenen besonders verheerende Wirkungen hervorriefen. Die Kugeln kamen ebenfalls aus drei verschiedenen Pistolentypen: erstens aus dem schon genannten Colt mit sechs linksgedrehten Zügen, zweitens aus einer Mauser-Pistole mit vier rechtsgedrehten Zügen und drittens entweder aus einer Browning- oder Sûreté-Pistole mit sechs rechtsdrehenden Zügen. Der Colt mußte in schlechtem Zustand gewesen sein. Die normalen Züge waren nur schwer zu erkennen. Außerdem befand sich auf den Kugeln eine merkwürdige Rille. Sie verriet einen Fehler an der Mündung des Colts. Smith dachte über die Rille nach. Irgendwo hatte er sie schon gesehen. Ja, er war überzeugt, sie nicht nur einmal, sondern schon sehr häufig gesehen zu haben. Er begab sich in seine Sammlung von Kugeln. Dort waren in wenigen Jahren Hunderte, ja Tausende von Geschossen zusammengetroffen. Stück um Stück verglich er sie mit den Colt-Kugeln, die auf den Sirdar abgefeuert worden waren. Kein Zweifel: Die gleiche Colt-Pistole, die bei dem jüngsten Attentat benutzt worden war, hatte schon zu zahlreichen anderen Morden und Mordversuchen gedient ...

Unterdessen suchte die ägyptische Polizei auf altbewährte Weise durch Spitzel nach den Tätern. Die Spitzel meldeten schließlich, die Täter gehörten zu einer nationalistischen Gruppe unter Führung des Advokaten Shafik Mansur. Etwas später wurden auch die Namen zweier Attentäter bekannt. Es handelte sich um die Brüder Enayat. Es gab allerdings nicht die Spur eines Beweises gegen sie. Smith versprach jedoch Beweise zu liefern, sofern man ihm die Waffen der Attentäter besorgte.

Smith selbst verfiel auf eine Möglichkeit, in den Besitz der Waffen zu gelangen. Durch einen weiteren Polizeispitzel wurden die verdächtigen Brüder vor einer drohenden Verhaftung gewarnt. »Flieht nach Tripolis«, war die Parole. Und die beiden ließen sich wirklich zur Flucht verleiten – zur Flucht mit der Eisenbahn durch die Wüste. Wüstenpolizei hielt den Zug an, verhaftete die Enayats und durchsuchte sie nach Waffen. Dabei fielen aus einem Obstkorb vier Pistolen heraus.

Begierig wartete Smith in seinem Laboratorium auf die Beute. Zwei Pistolen schieden von vornherein als Tatwaffen aus. Sie hatten das Kaliber 25. Die anderen beiden jedoch besaßen das gesuchte Kaliber. Es handelte sich um eine Pistole der Marke Sûreté und einen Colt. Laut hallten Smith' Probeschüsse durch den Hof seines stillen Instituts. Und aus Körben mit Baumwolle wanderten die Kugeln unter das Vergleichsmikroskop. Hätte Smith damals über noch mehr Erfahrung verfügt – er wäre gewiß zu einem noch umfassenderen Ergebnis gelangt. So war er sich beim Vergleich der Pistolenkugeln und der Probekugeln aus der Sûreté-Pistole nicht ganz sicher. Erst der Vergleich von Hülsen und Patronen zeigte, daß die Sûreté-Pistole an dem Attentat auf den Sirdar benutzt worden war. Die Entscheidung aber fiel, als er die Probekugeln aus dem Colt untersuchte. Da war die Rille, die er sooft gesehen hatte. Weil Smith stets eilfertige Entscheidungen mied, untersuchte er noch mehrere Dutzend anderer Colt-Pistolen. Erst als er die Rille nirgendwo sonst fand, meldete er dem ungeduldig wartenden Polizeichef von Kairo, daß die Kugel, die Sir Lee Stack Pascha getötet hatte, aus dem Colt der Brüder Enayat abgefeuert worden war.

Zum ersten Male sahen sich in Ägypten politische Mörder dem stummen und doch so beredten Zeugnis ihrer eigenen Kugeln gegenüber. Auf die anfängliche Ungläubigkeit folgten bei den Brüdern Enayat Fassungslosigkeit, Zusammenbruch, Geständnis. Sie verrieten ihre Komplizen: Shafik Mansur und Mahmoud Rachid. In Rachids Haus fand man Sägen, Feilen und zwei Schraubstöcke, deren Backen mit Zinkblenden verkleidet waren. An den Zinkblenden konnte Smith nachweisen, daß runde Gegenstände von der Größe der 32er-Patronen eingespannt gewesen waren. In den Scharnieren der Schraubstöcke hatte sich Metallstaub – Blei, Kupfer und Nickel – abgelagert, der sich als identisch mit Feilspänen der Mordgeschosse erwies. Auf diese Weise ließ sich zeigen, daß die Mordkugeln in Rachids Haus zu Dumdum-Geschossen zurechtgefeilt worden waren.

Ende Mai 1925 stand Sydney Smith in einer für ihn charakteristischen Haltung – in einer Hand den Colt des Mörders, in der anderen sein Einglas, als Sachverständiger vor Gericht. Er war der letzte Zeuge der Anklage. Seine Aussage brachte die Entscheidung.

8

Von Kairo aus tat das Vergleichsmikroskop seinen letzten großen Sprung auf dem Weg nach Europa. Allerdings, es wählte auch jetzt noch nicht den direkten Weg zum Kontinent, sondern wanderte zunächst nach London.

Ein von Smith verfaßter Aufsatz über den Sirdar-Fall, der 1926 im

›British Medical Journal‹ in London erschien, machte auf das Vergleichsmikroskop aufmerksam. Er wurde von einem Mann gelesen, der sich ebenfalls seit längerer Zeit mit den Geheimnissen der Schußwaffenuntersuchung befaßte: Robert Churchill in London. Robert Churchill war keiner der beamteten Wissenschaftler und Kriminalisten, wie sie das Bild der Kriminalwissenschaft auf dem Kontinent mehr und mehr bestimmten. Er war in gewissem Sinne das, was man ein Original nennt, ein Mann von vierzig Jahren, mit mächtigen, vom Schießhandwerk gestählten Schultern und etwas bulligem Gesicht. Büchsenmacher von Beruf, hatte er aus einer kleinen Werkstatt, die Gewehre zum Taubenschießen herstellte, eine der angesehensten britischen Fabrikationsstätten für hochwertige handgefertigte Schußwaffen entwickelt, die jetzt seinen Namen trug. Seine Geschäftsräume an der Ecke der Orange Street, nächst dem Leicester Square im Westend von London, besaßen eher die Atmosphäre eines englischen Clubs. An den Wänden hingen Stücke aus seiner kostbaren Waffensammlung. Davor türmten sich die Pakete mit Waffensendungen in alle Teile des britischen Weltreichs. Hier empfing Churchill seine Kunden und Freunde aus England, aus Indien und Südafrika. Von hier aus ging er mit ihnen zur Jagd.
Im Jahre 1910 hatte ihn ein englisches Gericht zum ersten Male als Schießsachverständigen in einem Mordverfahren zugezogen. Seither galt es mehr und mehr als eine Selbstverständlichkeit, daß in Fragen der forensischen Ballistik Robert Churchill um Rat gefragt wurde. In Schußwaffendingen zweifellos erfahren, ständig experimentierend, aber ebensowenig wie die anderen Experten jener Tage (von den Scharlatanen gar nicht zu reden) im Besitz zuverlässiger Untersuchungsmethoden, hatte er sich den Ruf erworben, der beste sachverständige Zeuge Großbritanniens auf seinem Gebiet zu sein, und die Ankläger wußten seine Wirkung zu schätzen, wenn es ihnen darum ging, die Geschworenen zu überzeugen.
Churchill hatte kaum Smith' Bericht über den Sirdar-Fall gelesen, als auch er sich ein Vergleichsmikroskop bauen ließ. Ja, er tat ein Weiteres. Er reiste nach New York und suchte Goddard persönlich auf. Churchills Mikroskop war keineswegs ein Meisterwerk, aber es erfüllte seinen Zweck. Und wie für Goddard spielte der Zufall auch für Churchill seine Rolle, indem er ihm zur richtigen Stunde den aufsehenerregenden Mordfall lieferte, in dem er dem Vergleichsmikroskop und der forensischen Ballistik zu einem ebenso aufsehenerregenden Start in Großbritannien verhalf. Es handelte sich um den Mord an Konstabler Gutteridge in der Nacht vom 26. auf den 27. November 1927.

Der frühe Morgen jenes 27. November war neblig trüb. Als der Postfahrer von Stapleford Abbas in Essex, ein Mann namens Ward, die Ramford Ongar Road entlangfuhr, sah er einen Polizisten in einer Blutlache am Straßenrand liegen. Sein Notizbuch lag auf dem Boden, neben dem vom Kopf gefallenen Helm. Die Rechte hielt noch den Bleistift, mit dem der Polizist anscheinend eine Eintragung hatte machen wollen. Es gab keinerlei Anzeichen für einen Kampf. Die linke Wange des Konstablers zeigte zwei Einschüsse. Eine Kugel war am Hinterkopf, die andere auf der rechten Seite wieder ausgetreten. Ungewöhnlich und grausig zugleich wirkte die Tatsache, daß der Mörder noch zwei weitere Kugeln abgefeuert hatte, eine in jedes Auge des Konstablers. Es war, als hätte er einen anklagenden Blick des Sterbenden auslöschen wollen. Ward war vor Entsetzen wie gelähmt. Er kannte den Toten. Es war Konstabler Gutteridge.

Der Chef der ländlichen Essex-Constabulary rief Scotland Yard zu Hilfe. Aus London erschien Chefinspektor Berrett. Der schwere, breite, vollbärtige Scotland-Yard-Mann genoß damals schon einiges Ansehen. Doch der Fall Gutteridge wurde für ihn der Fall seines Lebens, dem er später in seinen Memoiren das Einleitungskapitel widmete. Entscheidend allerdings war, daß Berrett nicht zu der alten Polizeigarde gehörte, die technischen und wissenschaftlichen Errungenschaften ablehnend gegenüberstand.

Berrett besichtigte den Tatort, fand den Abdruck eines Autoreifens in der grasbestandenen Erde am Straßenrand und kombinierte auf recht eindrucksvolle Art und Weise. Die Straße war bei Nacht nicht beleuchtet. Gutteridges Taschenlampe aber steckte in seinem Rock. Wenn Gutteridge hatte schreiben wollen, brauchte er Licht. Hatten vielleicht die Scheinwerfer eines Autos ihm dieses Licht geliefert? Hatte er die Autonummer eines verdächtigen Wagens aufschreiben wollen?

Kurz darauf wurde gemeldet, daß in der vergangenen Nacht in Billericay der Wagen des Arztes Dr. Powell mitsamt der Arzttasche gestohlen worden war. Berrett sah darin eine Bestätigung, daß er sich auf dem richtigen Weg befand. Es dauerte nicht lange, dann war der gestohlene Wagen gefunden. Die Diebe hatten ihn in einer abgelegenen Straße stehenlassen – anscheinend in großer Hast. An den Rädern klebten Spuren von Erde und Gras. Auf dem Trittbrett neben dem Führersitz befanden sich Blutflecke, und hinter dem linken Vordersitz entdeckte ein Polizeisergeant eine abgeschossene Patronenhülse. Weil Berrett das eine oder andere über die Möglichkeiten der forensischen Ballistik gehört hatte, sorgte er

dafür, daß die Patronenhülse einer ballistischen Untersuchung zugeführt wurde. Das gleiche geschah mit drei Kugeln, die in und bei der Leiche des Ermordeten gefunden wurden. Mit der Untersuchung wurden betraut: Henry Ibbitson, William Fox und Henry Perry, Waffenprüfer des Königlichen Arsenals und der Königlichen Handwaffenfabrik in Enfield Lock – in erster Linie aber Robert Churchill aus London.
Die Waffenprüfer waren in der Lage festzustellen, daß die Kugeln, die Gutteridges Augen zerstört hatten, aus Patronen stammen mußten, die seit einigen Jahrzehnten nicht mehr hergestellt wurden. Die Gesichtsschüsse dagegen gingen auf modernere Geschosse mit rauchlosem Pulver zurück. Auch die gefundene Patronenhülse ließ sich leicht identifizieren. Sie besaß das Kaliber 455 und stammte aus einem Dienstrevolver der Typen Colt, Webley oder Smith & Wesson. Um welchen Typ es sich im einzelnen handelte – das allerdings fanden die Waffenprüfer nicht heraus. Hier aber – genau hier, sprang Churchill zum ersten Male mit dem Vergleichsmikroskop in die Bresche. Obwohl die Mordkugeln durch den Aufprall auf die Schädelknochen stark deformiert waren, lieferten sie ihm ein so charakteristisches Bild, daß der Vergleich mit Testgeschossen aus Colt-, Webley- und Smith-&-Wesson-Waffen möglich wurde. Das Vergleichsmikroskop fällte die Entscheidung: Alle Kugeln waren aus einem Webley-Revolver abgefeuert worden.
Berrett und einige Dutzend anderer Beamter machten Jagd auf den Webley-Revolver. In Hammersmith wurde ein Webley gefunden, den irgend jemand fortgeworfen hatte. Der eine oder andere Waffenprüfer neigte zu der Annahme, daß die in dem Mörderauto gefundene Patronenhülse aus diesem Revolver stamme. Es schien Übereinstimmungen zwischen den Linien auf dem Hülsenboden und dem Stoßboden des Revolverschlosses zu geben. Vergrößerte Fotografien (wie oft hatten sie schon zu Täuschungen geführt!) bestärkten diese Annahme. Churchill aber jagte seine Testgeschosse durch den gefundenen Webley. Sie wanderten Seite an Seite mit den Mordkugeln unter das Vergleichsmikroskop und – das Bild war völlig anders. Der Webley-Revolver aus Hammersmith konnte niemals die Mordwaffe sein. Nicht nur Churchill beugte sich über das Vergleichsmikroskop – auch die Waffenprüfer taten es und mußten sich korrigieren.
Von neuem begann die Jagd. Berrett sah sich von der Erinnerung an Gutteridges leere Augenhöhlen verfolgt. Wer diese Schüsse abgefeuert hatte, mußte – so meinte er – besonders gewalttätig und gefühllos sein. Er überprüfte die Liste bekannter Gewaltverbrecher

und stieß gleich am Anfang auf den Namen Frederick Guy Browne. Browne hatte bereits mehrere Strafen verbüßt. Er war ein aufsässiger, gewalttätiger Typ. Zeitweise hatte er einen zweifelhaften Autohandel in der Nähe des Tatortes betrieben. Jetzt unterhielt er eine kleine Reparaturwerkstätte in Buttersea. Berrett ließ ihn beobachten, fand aber keinen Grund, ihn zu verhaften und die Garage zu durchsuchen – bis Browne Ende Januar 1928 ein gestohlenes Auto verkaufte. Jetzt griff Berrett zu. Als er Brownes Werkstätte betrat, stieß er auf einen zweiten Wagen. In diesem Wagen lagen nicht nur Instrumente aus Dr. Powells Ärztetasche, sondern ein geladener Webley-Revolver mit einer großen Menge Munition. Browne beschwor seine Unschuld: Gutteridge war ihm angeblich gänzlich unbekannt. Den Webley-Revolver wollte er im April des vergangenen Jahres gekauft haben.

Am folgenden Morgen beschäftigten sich Churchill und die Waffenprüfer mit der Beute. Churchills Vergleichsmikroskop lieferte überraschend schnell die entscheidenden Verbindungsglieder. Die Zeichnung der Mordkugeln entsprach der Zeichnung auf den Testgeschossen, die er durch den Webley feuerte. Da die Kugeln aber deformiert waren, verzichtete Churchill darauf, sie den Geschworenen als Beweismittel vorzuführen. »Wenn die Geschworenen«, erklärte er, »zum erstenmal mit den Ergebnissen des Vergleichsmikroskops konfrontiert werden, darf es für sie überhaupt keine Möglichkeit zu Einwänden geben. Sie müssen überzeugt sein.«

Daraus sprach der ›Weise des Zeugenstandes‹. Die nötige Überzeugungskraft aber lieferte der Vergleich zwischen dem Webley und der Patronenhülse aus dem Mordauto. Die Muster auf dem Stoßboden des Webley und dem Boden der Hülse stimmten vollständig überein. Um völlig sicherzugehen, untersuchte William Fox, der Waffenprüfer aus Enfield Lock, die Stoßböden sämtlicher 1374 Handfeuerwaffen, die sich in den Königlichen Werkstätten gerade zur Reparatur befanden. Erst als er nicht einen einzigen Stoßboden fand, dessen Zeichnung derjenigen auf dem Hülsenboden entsprach, war er überzeugt.

Noch während die Waffenuntersuchung im Gange war, verhaftete Berrett einen Mann namens Kennedy, der oftmals mit Browne zusammen gesehen worden war. Kennedy versuchte auf die Polizeibeamten zu schießen, aber die Waffe versagte. Auch sie wurde untersucht. Es ergab sich aber, daß zwischen ihr und den Mordgeschossen keine Beziehung bestand. Doch das spielte keine Rolle mehr – denn Kennedy gestand, mit Browne zusammen Dr. Powells Wagen gestohlen zu haben. Konstabler Gutteridge hatte die beiden

angehalten, und Browne erschoß den ahnungslosen Polizisten aus dem Wagen heraus.
Am 23. April 1928 eröffnete Richter Avory in Old Bailey das Verfahren gegen Browne und Kennedy. Zum erstenmal hielt die moderne forensische Ballistik Einzug in das traditionsbeladene alte Haus. Das Vergleichsmikroskop lieferte Schlagzeilen. Über seine erfolgreiche Anwendung wurde noch gesprochen, als die beiden Angeklagten – zum Tode verurteilt – am 31. Mai 1928 in den Gefängnissen von Pentonville und Wandsworth starben. Natürlich meldeten sich auch jetzt noch einige Zweifler, denen die Beweisführung durch das Mikroskop unheimlich und undurchsichtig vorkam. Zu ihnen gehörte G. B. Shaw, der sich so gerne bei allen erdenklichen Gelegenheiten zu Wort meldete. In einem offenen Brief sprach er von »fabrizierten Kratzern an Pistolen und Patronen, um Geschworene zu beeindrucken«. Aber seine Äußerungen verhallten vor der Wirklichkeit. Diesmal hatte Churchill sich nicht geirrt, und zu Recht heftete sich an ihn der Ruf, die forensische Ballistik in Großbritannien eingeführt zu haben.

9

Von London führte der Weg weiter. Der Schwede Söderman war der nächste, der in seiner Heimat ein Vergleichsmikroskop baute. Dann folgten Edmond Locard in Lyon, Mezger in Stuttgart, Kraft in Berlin. Im Jahre 1930 wurden in Europa vorübergehend mehr Vergleichsmikroskope verwendet als in Amerika, wo die Methode zwar entstanden war, die wissenschaftliche Kriminalistik aber noch nicht den Stand der Entwicklung in Europa erreicht hatte.

Nachwort

Das vorliegende Taschenbuch ›Die Stunde des Kain‹ bildet den ersten Teil der insgesamt dreibändigen Taschenbuchausgabe des Originalwerkes ›Die Stunde der Detektive‹, das 1964 zum ersten Male erschien und seither in zahlreichen Sprachen und Auflagen über die ganze Welt verbreitet ist. Der Umfang des Werkes, das selbst wiederum nur den in sich abgeschlossenen ersten Teil einer vierbändigen allgemeinverständlichen Darstellung der Höhepunkte in der Geschichte der Kriminalistik bildet, machte eine solche Dreiteilung erforderlich. Im vorliegenden Taschenbuch wurden zwei der vier Hauptkapitel des Originals, ›Das unauslöschliche Siegel‹ und ›Die Ballade von der Mörderkugel‹, zusammengefaßt.

Wie bei der Originalausgabe wurde auch bei der Taschenbuchausgabe Wert darauf gelegt, daß jeder Band in sich geschlossen und einzeln lesbar ist.

Der Verfasser hält es für richtig, jedem Taschenbuchband das Nachwort der Originalausgabe ›Das Jahrhundert der Detektive‹ anzufügen, weil es einen Überblick über Entstehung und Ziele des Gesamtwerkes gibt. Es lautet:

Wer mit gutem Gewissen von sich sagen kann, er habe im Laufe vieler Jahre die vorhandene internationale Literatur über die Kriminalpolizei und ihre, mit dem Begriff ›Kriminalistik‹ umschriebene Arbeit gelesen, sieht sich ein wenig verwundert der Tatsache gegenüber, daß über die geschichtliche Entwicklung dieser Kriminalistik nur wenige literarische ›Bruchstücke‹ existieren. Die Verwunderung ist um so größer, als die Geschichte des Bemühens der menschlichen Gesellschaft, sich mit Hilfe ihrer Kriminalpolizeien gegen ihren naturgegebenen Antagonisten, die Kriminalität, zur Wehr zu setzen, zu den dramatischsten Stoffen gehört, welche das Leben der Völker, der Gesellschaft und des Menschen zu bieten hat.

Im angelsächsischen und französischen Schrifttum gibt es zwar zahlreiche Bücher über Kriminalfälle, viele Memoirenbände von Juristen, Polizeibeamten, Kriminalisten oder Gerichtsmedizinern, und die Fülle der Fachveröffentlichungen über Einzelprobleme der Kriminalistik ist kaum noch zu übersehen. Aber nirgendwo wurde über die erwähnten Bruchstücke hinaus der Versuch unternommen, eine Geschichte der internationalen Kriminalpolizei und ihrer Arbeitsmethoden zu schaffen.

Nach der Niederschrift von ›Das Jahrhundert der Detektive‹ glaubt der Verfasser einige Gründe für die Enthaltsamkeit auf diesem Gebiet zu kennen. Allein der Sammlung der Quellen stellen sich ungewöhnliche Schwierigkeiten entgegen, die ohne große Hilfsmittel nicht zu überwinden sind. Sie führt – wenn man von einigen wenigen Gebieten absieht – in Neuland und in ein weithin unerforschtes ›Gebirge von Stoff‹ hinein. Viele, über die Welt verteilte Mosaiksteinchen müssen zusammengefügt werden. Aus der Vielseitigkeit des Stoffes ergibt sich die Notwendigkeit zum Studium nicht nur der Quellen über Entstehung, Aufstieg und Arbeit der Kriminalpolizei vieler Länder, sondern auch zahlreicher Einzelwissenschaften, die zum unlösbaren Bestandteil kriminalistischer Arbeit wurden. Ohne das Studium von Daktyloskopie, Pathologie und Serologie, Chemie und Physik, Toxikologie, Biologie und Mikrobiologie wäre es schlechterdings unmöglich, einen geschichtlichen Abriß der Kriminalistik zu schreiben. Der gesamte Stoff schließlich ist so umfangreich, daß er sich unmöglich in einem Buch ›bändigen‹ läßt, sondern vier in sich abgeschlossene Bände, also ein umfangreiches Werk verlangt, innerhalb dessen das nun vorliegende Buch ›Das Jahrhundert der Detektive‹ den ersten, in sich abgeschlossenen Band bildet.

Die für das Werk gewählte Darstellungsart, das heißt, die Schilderung der Kriminalgeschichte im Rahmen hervorragender internationaler Verbrechen, Kriminaluntersuchungen und Prozesse erfordert darüber hinaus das besonders detaillierte Studium zahlreicher polizeilicher Untersuchungsverfahren und der Protokolle bedeutender Prozesse. Bei vielen allgemeinverständlichen Darstellungen und sogenannten ›Sachbüchern‹ (zu denen diese Arbeit trotz einiger äußerlicher Verwandtschaften nicht gerechnet werden möchte) ist es üblich geworden, den sachlichen Stoff mit Hilfe von Szenen und Dialogen ›aufzulockern‹, so daß sich Wahrheit und Erfindung mischen und der historische Wahrheitsgehalt weitgehend zerstört wird. Das vorliegende Buch ist frei von Erfindungen. Es gibt kein Vorkommnis, keine Szene, keine Schilderung einer Person und keinen Dialog, die nicht quellenmäßig belegt wären, auch wenn der dahinterstehende wissenschaftliche Apparat aus Gründen der Lesbarkeit nicht in Gestalt von Einzelnachweisen und Fußnoten sichtbar wird. Eine solche Darstellung wird erst durch die Erforschung des Quellendetails möglich.

Nichtsdestoweniger scheint es auch jetzt, da mit ›Das Jahrhundert der Detektive‹ der erste Teil des Gesamtwerkes abgeschlossen ist, vermessen, von einer vollständigen Geschichte der Kriminalistik zu sprechen. Wer wirklich den Umfang und die Vielschichtigkeit dieser Entwicklung auch nur annähernd kennt, schreckt vor solchen Bezeichnungen zurück. Eine lückenlose internationale Geschichte der Kriminalistik zu schreiben, müßte zu einem Werk von überhaupt nicht mehr übersehbarem Umfang führen. Es würde den Rahmen einer lesbaren Veröffentlichung sprengen und zum Nachschlagewerk für eine kleine Schar von Spezialisten werden. Es würde nicht mehr die Aufgabe erfüllen, die dem vorliegenden Buch und seinen Nachfolgern gestellt ist, nämlich, Menschen unserer Zeit und unserer Welt in ein Gebiet einzuführen, das zwar durch zahllose Kriminalromane romantisiert wurde und wird, dessen dramatische Wirklichkeit aber weithin unbekannt geblieben ist.

Trotz aller Zurückhaltung hofft der Verfasser sagen zu dürfen, daß mit dem vorliegenden und den späteren Bänden ein erster Überblick über entscheidende geschichtliche Stationen der Kriminalistik entsteht – ein Bild von Höhen und Tiefen, Irrtümern und Gefahren, Erfolgen und Mißerfolgen, die den Weg der Kriminalistik bis heute begleitet haben und trotz der gelegentlichen Träume vom natürlichen Tod des Verbrechens infolge revolutionärer Wandlungen der Gesellschaft bis in die ferne Zukunft begleiten werden.

Castagnola (Schweiz) und Los Angeles (USA)

Jürgen Thorwald

Für Leser, die sich weiter in den Stoff des vorliegenden Buches vertiefen wollen, wird auf das umfassende Quellen- und Literaturverzeichnis der Originalausgabe von »Das Jahrhundert der Detektive« verwiesen.

Bildnachweis

Historisches Bildarchiv Handke, Bad Berneck (1) · Internationale Bilder-Agentur, Zürich (1) · Radio Times, Hulton Picture Library, London (2) · H. Roger Viollet, Paris (1) · Ullstein-Bilderdienst, Berlin (1) · Aus Sir Sydney Smith, Mostly Murder, wurden mit Genehmigung des Verlags George G. Harrap, London, folgende Bilder entnommen: Rekonstruktion des Stack-Pascha-Attentats und das Porträt von Sydney Smith. Aus Robert Churchill, Shot Gun Book, wurde mit Genehmigung des Verlags Michael Joseph, London, das Porträt von Robert Churchill entnommen. Alle anderen Bildvorlagen wurden vom Autor zur Verfügung gestellt.

Register

Knaur-Taschenbücher
Vollständige
Textausgaben

188 · · ·	Joseph Wechsberg	Hochfinanz international
190 ·	Alexander Solschenizyn	Ein Tag im Leben des Iwan Denissowitsch
191 · ·	Jürgen Thorwald	Hoch über Kaprun. *Roman*
192 : :	Redaktion Life	Die Welt in der wir leben *Mit 100 farbigen Abbildungen*
193 · ·	Johannes M. Simmel	Ich gestehe alles. *Roman*
194 : :	Lucy R. Lippard	Pop Art. *Mit 188 Abbildungen*
195 · ·	Peter Bamm	An den Küsten des Lichts *Reisebeschreibung*
196 · ·	Irving Stone	Zur See und im Sattel. *Roman*
197 · · ·	Hugo Hertwig	Knaurs Heilpflanzenbuch *Mit 50 farbigen Pflanzendarstellungen*
198 · ·	Angus Wilson	Später Ruf. *Roman*
199 ·	Ludwig Ganghofer	Der laufende Berg. *Roman*
200	Erich Kästner	Die Kästner-Kassette. *Gesammelte Schriften für Erwachsene.* 8 Bd., 2586 Seiten, Leinen broschiert DM 45.–
201 ·	Ludwig Ganghofer	Der Herrgottschnitzer von Ammergau *Roman*
202 · ·	Ludwig Ganghofer	Der Klosterjäger. *Roman*
203 · ·	Ludwig Ganghofer	Die Trutze von Trutzberg. *Roman*
204 · · ·	Dr. X	Tagebuch eines jungen Arztes
205 · ·	V. S. Pritchett	New York – Herz und Antlitz einer Stadt. *16 Kunstdrucktafeln*
206 · ·	Margaret Laurence	Die Stimmen von Adamo *10 Erzählungen*
207 ·	G. K. Chesterton	Der geheimnisvolle Klub *6 skurrile Geschichten*
208	Irving Stone	Michelangelo. *Roman.* DM 7.80
209 : :	Johannes M. Simmel	Lieb Vaterland magst ruhig sein *Roman*
210 · · ·	Jürgen Thorwald	Die Stunde der Detektive Bd. I: Blutiges Geheimnis *Mit 30 Abbildungen*
211 · · ·	Jürgen Thorwald	Die Stunde der Detektive Bd. II: Spuren im Staub *Mit 23 Abbildungen*
212 · · ·	Sir Francis Chichester	Held der Sieben Meere *Mit 28 Abbildungen*
214 : :	E. M. Nathanson	Das dreckige Dutzend. *Roman*
215 ·	Mary McCarthy	Hanoi 1968

·	Einfachband	DM 2.80
· ·	Zweifachband	DM 3.80
· · ·	Dreifachband	DM 4.80
: :	Vierfachband	DM 5.80

Knaur-Taschenbücher
Vollständige
Textausgaben

---

216 ···	Westerman/Schumann	Knaurs Opernführer *Mit 290 Opernbeschreibungen und 300 Notenbeispielen*
217 ··	Morris L. West	Der Botschafter. *Roman*
218 ··	Mary McCarthy	Die Clique. *Roman*
219 ···	J. K. Galbraith	Die moderne Industriegesellschaft
221 ···	Robert Crichton	Das Geheimnis von Santa Vittoria *Roman*
222 ··	Oliver Hassencamp	Ich liebe mich. *Roman*
223 ··	Peter Bamm	Alexander oder Die Verwandlung der Welt
224 ··	Desmond Morris	Der nackte Affe
225 ···	Mary McCarthy	Der Zauberkreis. *Roman*
226	Irving Stone	Das Leben gehört den Liebenden *Roman.* DM 7.80
227 : :	Rudolf Pörtner	Das Römerreich der Deutschen *Mit 72 Abbildungen*
229 ··	Morris L. West	Der zweite Sieg. *Roman*
230 ·	Tere Ríos	Der fünfzehnte Pelikan *Mit 13 Illustrationen*
231 ·	D. Frost/A. Jay	»Für England – herzlichst«
232 ··	Paul Frischauer	Moral und Unmoral der deutschen Frau *Mit 78 Abbildungen*
233 :.:	Andreas Feininger	Die neue Foto-Lehre *Mit 26 Abbildungen, davon 8 farbig*
234 ··	Johannes M. Simmel	Gott schützt die Liebenden. *Roman*
235	James Clavell	Tai-Pan. Der Roman Hongkongs DM 7.80
236 ···	Roloff Beny	Wiege unserer Welt *Mit 61 Abbildungen*
237 : :	Peter F. Drucker	Die Praxis des Management
238 ···	Jacqueline Susann	Das Tal der Puppen. *Roman*
239 : :	John O'Hara	Die Lockwoods. Roman einer Familie
240 ···	Westerman/Schumann	Knaurs Konzertführer *Mit 370 Notenbeispielen*
241 : :	Ernst Samhaber	Knaurs Geschichte der Entdeckungsreisen. Die großen Fahrten ins Unbekannte *Mit 172 Abbildungen*
242 ···	Gaby von Schönthan	Madame Casanova. *Roman*

·	Einfachband	DM 2.80
··	Zweifachband	DM 3.80
···	Dreifachband	DM 4.80
: :	Vierfachband	DM 5.80
:.:	Fünffachband	DM 6.80

Knaur-Taschenbücher
Vollständige
Textausgaben

243 ::	Edwin O'Connor	Es hatte ein Mann drei Söhne. *Roman*
244 ···	Jürgen Thorwald	Die Traum-Oase
245 ·	John K. Galbraith	Die McLandress-Dimension *Mit 32 Illustrationen*
246 ···	Morris L. West	Der Turm von Babel. *Roman*
247 ···	Jan de Hartog	Kapitän Harinx. *Roman*
248 ··	Peter F. Drucker	Die ideale Führungskraft
249 ···	Hans Wilh. Vahlefeld	100 Millionen Außenseiter *Mit 14 Abbildungen*
250 ·	C. Northcote Parkinson	Mrs. Parkinsons Gesetz
251 ::	Elia Kazan	Das Arrangement. *Roman*
252 ·	Gilbert K. Chesterton	Der Mann der Donnerstag war. *Roman*
253 ··	Erich von Däniken	Erinnerungen an die Zukunft *Mit 26 Abbildungen*
254 ··	Klaus Harpprecht	Willy Brandt. *Porträt u. Selbstporträt*
255	Walter R. Fuchs	Knaurs Buch der modernen Physik *Mit 300 meist farbigen Abb.* DM 7.80
256 ···	Frank Hercules	Ich will eine schwarze Puppe. *Roman*
257 ··	Gerhard Zwerenz	Erbarmen mit den Männern. *Roman*
258 ···	Helen MacInnes	Das Spiegelbild. *Roman*
259 ··	Henry Jaeger	Der Club. *Roman*
260 ::	Verner Arpe	Knaurs Schauspielführer
	Als weitere Bände erscheinen:	
261 :·:	Masters/Houston	Psychedelische Kunst. *Mit 140 teils farbigen Abbildungen*
262 ::	Johannes Mario Simmel	Alle Menschen werden Brüder. *Roman*
263 ···	John O'Hara	Lunch am Samstag. *Novellen*
264 ··	Fritz Zwicky	Entdecken, Erfinden, Forschen. *Mit 34 Abbildungen und Diagrammen*
265 ::	Peter Bamm	Alexander der Große. Ein königliches Leben. *Mit 254 Abbildungen*
266 ···	William Styron	Die Bekenntnisse des Nat Turner *Roman*
267	Walter R. Fuchs	Knaurs Buch der modernen Mathematik. *Mit 200 meist farbigen Abbildungen.* DM 7.80
268 ::	Peter F. Drucker	Die Zukunft bewältigen. *Aufgaben und Chancen im Zeitalter der Ungewißheit*
269 ::	Charlotte Bühler	Psychologie im Leben unserer Zeit *Mit ca. 120 Abbildungen*

·	Einfachband	DM 2.80
··	Zweifachband	DM 3.80
···	Dreifachband	DM 4.80
::	Vierfachband	DM 5.80
:·:	Fünffachband	DM 6.80

Vom Autor bearbeitete Taschenbuchausgabe
mit 37 Abbildungen
Droemersche Verlagsanstalt Th. Knaur Nachf.
München/Zürich

Umschlaggestaltung Hans Hillmann
Gesamtherstellung Ebner, Ulm
Printed in Germany
ISBN 3 426 00157 8

Die Taschenbuchausgabe des Werkes
Jürgen Thorwald, DAS JAHRHUNDERT DER DETEKTIVE
besteht aus den Einzelbänden:
Das Zeichen des Kain
Report der Toten
Handbuch für Giftmörder

1.–20. Tausend Januar 1968
21.–28. Tausend Mai 1969
29.–35. Tausend April 1970
36.–44. Tausend August 1971

Über dieses Buch

Im 19. Jahrhundert stellte die wachsende Kriminalität die Polizei in aller Welt vor die Aufgabe, neue Methoden zur Aufdeckung von Verbrechen und zur Ermittlung der Täter zu entwickeln. Noch um die Mitte des Jahrhunderts schien der Kampf für die Polizei fast aussichtslos zu sein. Eine erste Entlastung brachte das von Bertillon ausgearbeitete Meßverfahren, das erstmals die Anlage systematischer Verbrecherkarteien erlaubte. Den entscheidenden Durchbruch brachte die Entdeckung, daß die Fingerabdrücke eines jeden Menschen einmalige, unverwechselbare Merkmale aufweisen. Das allen Menschen von der Natur auf die Fingerspitzen aufgedrückte »unauslöschliche Siegel« ermöglichte endlich eine unfehlbare Identifizierung der Verbrecher und ihrer Opfer.
Einen anderen Weg, Verbrechern auf die Spur zu kommen, erschloß die erst in unserem Jahrhundert zu einer exakten Wissenschaft ausgebaute forensische Ballistik. Sie gründet auf der Tatsache, daß jede Schußwaffe der abgeschossenen Kugel unverwechselbare Merkmale einprägt.
Im vorliegenden Band erzählt Jürgen Thorwald mit großem Sachwissen und in ungemein lebendiger, anschaulicher Sprache die faszinierende Geschichte dieser beiden Zweige der modernen Kriminalistik. Wir lernen die Menschen und Ereignisse kennen, die zu ihrer Entwicklung beigetragen haben; zahlreiche aufsehenerregende Kriminalfälle der letzten hundert Jahre werden vor unseren Augen noch einmal aufgerollt. Ein Buch – spannender als jeder Kriminalroman, doch bis in die letzten Einzelheiten präzis sachlich fundiert.